Norma Banzi

DER POPSTAR UND SEIN ANWALT

2. Auflage

Popstar-Reihe Book 1

Edition Banzini

DER POPSTAR UND SEIN ANWALT

Covermotive:
Topless man © Knut_Wiarda, depositphotos
Rampenlicht © LeksusTuss, depositphotos

Gestaltung des Covers: Norma Banzi

Zweite, überarbeitete Auflage: 2016
(Erste Auflage: 2012)

© Edition Banzini
Kurvenstraße 25 22043 Hamburg
www.banzini.de

Klappentext

Als der junge Musikstar Angel auf 10 Millionen Dollar verklagt wird, vermittelt ihm sein Manager den eleganten und erfolgreichen Anwalt Vincent Gable. Es funkt sofort zwischen den beiden so unterschiedlichen Männern, doch Angel verdrängt seine Probleme und daher geht das erste Zusammentreffen mit Vincent gründlich schief. Der Anwalt verzichtet eher auf ein lukratives Mandat, als sich von dem unreifen Musiker auf der Nase herumtanzen zu lassen.

Angel ist wider Willen davon beeindruckt, dass ihn jemand so kaltschnäuzig abserviert hat. Und auch sonst geht ihm der große, kräftig gebaute Mann mit der sexy Samtstimme nicht mehr aus dem Sinn. Nach einem anstrengenden Videodreh nimmt er all seinen Mut zusammen, besucht Vincent in seiner Wohnung und verführt ihn.

Vincent übernimmt nicht nur das Mandat, sondern wird Angels Liebhaber. Aber er glaubt, mit 40 Jahren zu alt für Angel zu sein. Und dann präsentiert ihm Angel auch noch seinen jungen Lebensgefährten Jamie ...

Inhaltsverzeichnis

Eins

Eigentlich war Vincent Gable als Anwalt zu erfolgreich, um noch Hausbesuche machen zu müssen, schon gar nicht an einem Sonntag. Aber Steve Scionti, der Agent des bekannten jungen Musikidols Angel, hatte so lange auf Vincent eingeredet, bis dieser nachgab.

Das Anwesen wirkte protzig. Vor der weißen Villa standen vier Luxus-Karossen, gegen die Vincents nachtblauer BMW fast ein wenig bescheiden wirkte. Vor fünf Jahren war der BMW gerade In gewesen. Vincent hatte ihn sich von seinem ersten großen Honorar geleistet. Mittlerweile prahlten die Reichen, Schönen und Erfolgreichen der Musikbranche mit ganz anderen Wagen. Aber Vincent hing an diesem ersten Beweis seines beruflichen Erfolgs.

Scionti wartete schon an der Eingangstür, um ihn in Empfang zu nehmen. Nervös rang der Agent mit den Händen.

„Angel ist im Augenblick nicht gerade bester Laune. Bitte regen Sie ihn bloß nicht mit Fragen zu der Schadensersatzklage auf."

„Ich bin sein Anwalt, ich muss mit ihm über die Sache sprechen", konterte Vincent.

„Lassen Sie mich reden!", entschied Scionti.

Vincent zuckte mit den Schultern. Das konnte heiter werden. Auch nach fünf Jahren, in denen er schon mit Stars und Sternchen beruflichen Umgang pflegte, hatte er sich noch immer nicht richtig an deren exzentrische, fordernde Art gewöhnt. Damals war es eher Zufall gewesen, dass der mittelmäßig erfolgreiche Anwalt, tätig in einer Kanzlei mit nur acht Anwälten, mit einem Fall aus der Musikbranche betraut worden war. Vincent hatte seinem prominenten Mandanten den Arsch und einige Millionen gerettet und dafür ein fettes Honorar kassiert. Über Mundpropaganda waren nach und nach andere Stars auf ihn aufmerksam geworden und hatten sich an ihn gewandt. Mittlerweile bearbeitete Vincent keine kleinen Fische mehr. Seinem Kontostand tat dies gut, seinen Nerven weniger.

Vincent kleidete sich so konservativ wie er erzogen worden war. Meistens trug er einen dreiteiligen Anzug in gedeckten Farben, der natürlich maßgeschneidert war, sowie ein weißes oder blaues

Hemd, dazu stets dezente Seidenkrawatten. Ihm war es lieber, wenn sein Leben in geordneten Bahnen verlief. Mit den Extravaganzen der Branche konnte er allzu oft nichts anfangen.

Als sie den Vorraum betraten, dröhnte ihnen lautstarker Rap entgegen, den Vincent nicht ausstehen konnte. Der Agent entschuldigte sich mit einem gemurmelten: „Seit Angel bei den MTV-Music-Awards mit dieser Rapperin aufgetreten ist, dudelt er diese Musik ständig." Dann öffnete er eine Flügeltür und führte seinen Gast in einen großen Raum.

Vincent staunte. Angel hatte sich in seiner Villa eine private Spielothek eingerichtet. Überall standen moderne oder ältere Spielautomaten herum.

Der Popstar stand nur mit Shorts bekleidet an einem der vielen Flipperautomaten. Um den Hals trug er kitschige, überdimensionierte Goldketten, die seine schmale Brust fast zu erdrücken schienen. Mit seinen auffällig beringten Fingern beackerte er das Spielgerät leidenschaftlich. Seine langen, blonden Haare bewegten sich im Schwung seines Spiels. Es sah fast so aus, als würde er nach Heavy Metal headbangen, allerdings dröhnte aus den Lautsprechern leider kein Metal, eine Musikrichtung mit der Vincent noch halbwegs etwas anfangen konnte. Sie war der Sound seiner Jugend.

Zwei von Angels Kumpeln spielten gemeinsam ein Computerspiel und rangelten dabei lautstark, um sich gegenseitig zu behindern, ein dritter fuhr Skateboard auf den teuren Marmorfliesen.

„Angel, dein Anwalt ist gekommen."

„Gib ihm eine Autogrammkarte, Steve!", rief der Jungstar. Seine Aufmerksamkeit blieb weiter auf den Flipper gerichtet.

„Mr. Gable ist nicht wegen eines Autogramms gekommen", erwiderte der Agent.

Angel prustete los vor Lachen. „Gable? Wie der Schauspieler Clark?"

„Sein Vorname ist Vincent", stellte Scionti richtig.

„Fuck! Jetzt habe ich wegen dir die beschissene Kugel verloren!", fluchte Angel. Er drehte sich um und musterte Vincent von oben bis unten. Der gab den Blick ebenso arrogant zurück. Höflich streckte Vincent seine Hand zur Begrüßung aus.

„Vincent Gable, Anwalt für Urheber- und Schadensersatzrecht. Ihr Agent teilte mir mit, Sie bräuchten meine Hilfe?"

Automatisch ergriff Angel die ihm dargebotene Hand. Seine kleine, schmale verschwand fast in der großen, kräftigen des Anwalts. Völlig unvermutet spürte Vincent ein sinnliches Prickeln. Es entstand dort, wo Angel ihn berührte, wanderte seinen Arm hoch und schoss dann zielstrebig in Richtung Unterleib. Die Blicke der Männer trafen sich und hielten einander fest. Angel hatte wirklich so phantastisch blaue Augen wie in seinen Musikvideos und auf seinen CD-Covern, stellte Vincent fest. Für einen Augenblick glaubte er, Begehren in den Augen des Musikers aufglimmen zu sehen. Vincent lächelte ein wenig und hoffte auf die Wirkung seiner samtbraunen, von langen, gebogenen Wimpern umkränzten Augen. Mit ihnen hatte er schon so manchen Mann becirct und ins Bett bekommen. Für einen kurzen Moment schien der Jungstar an der Angel zu hängen. Aber dann riss er mit einem unwilligen Zischen seine Hand fort, als hätte er es satt, den Kopf in den Nacken legen zu müssen, weil sein Gast so viel größer und kräftiger war als er selbst, und Vincent fragte sich, ob er sich das sexuelle Interesse des Popstars nur eingebildet hatte.

„Ich brauche keinen verdammten Anwalt. Die Filmhaie kommen nie mit ihrer fuckin' Forderung durch. Ich bin ein Star. Meine Fans lieben mich." Angel stapfte zu einem Beistelltisch, griff sich eine Flasche Mineralwasser und trank sie so gierig aus, als sei er am Verdursten. Vermutlich wollte er damit seine Nervosität überspielen, glaubte Vincent. Immerhin soff er nicht schon am Mittag Alkohol, wie manch anderer Mandant.

„Es geht für dich um zehn Millionen Dollar", erinnerte Scionti seinen Schützling.

Angel schnaubte und lief zu seinem skatenden Freund. Von irgendwoher griff er sich ein Board und fuhr mit ihm um die Wette.

„Steve! Starte mal meine neue CD", schrie er über den Rap hinweg.

Mit einem Seufzen nahm sich der gestresste Agent eine Fernbedienung von einem der Tische und drückte einige Knöpfe.

Gleich darauf erklang statt des Raps ein Popsong aus den Lautsprechern.

„Gefällt Ihnen meine Musik, Herr Anwalt?“, wollte Angel wissen.

„Nein!“, antwortete Vincent nicht ganz wahrheitsgemäß. Er bevorzugte zwar eine andere Musikrichtung, doch wenn Angels Songs im Radio liefen, schaltete Vincent auch nicht weg. Er besaß sogar ein Album des Stars. Derzeit allerdings hatte Vincent nicht übel Lust, den verwöhnten Bengel über das Knie zu legen ... oder ihn auf einen der Flipper zu werfen und ordentlich durchzuvögeln. Wohlmöglich war eine Runde Sex mit einem willensstarken Partner genau das, was Angel gerade brauchte. Angeblich hatte er eine Freundin, ein bekanntes Popsternchen namens Giny. Vermutlich handelte es sich dabei aber um eine reine Promotionbeziehung, die privat höchstens als Freundschaft geführt wurde. Vincent schnappte einen verletzten Blick des Stars auf und fast tat ihm seine Antwort leid, als Angel das Kinn vorschob, seinen Scater-Kumpel einfing und sich provokant und lüstern an ihm rieb. Na also! Vincent fragte sich, ob Angel ihn mit der demonstrativen Zurschaustellung seiner Homosexualität ärgern oder anmachen wollte. Vielleicht war es von beidem etwas. Das Gör verrechnete sich allerdings, wenn es glaubte, dadurch bei Vincent eine Erektion hervorrufen zu können. Oh ja, der kleine Teufel starrte nun auf Vincents Körpermitte und Vincent stemmte seine Hände an die Hüften. Dabei schob er in einer fließenden Bewegung die beiden Frontseiten seines Sakkos beiseite. Angel glotzte und langsam begann das Spiel interessant zu werden. Leider unterbrach ein erschrockenes Zischen von Scionti die stumme Interaktion.

„Angel muss morgen ins Studio für Aufnahmen zu seinem neuen Video. Sie können ihm doch jetzt nicht sagen, dass Sie seine Musik nicht mögen! Damit verunsichern Sie ihn. Jeder mag Angels Musik.“

„Schaut nicht so aus, als sei er sehr verunsichert“, meinte Vincent und zeigte auf Angel, dessen Zunge sich gerade in den Mund seines Freundes schlängelte.

‚Versautes, kleines Miststück‘, schoss es Vincent durch den Kopf.

Scionti eilte zu den beiden jungen Männern und trennte sie voneinander.

„Du hast Besuch!“, erinnerte der Agent seinen Schützling.

„Der Anwalt ist langweilig“, schmollte der. „Ich will ihn nicht mehr sehen.“

„Dem kann abgeholfen werden“, konterte Vincent ironisch, drehte sich auf dem Absatz um und ging. Schnaufend eilte Scionti hinter ihm her.

„Sie werden doch niemandem von dem erzählen, was Sie gerade gesehen haben?“, fragte der Agent mit sorgengeplagter Stimme.

Vincent zuckte mit den Schultern. „Fällt unter Anwaltsgeheimnis.“

„Werden Sie Angel vertreten?“

„Ich kann niemanden vertreten, der sich nicht vertreten lassen will.“

„Angel hat nur eine schlechte Phase.“

„Er kann sich ja bei mir melden, wenn es ihm wieder besser geht“, erwiderte Vincent mit kalter Stimme.

„Ich danke Ihnen, dass Sie sich die Mühe gemacht haben, hier heraus zu fahren. Bitte schicken Sie mir dafür Ihre Rechnung.“

„Das werde ich“, sagte Vincent mit einem sarkastischen Lächeln und nahm sich vor, für diesen Besuch das Dreifache seines ohnehin schon gesalzenen Honorars in Rechnung zu stellen. Scionti würde es ohne mit der Wimper zu zucken zahlen. Der Agent brachte den Anwalt noch bis zum Wagen und wiederholte ein letztes Mal, wie dringend Angel Hilfe bräuchte, aber Vincent gab sich zugeknöpft. Auch er konnte exzentrisch sein. Er hatte schon einige lukrative Mandate ausgeschlagen, weil ihm die Mandanten nicht gefallen hatten. Vincent Gable konnte es sich leisten, denn er schwamm derzeit auf der Welle des Erfolgs.

In seinem BMW legte er eine ruhige Jazz-CD ein, eine willkommene Erholung nach dem Krach in der Villa, und fuhr los.

♫♫♫

Es war Freitag, zehn Uhr abends. Vincent hatte zum Feierabend Jackett, Weste und Krawatte abgelegt und sein weißes Hemd um zwei Knöpfe geöffnet. Er stand in seiner Küche und brauste gerade Pfifferlinge für ein spätes Essen ab. Er kochte sich oft abends noch etwas, da er eher ein Nachtmensch war. Selten war er vor zehn Uhr vormittags im Büro, es sei denn, es standen Gerichtstermine an.

Das Telefon in der Küche klingelte. Mit einem Seufzen trocknete sich Vincent die Hände ab und hob ab.

„Ja?"

„Matt, vom Empfang, Sir. Ein Marc Stone möchte zu Ihnen. Da er nicht angemeldet ist, wollte ich lieber vorher nachfragen. Er sagt, er sei ein Mandant von Ihnen."

‚Ich kenne keinen Marc Stone', schoss es Vincent durch den Kopf, als ihm einfiel, dass er den Namen aus einem Schriftsatz kannte, der ihm erst vor einigen Tagen ausgehändigt worden war. Er hatte ihn schon längst zurückschicken wollen, doch seine Sekretärin hatte vergessen, ihn zu kopieren.

„Lassen Sie Mr. Stone herauf. Danke für Ihren Anruf, Matt!"

„Gern geschehen, Mr. Gable", meinte der junge Mann vom Empfang erkennbar geschmeichelt. Es kam bestimmt selten vor, dass die in diesem Appartementhaus wohnenden reichen Geldsäcke nett zu ihm waren.

Bald darauf klingelte es an der Tür. Vincent ließ seinen Überraschungsbesuch ein.

„Hallo!", grüßte jener schüchtern. Von Angel war nicht mehr viel zu erkennen. Die Goldkettchen und Ringe fehlten und die blonden, langen Locken waren mit einem Gummiband nach hinten gebunden. Der Sänger trug eine verwaschene Jeans, ein schwarzes Baumwollshirt und ausgetretene Turnschuhe. Er wirkte, als hätte er den Star wie eine Schlangenhaut abgestreift.

„Angel! Was verschafft mir die Ehre Ihres Besuchs? Und woher haben Sie meine Adresse?"

„Nennen Sie mich Marc. Angel ist nur mein Künstlername. Steve hat mir Ihre Adresse gegeben. Hätte er das nicht gedurft?"

„Okay! Marc also. Ist schon in Ordnung." Vincent fragte sich nun, wie Scionti an seine Adresse gekommen war. Aber so schwer war das ja nun auch wieder nicht herauszufinden.

Nervös trat der Junge von einem Bein auf das andere.

„Darf ich reinkommen?"

„Bitte! Ich wollte mir gerade mein Abendessen zubereiten. Gehen wir also in die Küche. Ich koche und Sie erzählen, was Sie zu mir führt."

Vincent wartete nicht ab, was sein Gast davon hielt, in die Küche geführt zu werden. Er setzte sich einfach in Bewegung. Marc folgte ihm dichtauf.

„Sie haben da eine tolle Küche, Mr. Gable", lobte er mit einem strahlenden Lächeln, das ziemlich echt wirkte.

„Vincent!"

Das Lächeln von Marc vertiefte sich. „Was gibt es denn?"

„Gegrillte Steaks mit Röstzwiebeln, einer Pilzsoße und Salat - nichts Aufregendes. Den Salat habe ich schon angesetzt. Ich wollte gerade die Pilze waschen und die Zwiebeln schneiden. Wollen Sie ein Glas Wein, Marc?"

„Gerne! Kann ich helfen? Zwiebeln schneiden, Pilze anbraten oder Fleisch grillen?"

„Sie wollen Zwiebeln schneiden?", entfuhr es Vincent, während er ein zweites Glas aus dem Schrank holte und Rotwein eingoss. Heimlich schmunzelte er. Marcs Eifer amüsierte ihn.

„Ich kann das!"

„Also gut! Ich habe schon alles herausgelegt, da sind das Brett, das Messer und die Zwiebeln. Versuchen Sie Ihr Glück."

„Das *‚Sie'* hört sich komisch an", meinte Marc, während er den Wein von Vincent entgegennahm. „Alle Welt duzt mich."

Vincent ging nicht darauf ein. „Probieren Sie den Wein, Marc! Es ist ein Zinfandel."

Der tat, wie ihm geheißen. „Gut!"

„Was haben Sie heute gemacht?"

„Es war der letzte Tag vom Video-Dreh. Ich bin ziemlich kaputt. Die anderen wollten noch feiern, aber mir war nicht danach. Daher habe ich mich heimlich abgesetzt."

„Und da kommen Sie ausgerechnet zu mir?" Mit einer Geste forderte Vincent Marc auf, sich um die Zwiebeln zu kümmern, was dieser sofort in die Tat umsetzte. Marc wusch sich an der Spüle die Hände, dann ging er zur Arbeitsfläche und begann, die Haut von den Zwiebeln zu pellen.

„Auch noch Hunger?", fragte Vincent.

„Oh ja!"

„Dann taue ich noch ein schönes, dickes Steak in der Mikrowelle für Sie auf. Und die Pilze und Zwiebeln reichen auch für Zwei."

„Danke schön!", freute sich Marc. „Soll ich Zwiebelringe schneiden?"

„Ja!"

Während das zweite Steak in der Mikrowelle taute, kümmerte sich Vincent um die Pilze. „Also?", hakte er nach.

„Steve sagt, ich bräuchte dringend einen Anwalt und Sie wären der beste."

„Steve hat recht", entgegnete Vincent mit einem Schmunzeln.

„Werden Sie mich vertreten?"

„Wenn Sie das wünschen und auf mich hören, Marc."

Jener errötete und nickte unter Tränen, die ihm wegen der Zwiebeln über die Wangen liefen. Er sah süß aus, zum Anbeißen.

Marc überredete Vincent, dass er die Steaks grillen durfte, während sein Gastgeber sich um die Pilzsoße und die Röstzwiebeln kümmerte. Und er löste seine Aufgabe wirklich geschickt.

Sie aßen gleich in der geräumigen Küche, an dem gemütlichen Küchentisch. Danach gingen sie ins Wohnzimmer. Vincent öffnete eine weitere Flasche Wein, während Marc zu der Musikanlage ging und diese in Augenschein nahm.

„Wow, ein Thorens, tolles Teil, ganz schön retromäßig, aber toll. Darf ich eine Schallplatte auflegen?"

„Ich weiß nicht ..."

„Ich kann mit solchen Geräten umgehen, wirklich. Mein Onkel William hat so ein Teil. Biiitte!"

Weil Marc so nett bettelte und dabei so wahnsinnig süß und verführerisch aussah, erlaubte ihm Vincent, die Anlage zu bedienen. Bald erklang leise klassische Musik. Vincent dimmte das Licht und zündete einige Kerzen an. Unbefangen setzte sich Marc dicht neben ihn auf die Couch und kuschelte sich wie ein Welpe an ihn.

‚Wenn er so weitermacht, kann ich für nichts garantieren', dachte sich Vincent. Angesichts ihrer körperlichen Nähe verzichtete er endlich auf das förmliche Sie, als er sagte: „Sprechen wir jetzt über deinen Fall, Marc!"

„Ich mag nicht“, nuschelte der.

„Ich brauche noch einige Informationen, die nur du mir geben kannst“, beharrte Vincent.

„Ich mag dein Rasierwasser. Du riechst toll!“

„Wirklich? Ich hatte noch keine Gelegenheit, heute Abend zu duschen.“

„Hmm!“, schnurrte Marc.

„Du lenkst mich ab, kleiner Kater“, amüsierte sich Vincent.

„Ich will mit dir schlafen, jetzt! Hoffentlich gibt es keine shit Anwalts-Regel, die das verbietet.“

„In unserem Fall nicht“, meinte Vincent und zog Marc in seine Arme. Die Männer küssten sich stürmisch.

„Ich bin viel älter als du“, brummte Vincent, als Marc ihm das Hemd aufknöpfte.

„Ich bin dreiundzwanzig, also wirklich alt genug. Wirf mir jetzt nicht meine Jugend vor! Und du bist doch höchstens fünfunddreißig.“

„Vierzig“, stöhnte Vincent, als ihm Marc mit den Fingern durch das dichte, dunkle Brusthaar fuhr.

„Geiler Pelz! Ich hab' mir gleich gedacht, dass du behaart bist.“

Marc senkte seinen Kopf auf Vincents breite Brust und zog einen der Nippel in den Mund. Während er ausgiebig an dem einen knabberte, nahm er den anderen mit den Fingern in die Zange, bis er für kurze Zeit unterbrechen musste, weil Vincent ihm das Shirt über den Kopf zog. Danach widmete sich sein Mund dem anderen Nippel.

Marc schrie überrascht auf, als er plötzlich hochgehoben wurde und mit dem Rücken auf die Sitzfläche der Couch gebettet wurde. Doch schon ergab er sich in sein Schicksal, als nun Vincent seinerseits bei ihm mit einer feuchten Erkundungstour über den Hals und die schmale Brust begann und diese über den schlanken Bauch fortsetzte. Spielerisch tauchte seine Zunge in Marcs Bauchnabel ein. Währenddessen kümmerte sich Marc um die Knöpfe seiner Jeans und erleichterte so den Zugang zu seinem Schwanz.

„Sehr beflissen“, spottete Vincent und grinste. Er richtete sich auf und zog die Jeans bis zu Marcs Knöcheln herunter. Der trat seine Turnschuhe fort und entledigte sich danach vollständig seiner Hose.

„Du bist ganz schön unanständig, keine Unterhose anzuziehen. Wenn das die Klatschpresse wüsste", neckte Vincent ihn. Er schloss seine Lippen um den Ständer. Marc vergaß seine Antwort und schnurrte erregt. An ihm war wirklich ein Kätzchen verloren gegangen, besser gesagt, ein geiler, kleiner Kater mit einem gar nicht so kleinen Schwänzchen. Der zarte, grazile Marc hatte ganz schön etwas zu bieten, mehr, als sein schmaler Körperbau vermuten ließ. Einer solchen Herausforderung hatte Vincent noch nie widerstehen können. Er umzüngelte das Geschlecht und er vergaß natürlich auch die Hoden nicht. Sie waren angenehm glatt und es machte Spaß, sie in den Mund zu nehmen und an ihnen zu saugen. Marc hatte sich doch tatsächlich dort rasiert. Neugierig glitt Vincent mit seiner Zunge weiter nach hinten. Kein lästiges Härchen hinderte ihn, die hübsche Rosette zu lecken, was er ausgiebig tat, da diese Stelle frisch und sauber schmeckte. Marc wimmerte vor Lust. Da erinnerte sich Vincent wieder, was er eigentlich hatte tun wollen. So stülpte er seine Lippen erneut über das Glied und schob seinen Kopf langsam, aber sicher nach unten.

„Oh ja!", gurrte Marc und fasste ihm fordernd in das dichte schwarze Haar. Vincent hatte nichts gegen diese Führung einzuwenden. Für ihn bot sie einen zusätzlichen Reiz, solange Marc es nicht übertrieb. Vincent begann sein gemächliches Auf und Ab und mit jedem Mal konnte er sich ein wenig tiefer schieben.

„Das ist der Hammer, total geil", keuchte Marc, als Vincent die volle Länge geschluckt hatte. „Verdammt geil ...", wiederholte er. Dann kam er und pumpte seinen Saft in Vincents Rachen. Er bäumte sich mehrmals auf und zuckte wie verrückt, bis er endlich ruhiger wurde. Vincent richtete sich auf.

„So tief hat mich noch nie jemand geblasen", raunte Marc mit einem seligen Lächeln.

„Da kannst du Mal sehen, was langweilige Anwälte alles können."

„Gehört das mit zum Service?", freute sich Marc.

„Bei dir schon, Katerchen, bei dir schon."

Marc kicherte.

„Und jetzt ficke ich deinen süßen, rasierten Knackarsch", erklärte Vincent, hob ihn auf die Arme und trug ihn in sein Schlafzimmer.

„Weshalb der Ortswechsel? Mir hat es auf der Couch gefallen", beschwerte sich Marc. Sanft bettete ihn Vincent auf das Bett.

„Weil ich hier die Präser habe."

„Ich hab' welche in der Jeans."

„Auch Gleitmittel?"

„Die Präser sind feucht."

„Sei dir versichert, mein Süßer, wenn ich dich rannehme, ist es besser, du bist gut eingeschmiert."

Marc bekam lustglänzende Augen und starrte Vincent auf den Schritt seiner Anzughose. „Habe ich am Sonntag doch richtig gesehen. Zeig mir dein Prachtstück!", forderte er.

„Ich geh schnell noch ins Wohnzimmer zurück und blase die Kerzen aus", lenkte Vincent grinsend von sich ab. Ein klein wenig sollte Marc ruhig noch zappeln.

Als Vincent mit der Weinflasche in der einen und den Gläsern in der anderen Hand in sein Schlafzimmer zurückkehrte, war der Raum in sanftes Licht gehüllt. Hatte Marc also die Kerzen entdeckt. Vincent reichte ihm eines der Gläser. Sie stießen an und tranken. Danach setzte sich Marc auf das Bett und schmiegte seinen Rücken gegen das Polster der Kopfseite. Den Wein hielt er lässig in der Hand und nippte daran. Sein Lächeln wirkte herausfordernd.

„Ich kann nicht strippen", wehrte Vincent ab.

„Ich bin mir sicher, du wirst es gut machen."

Vincent strippte nicht wirklich, aber er machte aus seinem Entkleiden ein sinnliches Spiel. Sehr bewusst streifte er sich sein Hemd vom Oberkörper. Danach schlenderte er zum Bett und stellte auffordernd das rechte Bein darauf. Marc grinste amüsiert und zog ihm den Schuh und den Socken aus. Ebenso verfuhren sie mit dem anderen Bein. Vincent beglückwünschte sich zu seinem Schachzug, diese Arbeit von Marc erledigen zu lassen. Sich der Schuhe und Strümpfe selbst zu entledigen, wirkte nicht gerade sexy.

Aufregend langsam öffnete Vincent seine Anzughose. Seine muskulöse Figur konnte sich sehen lassen, daher machte es ihm Spaß, sich von Marc beobachten zu lassen. Er war sich seiner sicher und die glänzenden Augen, der lüsterne Blick seines Gegenübers gaben ihm recht. Als die Hose zu Boden fiel und ihr Träger herausstieg, leckte sich Marc die Lippen. Erwartungsvoll starrte er auf die Boxer-Shorts. Endlich fiel auch dieses Kleidungsstück. Marcs Augen weiteten sich angesichts des Ständers, der ihm da präsentiert wurde.

„Habe ich dir zu viel versprochen?“, neckte Vincent ihn.

„Sicher nicht“, frohlockte Marc. „Du brauchst echt 'ne Übergröße. Wird nicht einfach sein, den Prügel reinzubekommen.“

„Hast du Angst?“ Vincent beobachtete Marcs Reaktion genau.

„Ich? Niemals! Komm her, ich streif dir den Pariser drüber!“

Vincent gesellte sich zu Marc. Der riss ein Kondom aus der Packung und rollte es geschickt über den dicken, geäderten Schaft. Dann zog Marc Vincent über sich. Sie küssten sich zärtlich und ohne Eile. Marc kraulte dabei ausgiebig durch Vincents Brusthaare, tastete langsam über den dunklen, schmalen Bauchstreifen bis nach unten, wo er den Schwanz umspannte und rieb.

„Jetzt!“, flüsterte er nach einer Weile.

Vincent griff sich die Tube und schmierte seinen Schwanz gut ein. Danach nahm er ein Kissen und schob es Marc unter den Po, der sogleich bereitwillig die Beine spreizte. Marcs Blick war verhangen. Eine dicke Portion Gleitmittel landete in seiner Kerbe. Dann tat er etwas, das Vincent in Staunen versetzte. Marc hob seine Beine hoch über den Kopf und klemmte seine Füße an einer der Stangen fest, die die Polster am Kopfende des Bettes festhielten.

Vincent fragte ihn nicht, ob diese Haltung wohl bequem war, immerhin war Marc nicht nur Sänger. In seinen Musikvideos tanzte er oft ziemlich komplizierte Figuren. Als Tänzer war er offensichtlich sehr gelenkig. Vincent nahm ohne weiteres Federlesen diese ungewöhnliche Einladung an und führte seinen Schwanz an die Rosette. Marc stöhnte auf, als er in ihn eindrang. Vorsichtig schob sich Vincent mit sanften, kleinen Stößen immer tiefer in den zierlichen Körper hinein. Erst, als er das Gefühl hatte, dass Marc anfing, die Sache zu genießen, wurde er ein wenig leidenschaftlicher.

Marc nahm die Beine herunter und verschränkte sie hinter Vincents Rücken.

„Leg schon los mit deinem tollen Schwanz! Ich kann's vertragen." Seine Ungeduld verlieh seiner Stimme einen aufgekratzten Klang und Vincent wollte ihn noch ein wenig zappeln lassen. Deshalb sagte er:

„Weißt du, dass ich dich schon am letzten Sonntag vögeln wollte, in deinem Haus auf diesem nervigen Flipperautomaten?"

„Um mich zu bestrafen?"

„Na loben wollte ich dich für dein idiotisches, kindisches Verhalten nicht gerade."

„Au ja, bestraf mich!", raunte Marc.

Und Vincent legte los, hämmerte ihn regelrecht in die Matratze hinein. Marc hielt sich an seinen breiten Schultern fest, klammerte sich an ihn, wimmerte, schrie, stöhnte, bettelte um Gnade, nur um Vincent im nächsten Moment erneut anzufeuern, sobald dieser zuvorkommend langsamer wurde. Ihre Leiber prallten unter der Wucht der Stöße klatschend aufeinander. Mit einem langgezogenen Aufschrei kam Vincent. Er brach auf Marc zusammen. Als sich sein Kreislauf wieder beruhigt hatte, stützte er die Hände auf, um ihn von seinem Gewicht zu entlasten. Marc schien aber gar nichts dagegen zu haben und zog Vincent wieder in die Umarmung zurück.

„Wahnsinn!", schnurrte er.

„Hat's dir gefallen?", fragte Vincent. Er hatte irgendwann nicht mehr darauf achten können, ob auch sein Partner auf dem Weg zum Höhepunkt gewesen war. Marc murmelte eine unverständliche Antwort. Aber sein Gesicht strahlte eine tiefe Zufriedenheit aus, die nur durch einen intensiven Orgasmus erklärt werden konnte.

Vorsichtig löste sich Vincent aus seinen Armen, ging in das angrenzende Bad und entledigte sich des Präsers. Als er wiederkam, war Marc eingeschlafen. Vincent deckte ihn fürsorglich zu, setzte sich mit seinem Weinglas in einen Sessel in der Nähe und betrachtete seinen schlafenden Gast im Kerzenlicht. Marcs blonde lange Haare lagen auf dem Kissen wie ein Fächer ausgebreitet. Es gab weibliche und männliche Fans von Angel, die allein für diesen Anblick morden würden. Aber Angel war nur eine Rolle. Hier lag der schwule junge Mann Marc Stone und erholte sich im Bett seines

Liebhabers von den Strapazen der Liebe. Vincent hoffte, dass er noch oft dort schlafen würde. Nun ja, für die Dauer des Rechtsstreits würde wohl Marc auf einer umfassenden Betreuung durch seinen Anwalt bestehen. Dieses Mandat versprach, spannend zu werden. Vincent prostete sich selbst zu und nahm einen großen Schluck Wein.

Zwei

Gebannt starrte Vincent Gable auf den Bildschirm seines Fernsehers. Gerade fragte ein Nachrichtensprecher in ironischem Tonfall:

‚Ist aus einem Engelchen ein kleiner Teufel geworden? Die renommierte Film-Produktionsgesellschaft C. L. Ifford verklagt den Popstar Angel auf satte zehn Millionen Dollar Schadensersatz wegen böswilliger Vereitelung einer Filmproduktion. Wie erst jetzt bekannt wurde, hatte der sonst so brave und zuverlässige Angel vor einigen Monaten die Hauptrolle zu einer Pop-Musical-Komödie während der Dreharbeiten nach nur einer Woche hingeschmissen und war ohne weitere Erklärung nach Hause geflogen.

Angels neue CD steht gerade auf Platz drei der Charts mit der Tendenz nach oben. In Kürze beginnt seine bereits jetzt ausverkaufte Tournee durch mehrere Städte der USA. Spötter regen an, ihn gleich unter dem Ifford-Logo auftreten zu lassen, da er den Gewinn der Tournee ohnehin für die Zahlung des Schadensersatzes aufwenden müsse ...‘

„Shit!“, fluchte Angel, riss seinem Anwalt die Fernbedienung aus der Hand und schaltete den Fernseher aus. Wutentbrannt feuerte er das kleine Gerät auf den nächstbesten Sessel.

„Marc!“, wies Vincent ihn unter Anwendung seines richtigen Namens zurecht. „Ich wollte die Nachrichten gerne bis zu Schluss sehen.“

„Mir hat's echt gereicht“, zischte Marc, sprang von der Wohnzimmer-Couch auf und rannte aus dem Raum. Mit einem lauten Krachen fiel die Tür hinter ihm zu und Vincent seufzte. Marcs Launenhaftigkeit und Verdrängungsmechanismen in diesem Rechtsstreit waren eine Herausforderung für Vincents Geduld. Andererseits lohnte es sich, Langmut zu üben. Vom Honorar einmal abgesehen, was Vincent einstrich, gab er sich selbst gegenüber zu, dass es ihm Spaß machte, sich um Marc zu kümmern, besonders in den Nächten und mit vollem Körpereinsatz. Als Single lebte Vincent eigentlich gut. Er widmete sich seiner Karriere und kannte die richtigen Saunen und Clubs, in denen er stets ausreichend Begleiter fand, die ihm sein Sexleben versüßten. Mit seiner Schwanzgröße liefen ihm die attraktivsten Männer hinterher. Die letzten Jahre hatte seine Karriere sein Leben beherrscht. Seit der süße Marc in sein Bett schlüpfte und dort so wunderbar hinein passte, standen plötzlich mehr private Termine in Vincents Timeplaner und er machte früher Feierabend. Eine seiner Angestellten war total überrascht gewesen, als er ihr einen neuen Fall überantwortete, den er normalerweise selbst übernommen hätte. Er wollte einfach die Zeit, die ihm mit Marc blieb, in vollen Zügen genießen.

Wer der süße, blonde Hotti war, mit dem Marc am Tag ihres Kennenlernens herumgeknutscht hatte, blieb zwischen ihnen unausgesprochen. Vincent fragte nicht danach und Marc sprach es nicht von sich aus an. Das Gesicht des jungen Mannes kam ihm vage bekannt vor. Vielleicht arbeitete er für Marc als Hintergrundmusiker. Vincent forschte extra nicht im Internet nach, weil er fand, dass es Marcs Aufgabe war, ihn ins Bild zu setzen. Solange Marc nicht mit der Sprache herausrückte, fühlte sich Vincent nur wie dessen Abenteuer. Normalerweise störten ihn solche lockeren Affären wenig. Es lag nicht in seinem Verantwortungsbereich, ob jemand seinen Partner mit ihm betrog oder ob die beiden eine offene Beziehung führten. Das war eine Sache, die sie selbst miteinander ausmachen mussten. So wie Marc mit seinem *‚Was-auch-immer‘* zurechtkommen musste. Wahrscheinlich wusste der andere von ihm. Einmal hatte Marc beim Kochen einen Arm um Vincent geschlungen, ein Selfie von ihnen beiden gemacht und es an jemanden geschickt. Fast hatte Vincent an dem Abend den Eindruck, dass Marc nur darauf wartete, danach gefragt zu werden, wer der Empfänger war. Aber den Mut, Vincent zu gestehen, dass er einen Freund hatte, musste er schon selbst aufbringen.

Die Aussicht, dass die Sache mit Marc endete, sobald der Rechtsstreit erledigt war, setzte Vincent mehr zu, als ihm passte. Er schüttelte das Unbehagen ab und konzentrierte sich wieder auf das Problem, was sich gerade aufgetan hatte. Jemand hatte lästigerweise gegenüber den Medien von der Schadensersatzklage geplaudert. Die Gegenseite hatte während der laufenden Gespräche über den Rechtsstreit Stillschweigen zugesichert. Bevor er überlegen konnte, wen er alles anrufen musste, klingelte auch schon sein Telefon. Es war Anne Bach, die Anwältin von Ifford.

„Hi Anne!", grüßte Vincent betont entspannt.

„Ich habe gerade die Nachrichten gesehen und frage mich, was los ist. Wollen Sie etwa auf Konfrontationskurs gehen?"

„Selbstverständlich nicht! Natürlich sind wir immer noch an einer gütlichen Beilegung des Streits interessiert."

„Haben Sie etwas durchsickern lassen?"

„Nein, von unserer Seite hat niemand das Fernsehen informiert. Keine Ahnung, woher die Wind von der Sache bekommen haben, vielleicht von Ihrer Seite?"

„Also das ist ja eine Unverschämtheit ...", erregte sich Anne.

Vincent musste den Telefonhörer von seinem Ohr weghalten, weil Anne diesen Verdacht lauthals und wortreich von sich wies. Geduldig nahm er einen Schluck aus seinem Weinglas und ließ ihr Zeit, sich wieder zu beruhigen. Dann schmeichelte er mit seiner Samtstimme, die nur selten ihren Effekt verfehlte:

„Anne, weshalb treffen wir beide uns nicht noch zu einem späten Essen bei Ihnen im Hotel? Dann können wir in Ruhe über die Sache reden."

Die Anwältin der Gegenseite hatte sich in den letzten Tagen durchaus anfällig für seinen Charme gezeigt. Auch jetzt gab sie nach. Vincent versprach, in einer Stunde bei ihr zu sein. Nach Beendigung des Telefonats machte er sich auf die Suche nach Marc und fand ihn im Schlafzimmer. Er setzte sich zu ihm auf das Bett und nahm ihn tröstend in die Arme.

„Ich muss wieder weg, mein Katerchen, mich mit Anne treffen."

„Warum denn?"

„Um sie wegen des Fernsehberichts zu beschwichtigen."

„Aber wir beide wollten doch den Abend miteinander verbringen."

„Nun schmoll nicht! Du willst doch, dass die Sache zu einem guten Ende kommt."

„Diese Frau ist scharf auf dich."

„Umso besser!"

„Willst du etwa mit ihr schlafen?", fragte Marc mit einem eifersüchtigen Ausdruck im Gesicht.

„Ich verlasse mich lieber auf meine rednerischen Fähigkeiten", entgegnete Vincent amüsiert und gab ihm einen Kuss auf die Nase.

„Wie lange wirst du fortbleiben?"

„Das kommt auf die Dauer der Besprechung mit Anne an."

„Dann fahre ich jetzt nach Hause", zischte Marc. Eigensinnig machte er sich aus der Umarmung los und sprang vom Bett.

„Warte! Ich werde deinen Fahrer Bruno anrufen, damit er dich abholt."

„Ich nehme ein Taxi."

„Man könnte dich erkennen."

„Na dann mach schon!", schrie Marc und rannte schon wieder fort.

Vincent seufzte. Dieser launische Popstar konnte wirklich unausstehlich sein. Da tat man alles, um ihm die Kastanien aus dem Feuer zu holen, und jetzt hatte Marc auch noch einen völlig aus der Luft gegriffenen Eifersuchtsanfall.

♫♫♫

Marc hatte handfeste Gründe gehabt, die Dreharbeiten abzubrechen, wie er Vincent gestand. Der Regisseur hatte ihn nämlich beim Sex mit einem Regieassistenten erwischt, ein peinlicher, aber normalerweise kein wirklich dramatischer Vorfall. In der Regel verhielten sich Künstler tolerant. Und Marc war nun wirklich nicht der einzige schwule Sänger, der sich den Fans zuliebe hetero gab. Allerdings war sein Liebhaber der Sohn des Regisseurs gewesen und der rastete regelrecht aus, als er seinen Spross mit einem Mann zusammen gesehen hatte. Die Wut des aufgebrachten Vaters prasselte auf Marc nieder.

„Ich mach' dich fertig, du schwule Sau. Ich habe Freunde beim Fernsehen und bei den Zeitungen. Morgen weiß ganz Amerika, dass du 'ne Schwuchtel bist. Dann wird niemand mehr deine Platten kaufen ..."

Ob dieser Beschimpfungen hatte Marc zugesehen, dass er fort kam. Er hatte den nächstbesten Flieger genommen und sich bei seinen Eltern verkrochen.

Der Regisseur hatte ihn dann doch nicht geoutet, ihn aber quasi mit seinem Wissen erpresst. Wenn Marc seine Karriere lieb wäre, solle er sich besser nicht wieder auf dem Filmset blicken lassen. Also war Marc zu Hause geblieben und hatte dadurch in Kauf genommen, des Vertragsbruchs beschuldigt zu werden. Die Leute von Ifford hatte er nicht ins Vertrauen gezogen. Der Regisseur war berühmt und hatte einen guten Ruf. Dass ein Mann wie er aus persönlichen Gründen die Produktion eines Filmes hintertrieb, würde niemand glauben. Sein Wort hätte gegen das des Sängers gestanden. Außerdem wollte Marc nicht, dass noch mehr Leute von seiner wirklichen sexuellen Orientierung wussten.

Und nun verklagte Ifford ihn auf zehn Millionen Dollar. Sein Anwalt Vincent konnte das Wissen über den Vorfall nur indirekt verwenden, wollte er Marcs Geheimnis wahren. Aber wie sich herausstellte, interessierte sich die Ifford nicht unbedingt für das Geld. Sie verwendeten die Klage als Druckmittel, um Marc doch noch dazu zu bewegen, den Film zu drehen. Anscheinend gab es innerhalb der Gesellschaft einflussreiche Personen, die das Projekt unbedingt mit ihm und keinem anderen durchführen wollten.

Vor dem rachsüchtigen Regisseur brauchte sich Marc auch nicht mehr zu fürchten. Der war nämlich zwischenzeitlich einem Herzanfall erlegen. Dessen Sohn hatte ein gutes Wort für Marc eingelegt und eingeräumt, dass sein Vater an dem ganzen Skandal eine Teilschuld trug, allerdings ohne genau auf die Gründe einzugehen.

Eigentlich ging es jetzt nur noch um die Aushandlung der Bedingungen einer erneuten Zusammenarbeit. Marc war so froh, dass sich alles zum Guten wendete, er wäre auch bereit gewesen, sich ohne Gage für die Dreharbeiten zur Verfügung zu stellen, was Vincent aber überhaupt nicht einsah. Und sollten die Songs des Musicals zu Hits werden, wovon beide Seiten ausgingen, stand Angel als Interpret natürlich auch hinsichtlich der Platteneinnahmen ein finanzieller Anteil zu.

Die Verhandlungen verliefen in den letzten Tagen ziemlich zähflüssig. Zu viele Leute hatten zu viele Bedenken, Einwendungen und Vorschläge eingebracht. Nun aber, da Vincent nur zu Anne fuhr, um sie zu beschwichtigen, lief es plötzlich. Die beiden Anwälte packten die Gelegenheit beim Schopfe, sprachen jeden strittigen

Punkt durch und fanden stets zu einem Kompromiss. Am Ende war das Kuchenstück für Angel kleiner, als ein hochkarätiger Star wie er unter normalen Umständen abbekam. Nach Lage der Dinge konnte er aber sehr zufrieden sein. Statt zehn Millionen Dollar Verlust wegstecken zu müssen, war er wieder auf der Gewinnerseite.

Vincent fuhr erst im Morgengrauen nach Hause zurück. Bevor er ins Bett ging, um sich bis zur eilig angesetzten Pressekonferenz noch ein paar Stunden Schlaf zu gönnen, rief er Marcs Agenten Steve Scionti an und teilte ihm im Telegrammstil mit, was er mit Anne vereinbart hatte. Scionti fühlte sich von dem Alleingang der beiden Anwälte etwas überfahren, hörte aber andererseits die Kasse klingeln und beschwerte sich deshalb nicht, dass sie ihn nicht zu ihrer nächtlichen Besprechung hinzugezogen hatten. Der Agent versprach, Marc für die Pressekonferenz vorzubereiten.

Noch reichlich müde saß Vincent neben Angel an einem Tisch und beantwortete die wenigen Fragen der Pressevertreter, die an ihn gerichtet wurden. Meistens redeten Angel oder sein Agent Scionti. Ebenfalls mit am Tisch saßen drei Vertreter von C. L. Ifford, darunter Anne, die dank der Errungenschaften der Kosmetik einen absolut frischen und ausgeschlafenen Eindruck machte, wie Vincent ein wenig neidisch feststellte.

Nachdem die Neuigkeit von der Klage der Produktionsgesellschaft gegen Angel gestern noch die Runde gemacht hatte, war es heute eine kleine Sensation, dass das geplante Filmprojekt nun doch durchgeführt werden sollte. Man gab sich, als hätte es niemals auch nur die kleinste Streitigkeit gegeben. Die Dreharbeiten sollten in einem halben Jahr beginnen, fast direkt nach Angels Tournee. Es waren nur einige freie Tage für Marc eingeplant. Vincent machte sich ein wenig Sorgen um ihn. Nach einer Tournee machte man besser erst einmal einen ausgedehnten Urlaub von mehreren Wochen und stürzte sich nicht sofort auf ein neues Projekt. Aber Angel schien das nicht zu stören. Er strahlte, wie nur ein Star strahlen konnte, und war bester Laune.

Morgen würde er seine Tournee beginnen. Bisher hatten er und Vincent noch kein privates Wort miteinander wechseln können. Ständig umgaben sie irgendwelche Leute. Noch während der

Pressekonferenz hatten sich Fans von Angel spontan vor dem Gebäude zusammengefunden, um ihren angebeteten Star gegen die Filmleute zu unterstützen. Nach dem Termin eskortierten ihn seine Leibwächter schnell zu seiner Limousine, während Vincent noch zurückbleiben musste, weil er mit Anne verabredet hatte, mit ihr gemeinsam in sein Büro zu fahren, wo die beiden Anwälte den langweiligen Papierkram erledigen wollten.

‚Das ist es wohl zwischen mir und Marc gewesen', dachte sich Vincent enttäuscht, als er mit Anne auf dem Beifahrersitz seinen BMW durch den Straßenverkehr steuerte. Insgeheim hatte er sich noch eine kleine private Siegesfeier mit Marc erhofft.

„Ist etwas nicht in Ordnung? Sie wirken so finster, Vincent. Dabei haben Sie gerade hervorragende Konditionen für Ihren Mandanten ausgehandelt und werden selbst noch ein schönes Sümmchen Honorar einstreichen."

Vincent riss sich zusammen und lächelte Anne charmant an. „Ich bin nur etwas müde."

♫♫♫

Am Abend, Vincent saß immer noch in seinem Büro, um einige liegen gebliebene Akten aufzuarbeiten, klingelte sein Handy.

„Ja?"

„Vince! Ich bin es, Marc. Ich steh hier mit einem Freund und zwei Tüten Lebensmitteln an dem Empfang deines Wohnhauses. Weshalb bist du denn noch nicht zu Hause? Kannst du hier anrufen und den Empfangstypen bitten, mir deinen Wohnungsschlüssel zu geben, damit wir bei dir rein können? Wir wollen etwas Schönes für dich kochen."

„Okay!", antwortete Vincent überrascht. Er wollte noch etwas fragen, doch da hatte Marc die Verbindung schon wieder beendet. Matt vom Empfang war schnell instruiert. Nachdem dies erledigt war, grübelte Vincent darüber nach, ob Marc ihm endlich seinen Hotti vorstellen wollte. Bevor er sich in Spekulationen über den Verlauf des Abends verlor, klappte er entschlossen seine Akten zu, zog sich sein Jackett wieder an, das er über die Stuhllehne gehängt hatte, und machte sich mit gemischten Gefühlen auf den Weg nach Hause. Er freute sich, weil Marc doch noch an ihn gedacht hatte.

In seiner Wohnung wurde er schon an der Tür von einem anschmiegsamen Marc empfangen und mit einem leidenschaftlichen Kuss begrüßt. Als Vincent nach einer geraumen Zeit wieder den Kopf hob, fiel sein Blick auf genau den hübschen, jungen Mann mit den kurzen, blonden Stoppelhaaren, den er erwartet hatte.

„Hi!“, sagte Marcs Begleiter und lächelte schüchtern.

Marc gesellte sich zu ihm und schlang ihm zärtlich seinen Arm um die schlanke Taille. „Das ist Jamie, mein Freund.“ Ein strahlendes Lächeln erhellte Marcs Züge. Was auch immer er für den Abend plante, Vincent würde ihn nicht enttäuschen.

„Hi Jamie! Ich, wo ich dich schon einmal gesehen habe, in Marcs Haus, nicht wahr? Du bist der Skater. Ihr beide habt euch geküsst.“

Jamie nickte zurückhaltend.

„Eigentlich ist es unser gemeinsames Haus. Wir haben es zusammen gekauft. Jamie ist mindestens genauso reich wie ich“, erklärte Marc mit stolzem Tonfall.

Weil Vincent ihn verwirrt ansah, meinte er: „Komm doch erst Mal in die Küche! Dort steht dein Martini, und außerdem müssen Jamie und ich uns um das Essen kümmern.“

In der Küche standen drei gefüllte Martini-Gläser nebeneinander. Eines davon drückte Marc dem Neuankömmling in die Hand, die beiden jungen Männer nahmen die anderen Gläser.

„Vielen lieben Dank für deine Hilfe, Vince“, sagte Marc und prostete ihm zu. Weil die anderen beiden tranken, sah sich auch Vincent veranlasst, an seinem Drink zu nippen. Danach stellte er das Glas zurück auf den Tisch und entledigte sich seines Jacketts, das er achtlos auf einen Stuhl legte. Während er die Krawatte aufzog, fragte er:

„Also?“

„Jamie und ich haben als Kinder zusammen angefangen und sind damals als Duo aufgetreten. Aber nach einer Weile wurde klar, dass ich allein mehr Wirkung zeigte. Also haben sie mich zum Star aufgebaut. Jamie bleibt seitdem im Hintergrund und schreibt die Songs. So ist es ihm ohnehin lieber, nicht wahr, Süßer?“

„Ja!“, antwortete Jamie, der sich an den Herd zurückgezogen hatte und den Inhalt der Töpfe kontrollierte.

„Dann ist Jamie der andere Teil des Songschreiber-Duos Stone & Stone“, erkannte Vincent.

„Wow, du hast den Covertext meiner CD gelesen, und dabei kannst du meine Musik noch nicht einmal leiden“, meinte Marc mit einem schiefen Lächeln.

„Anwaltliche Neugier“, entgegnete Vincent schulterzuckend. „Wie kommt es, dass ihr denselben Nachnamen tragt?“

„Wir sind Cousins. Jamies Vater ist der Bruder meines Vaters.“

„Und ihr seid ... zusammen?“

„Findest du das abartig? Unsere Eltern haben sich daran gewöhnt. Und schließlich waren sie es, die uns als Duo haben auftreten lassen.“ Marc verschränkte die Arme vor der Brust und funkelte Vincent herausfordernd an, die Sache jetzt bloß nicht zu vergeigen. Süß! Vincent verkniff sich ein Grinsen.

„Wir waren aber schon vorher unzertrennlich“, mischte sich Jamie vom Herd aus ein.

Marc ging zu ihm und schlang vertraut den Arm um ihn.

„Ich liebe Jamie, seit ich denken kann. Außerdem ist es nicht verboten, Sex mit seinem Cousin zu haben.“

„Ich hatte in meiner Jugend selbst ein kleines Abenteuer mit einem meiner Cousins“, erklärte Vincent schmunzelnd.

Marc strahlte ihn daraufhin an, als sei damit alles geklärt. Die Frage, weshalb er seinen Freund mit angeschleppt hatte, war damit allerdings immer noch nicht beantwortet, obwohl Vincent durchaus ahnte, wonach ihm der Sinn stand.

„Hab ich noch Zeit, vor dem Essen zu duschen?“, fragte Vincent.

Er erntete einen lüsternen Blick von Marc. „Klar! Dann können Jamie und ich dich später so richtig schön als Nachtisch vernaschen.“

„Dachte ich es mir doch!“ Vincent warf Jamie einen Blick zu. Der stand peinlich berührt mit hochrotem Kopf da und wirkte, als wäre er am liebsten im Erdboden versunken.

„Vielleicht möchte dein Jamie aber keinen solchen Nachtisch?“, wandte Vincent zweifelnd ein.

„Aber klar doch! Ich hab' ihm von deinem dicken, geilen Schwanz erzählt. Auf den ist er total scharf."

„Marc!", rief Jamie entsetzt aus. Er schlug mit dem Kochlöffel auf Marcs Oberarm ein. Kichernd flüchtete der sich eilig aus der Gefahrenzone.

„Ich geh' duschen", zog sich Vincent kopfschüttelnd zurück.

Das Essen mundete ausgezeichnet. Marc und Jamie waren hervorragende Köche. Sie hatten den Tisch im Esszimmer hübsch gedeckt und Kerzen angezündet. Im Hintergrund lief leise Musik, klassische Klavierstücke jazzig variiert. Vincent hatte zwei, drei Platten in diesem Stil. Dennoch kamen ihm diese Stücke fremd vor.

„Habt ihr die Platte, die da gerade läuft, mitgebracht?", erkundigte er sich bei Marc.

Der strahlte über das ganze Gesicht. „Das sind Jamie und ich am Klavier. Ich wollte dir eine Freude machen, und da du Jazz und Klassik magst, dachte ich, das könnte man auch miteinander kombinieren. Ich hab' ein paar solcher Platten in deinem Regal gesehen."

Vincent fehlten die Worte. Mit offenem Mund starrte er Marc an. „D ... danke!", stotterte er.

„Zwei Wochen haben wir zu Hause nur Klassik oder Jazz gehört, bevor wir das Band eingespielt haben", erklärte Jamie, während Marc Vincent noch eine zweite Portion zartes Fleisch in Weinsoße servierte.

„Ihr könnt nach zwei Wochen Zuhören solche Sachen spielen?" Ungläubig sah Vincent die beiden an.

Jamie zuckte mit den Schultern. „Ist doch nicht schwer."

„Es wird nur etwas lästig, wenn wir nach Noten spielen sollen, das ist richtige Arbeit", ergänzte Marc.

„Seid ihr beide Musikgenies?", fragte Vincent.

„Jamie ist das Genie in unserer Familie. Er ist viel besser und kann viel mehr Instrumente spielen als ich."

„Ach was! Ich bin nur deshalb besser, weil ich mehr übe. Dafür kann ich nicht so gut singen und tanzen."

„Natürlich kannst du gut singen und tanzen, schließlich trittst du in all meinen Musikvideos als Hintergrundtänzer und –Sänger auf. Du hast sogar eigene Fans. Sie nennen dich *‚The Shadow'*. Wenn du wolltest, könntest du ein Star sein, wie ich."

„Ich bin sehr zufrieden mit meiner Position." Jamie hob abwehrend die Hände.

Während er und Marc liebevoll miteinander debattierten, wer der Bessere von ihnen war, und der eine diese Position dem jeweils anderen geradezu aufdrängte, genoss Vincent stumm das Essen und den Wein. Er musste erst einmal verarbeiten, dass Marc als Musiker noch viel talentierter war, als er bisher angenommen hatte. Setzte er sich einfach ans Klavier und spielte aus dem Stehgreif Jazz-Klassik, eine Musikrichtung, mit der er sich vorher bestimmt noch nicht beschäftigt hatte.

Nach dem Essen zogen sie mit ihren Weingläsern ins Wohnzimmer um. Sie hatten alle beim Essen reichhaltig zugegriffen und waren deshalb entsprechend gut gesättigt. Marc suchte eine DVD heraus und legte sie in den Player ein. Dann kuschelte er sich zu Vincent. Der war nun eingerahmt von zwei hübschen, schlanken jungen Männern. Links fläzte sich Jamie auf der Couch, noch zurückhaltend auf Distanz, rechts kuschelte Marc. Der Film, irgendeine Komödie, schläferte Vincent ein, der ja in der Nacht kaum Schlaf bekommen hatte.

Es mochte ein Stunde vergangen sein, als er davon erwachte, wie eine weiche, feuchte Zunge kleine Kreise über seinen nackten Bauch zog. Da hatte ihm wohl jemand das Hemd aufgeknöpft! Vincent seufzte wohlig. Er öffnete seine Lippen einer Einlass begehrenden zweiten Zunge. Sanft, fast schüchtern erkundete sie das Terrain. Da Vincent die Augen geschlossen hielt, konnte er nur vermuten, wer ihn da gerade küsste, wahrscheinlich war es Jamie. Vincent wurde nun selbst aktiv, setzte mit sanfter, fordernder Nachdrücklichkeit seine Zähne auf der Unterlippe des Scheuen ein und fuhr mit der Hand zärtlich durch dessen Haare. Kurzes Stoppelhaar, also saugte sich wirklich gerade Jamie mit wachsender Leidenschaft an seinem Mund fest.

Marc ließ von Vincents Bauch ab und zog ihm Schuhe, Strümpfe und die Hose aus. Nun trug Vincent nur noch das geöffnete Hemd und Boxershorts. Marc legte ihm die Hand auf das Geschlecht und massierte es durch den Stoff hindurch, kam aber bald wieder davon ab. Er schlängelte seinen nackten, geschmeidigen Körper über Vincents breite, haarige Brust und rieb sich an ihr. Wann hatte er sich ausgezogen? Egal! Vincent genoss, was ihm geboten wurde.

Noch immer küsste ihn Jamie hingebungsvoll. Vincent löste seine Hand aus dessen Stoppelhaar und strich ihm sanft das Rückgrat entlang. Auch Jamie war schon nackt.

Zeit für das Dessert!

Jamie erbebte, als Vincent eine seiner Pobacken umfasste und besitzergreifend zudrückte. Währenddessen machte sich Vincents andere Hand auf die Suche nach Marcs Hinterteil und fand es bald. Zwei knackige Hintern, die es zu erobern galt. Vincent konnte sich nicht so recht entscheiden, welchen er zuerst nehmen sollte. Aber das konnten die Jungen ja auch getrost unter sich ausmachen.

Jamie löste seine Lippen von Vincents Mund und saugte sich nun an dessen Halsbeuge fest. Gleichzeitig hörte Marc auf, Schlange zu spielen und kitzelte mit der Zunge einen von Vincents Nippeln. Mit sanftem Druck seiner Hand führte Vincent Jamies Kopf zu seinem anderen Nippel. Zu zweit saugten, leckten und knabberten sie, was das Zeug hielt. Ein Lustschauer nach dem anderen jagte durch Vincents Körper. Nach einer kleinen Ewigkeit ging es über seinen Bauch weiter nach unten. Endlich streifte ihm jemand den Short von den Hüften. Vincent hörte ein leises Aufkeuchen.

„Hab' ich dir zu viel versprochen?", vernahm er sogleich die leise Stimme von Marc.

Jamie antwortete nicht, doch schon fühlte Vincent, wie sich eine Hand um seinen Schaft legte. Jemand zog seine Vorhaut zurück und küsste die Eichel.

„Na los, du wolltest ihm doch unbedingt einen blasen!", forderte Marc seinen Freund auf.

„Ich mach ja schon", antwortete Jamie gereizt. Er umzüngelte die Eichel, bevor er mit der Zunge den Schaft nach unten strich und wieder zurück. Sanft tauchte er mit der Zungenspitze in die Öffnung an der Spitze und leckte die glasklaren Tropfen auf. Fast ein wenig zu abrupt schob er seinen geöffneten Mund über die Erektion. Seine Zähne jagten einen heftigen Schmerz durch Vincents Körper.

„Aua!", beklagte sich jener.

„Ups, ich hab' deine Größe unterschätzt", entschuldigte sich Jamie. Er drückte um Verzeihung heischend viele kleine Küsse auf die empfindliche Haut, bevor er sich wieder seiner Aufgabe widmete. Dieses Mal machte er es richtig und mit dem nötigen Feingefühl.

„Gut so!", lobte ihn Vincent.

Marc sah eine Weile zu, wie sich sein Cousin ehrgeizig den Mund mit Vincents Glanzstück so weit füllte, wie er konnte, sich wieder zurückzog und dann erneut vorstieß, bis er einen angenehmen Rhythmus gefunden hatte. Es machte ihn an zu beobachten, wie ein Teil der Erektion immer wieder verschwand und dann wieder zum Vorschein kam. Ob es jemanden gab, der es schaffte, diesen Prügel in voller Länge zu blasen? Marc hatte es versucht und war daran gescheitert und auch Jamie sah nicht so aus, als würde er es schaffen. Vince selbst war ein toller Bläser. Plötzlich musste Marc kichern bei der Vorstellung, wie sein Liebhaber sich selbst einen blies. Dafür war dieser massiv gebaute Mann aber nun doch viel zu ungelenkig. Schnell hielt sich Marc den Mund zu, als er Vincents irritierten Blick auffing. Und es gab auch noch einiges zu tun. Also kniete sich Marc zwischen Vincents leicht gespreizte Schenkel und drückte sie noch ein wenig weiter auseinander. Er begann seinen Weg dort, wo Jamies Mund nicht mehr hinkam und saugte an der festen Seidenhaut, bevor er sich mit der Zunge durch die vielen Haare wühlte und die Hoden verwöhnte.

‚Mein Bär!', dachte er liebevoll, während er den männlichen Duft von Vincent geradezu in sich hineinsaugte. Marc ließ seine Zunge weiter nach hinten wandern und strich einige Haare glatt, bevor er auf die Rosette stieß. Er leckte sie, bis sie schön weich und feucht war. Dann bohrte er einen Finger hinein. Eigentlich wollte er noch viel mehr dorthin stecken, doch das kam später, wenn Vince schön müde war und sich nicht mehr wehren konnte.

Vincent bäumte sich mit einem brunftigen Laut auf. Fast hätte sich Jamie an seinem Schwanz verschluckt. Glücklicherweise fand er schnell in seinen Rhythmus zurück.

Diese doppelte Stimulation erhitzte Vincent schnell. Damit er nicht sofort kam, zog Jamie seinen Kopf zurück und richtete sich auf. Fragend blickte ihn Vincent an. Jamie schenkte ihm ein verheißungsvolles Lächeln. Auf dem Wohnzimmertisch fand er, was er und Marc vorher bereitgelegt hatten. Da seine Kehle ziemlich trocken war, nahm er schnell noch einen großen Schluck Wein. Dabei kam ihm eine Idee, aber erst streifte er den Präser über Vincents tollen Schwanz und verteilte eine gute Portion Gleitcreme darauf.

Als Marc bemerkte, dass sich sein Cousin für die Besteigung fertig machte, ließ er von seinem Tun ab und half ihm, nicht uneigennützig, bei den Vorbereitungen. Jamie merkte gleich, worauf er hinauswollte, schnappte sich sein Weinglas und beugte sich fügsam über die Couch. Marc nahm sich die Tube mit dem Gel, drückte etwas davon auf seine Finger und rieb dick Jamies Kerbe ein. Den Rest schmierte er auf seinen eigenen Schwanz. Schon wollte er loslegen, als Jamie ihm ein „Warte!“, entgegen rief.

„Was ist?“

Jamie trank den Rest des Weines aus seinem Glas, ließ es achtlos hinter die Couch fallen, wo es unbeschadet auf dem weichen Teppich landete, beugte sich zu Vincent herunter und presste ihm die Lippen auf den Mund. Augenblicklich wurde ihm Eingang gewährt. Der Wein aus seinem Mund floss über Vincents Zunge.

Marc entschied derweil, dass er lange genug gewartet hatte und stieß sich in den Körper seines Cousins.

„Mpf!“, stöhnte Jamie in den Kuss mit Vincent hinein. Der besitzergreifende Marc ging immer ziemlich direkt vor, was Jamie anmachte, aber auch ganz schön schmerzhaft war. Plötzlich fühlte er eine Hand an seinem Geschlecht, Vincents Hand. Ein irres Gefühl. Der Schmerz war bald vergessen. Vincent wichste, Marc vögelte ihn. Heiß! Mit einem heiseren Aufschrei kam Jamie und pumpte sein Sperma über Vincents Hand auf die teure Couch.

Marc zog sich zurück.

„Aufgesessen, Schätzchen!“, forderte er.

„Was?“, stöhnte Jamie, der sich am liebsten neben Vincent zusammengerollt hätte.

„Willst du etwa schon schlapp machen?“, lästerte Marc.

Nein, das ging gegen Jamies Ehre. Also kletterte er über Vincents Schoß und ließ sich langsam auf dessen Erektion nieder. Was für ein Kaliber! Marc hatte ihm wirklich nicht zu viel versprochen. Jamies Müdigkeit war wie fortgewischt. Zuerst wählte er eine gemächliche Gangart, um sich an die Größe zu gewöhnen. Nach einer Weile wurde er schneller. Dies war der Startschuss für Vincent, nun seinerseits in das Geschehen einzugreifen. Er bockte und warf Jamie in die Luft, während er ihn gleichzeitig an der neu entfachten Erektion festhielt.

Marc saß neben den beiden, hatte seine Hand locker auf seinen Schwanz gelegt, und beobachtete sie mit glänzenden Augen. Bald war seine Zeit gekommen, bald. Nur noch ein klein wenig Geduld.

Jetzt hielt sich Jamie nur noch an Vincents Schultern fest und ließ sich von ihm mitreißen. In hohem Bogen spritzte er auf den Oberkörper seines Liebhabers. Ein Netz von weißen Spermafäden verfing sich in Vincents Brusthaaren. Und dann pumpte auch schon Vincent seine Ladung in den Präser. Jamie fühlte ihn in sich pulsieren. Als er sich erschöpft an dessen Brust schmiegte, umarmte ihn Vincent und küsst ihn innig. So blieben sie liegen, bis Marc seinem Cousin etwas ins Ohr flüsterte. Unwillig stöhnte Jamie. Doch er tat fast immer, was Marc wollte und rückte schließlich beiseite. Jamie half sogar noch dabei, Vincent von seinem Präser zu befreien.

Marc kniete sich erneut zwischen Vincents Beine und drückte sie auseinander. Er verteilte etwas Gel in der Kerbe. Ein wenig verwundert hob Vincent den Kopf, erhob aber keine Einwände, auch nicht, als Marc sich in ihn hinein schob.

„Hast du dich etwa vorher nicht getraut, mich zu fragen, ob du mich vögeln darfst, und hast deshalb Jamie zu deiner Unterstützung mitgebracht?“, fragte Vincent.

„Er hat 'ne Menge Respekt vor dir“, antwortete Jamie anstelle von Marc, der sich ganz auf sein Tun konzentrierte und heftig pumpte. Aufgeputscht von den Geschehnissen zuvor brauchte Marc nicht lange, bis er kam. Seufzend brach er auf Vincents breiter Brust zusammen. Dieser strich ihm zärtlich eine Haarsträhne aus der Stirn. „Du hättest mich nur zu fragen brauchen, Katerchen.“

♫♫♫

Als Vincent am nächsten Morgen in seinem Bett erwachte, vermisste er die Wärme der beiden Musiker, die es sich beim Zubettgehen rechts und links von ihm gemütlich gemacht hatten. Natürlich, sie hatten vertragliche Verpflichtungen und saßen wahrscheinlich schon in ihrem Privatflieger auf dem Weg zu ihrem ersten Tourneeziel. Vincent strich sich durch das Brusthaar und hob seine Finger an die Nase. Jamies Duft haftete noch an ihm, hinten spürte Vincent immer noch die durch Marcs Leidenschaft verursachte Reizung. Was für eine Nacht! Vincent ertappte sich dabei, sich zu fragen, wie es wohl wäre, die Cousins auf Dauer um sich zu haben.

Seufzend erhob er sich aus seinem Bett, ging in sein Bad und stellte sich unter die Dusche. Als er später in seine Küche ging, um sich Frühstück zu machen, stellte er fest, dass es schon vorbereitet war. Und überall in seiner Wohnung waren kleine Zettel mit lieben Grüßen verteilt, die meisten waren von Marc, einige aber auch von Jamie.

Vincent war gerührt. Er griff sich sein Handy, tippte eine herzliche SMS an Marc, in der er auch Jamie grüßen ließ, und schickte sie ab. Da er nicht mit einer baldigen Antwort rechnete, legte er das Gerät wieder beiseite. Vincent hatte keine Ahnung, ob und wie es zwischen ihnen weitergehen würde. Aber irgendwie hatte er das Gefühl, dass die letzte Nacht nicht der Abschluss, sondern ein Anfang gewesen war.

Drei

„Porca miseria!“ Entnervt warf Vincent seine kleine Reisetasche auf das Hotelbett. An einen Star wie Angel heranzukommen war schwerer, als erfolgreich in einer Bank einzubrechen! Dabei hatte sein Katerchen ihn selbst um einen Besuch gebeten. Nun ja, eigentlich hatte ihn Jamie angerufen und ihn geradezu angefleht zu kommen, da Marc von seiner Tournee total gestresst war und vor Liebeskummer die Wände hochging, weil er Vincent nicht sehen konnte.

Vince war geschmeichelt über Marcs andauernde Zuneigung, hatte jedoch selbst einen so vollen Terminplan, dass er nicht spontan verreisen konnte. Erst drei Wochen nach Jamies Anruf war es ihm kurzfristig gelungen, sich ein Wochenende freizuschaufeln. Er hatte einen Flug gebucht und sogar ein Zimmer in demselben Hotel ergattern können, in dem auch die beiden Musiker an diesem Wochenende residierten. Aber leider war der Kontakt zu ihnen seit drei Tagen abgebrochen. Weder Jamies noch Marcs Handy war erreichbar. Immer wieder hörte er diesen Spruch: *‚The number you have called is temporarily not available.‘*

Die Jungen wussten also gar nicht, dass Vincent sie besuchen würde. Zunächst hatte er diesem Umstand keine große Bedeutung beigemessen. Nun aber, vor Ort, wuchs sich die Sache zu einem Berg von Schwierigkeiten aus. Der Popstar Angel hatte eine eigene Etage für sich und seine Entourage bezogen. Alle Eingänge wurden von Leibwächtern bewacht und sie ließen niemanden ein, der nicht auf ihrer Liste stand, und dort war Vincents Name leider nicht zu finden.

„Ich bin sein Anwalt, Vincent Gable.“

„Das kann ja jeder erzählen.“

„Geben Sie Angel wenigstens meine Karte, damit er weiß, dass ich hier bin.“

„Angel hat genug eigene Anwälte.“

Vincent schloss die Augen, um Geduld zu sammeln und diesem Schrank vor sich nicht einfach eins mit der Faust in die Fresse zu geben, schließlich war er selbst ein fast genauso imposanter Typ.

Aber leider stand da noch ein zweiter Schrank, und mit beiden wäre er nicht fertig geworden. Und außerdem geziemte es sich nicht für einen Anwalt, Probleme auf diese Art lösen zu wollen.

„Geben Sie dann bitte meine Karte wenigstens Jamie Stone?“, bat Vincent und setzte sein freundlichstes Lächeln auf.

„Ich werde sehen, was ich tun kann, Mister. Bitte gehen Sie jetzt!“

Immerhin, der Mann von der Security hatte die Karte entgegengenommen und sich in die Tasche gesteckt. Viel versprach sich Vincent allerdings nicht davon.

Das Gespräch am Empfang des Hotels war genauso frustrierend verlaufen. Niemand wollte ihn bei Marc oder Jamie anmelden. Auch ein Gespräch mit dem Empfangschef brachte nicht viel.

„Nein, ich bin nicht irgendein Anwalt, ich bin Marc Stones Anwalt, sein persönlicher Anwalt. Wenn Sie mich endlich bei ihm anmelden würden, wird er Ihnen diese Information sofort bestätigen.“

„Ich bedaure sehr, Sir. Personen, die nicht auf der Liste stehen, dürfen nicht zu Angel vorgelassen werden. Wenn Sie wirklich sein Anwalt sind, dann haben Sie doch bestimmt Möglichkeiten, sich auf die Liste setzen zu lassen ...“

Lief Vincent denn überall gegen eine Wand? Verärgert zog er sich in sein Hotelzimmer zurück und telefonierte von dort aus mit Steve Sciontis Büro. Leider hatte Steve, der Manager von Angel, einen Arzttermin und durfte dort nicht gestört werden. Seine Sekretärin hatte Urlaub. Die Vertretung war überfordert von ihrer Aufgabe. Immerhin kannte sie Vincents Namen und versprach, ihn auf die Besucherliste von Angel setzen zu lassen, wenn sie herausgefunden hatte, wie das ging.

♫♫♫

Um drei Uhr nachts klopfte jemand laut, fast drängend an Vincents Zimmertür. Fluchend tastete Vince nach dem Lichtschalter. Da das Klopfen sich wiederholte, stieg er aus dem Bett, legte die Kette vor und öffnete die Tür einen Spalt.

„Ja?“, fragte er unwirsch.

Ein ziemlich gestresster Mann mittleren Alters mit tiefen, dunklen Augenrändern und wirrem Haar, das so aussah, als hätte er es gerade vor Verzweiflung gerauft, fragte ihn: „Mr. Vincent Gable?"

„Ja!"

„Ich bin Tom Zaine, der Tourmanager von Angel, darf ich reinkommen?"

„Okay!", sagte Vince, lehnte die Tür wieder ran, damit er die Kette öffnen konnte und ließ seinen Überraschungsgast ein.

Tom musterte den nur mit einer Pyjamahose gekleideten Anwalt kurz, bevor er sagte:

„Es tut mir leid, dass ich so spät komme. Ich fand die Nachricht aus Sciontis Büro erst vor einer halben Stunde in meinem Fach. Glücklicherweise habe ich noch einmal nachgesehen. Marc tobt gerade vor Wut, weil niemand ihn über Ihre Ankunft informiert hat. Sie waren schon früh genug hier und hätten das Konzert Backstage verfolgen können. Marc wollte gleich losstürzen, um Sie zu sehen. Jamie konnte ihn dann aber überreden, in der Suite auf Sie zu warten. Ich hoffe, es ist Ihnen noch nicht zu spät ..."

Vincent verkniff sich ein Gähnen und seufzte innerlich.

„Warten Sie draußen, ich bin in zehn Minuten fertig."

„Selbstverständlich."

Nachdem Tom verschwunden war, putzte Vincent sich noch schnell die Zähne, versprühte eilig etwas Deo und kämmte sich durch die Haare. Er zog die Pyjamahose aus, streifte sich als kleine Extraüberraschung seine verwaschene Jeans über und schlüpfte in ein weißes Polo-Shirt. Marc hatte mal erwähnt, wie gerne er seinen Liebhaber in knackigen Jeans sehen würde. Die Schuhe, die Vincent mitgebracht hatte, passten ebenso zu einem Anzug wie zu einer Jeans. Bevor er das Zimmer verließ, steckte er noch schnell ein paar Präser ein, für alle Fälle. Marc hatte bestimmt keine in seiner Größe parat.

Tom wartete in einer Sitzecke auf ihn, die Beine von sich gestreckt und die Augen geschlossen. Der Tourmanager war aber sofort wieder voll da, als Vincent ihn an der Schulter berührte.

„Ich bekomme während einer Tour wenig Schlaf und versuche deshalb, mich zu entspannen, wo es nur geht."

„Wie läuft die Tour?"

„Es gibt die üblichen Katastrophen. Marc ist viel nervöser als sonst, aber er hält sich. Ein freies Wochenende wird ihm gut tun. Vielleicht können Sie ihn wieder ein wenig aufbauen?"

„Ich werde mir Mühe geben." Vincent lächelte Tom ein wenig verhalten an, irritiert davon, dass er so viel über Marcs Privatleben zu wissen schien.

Kaum war Vincent durch die Tür zur Suite getreten, als ihn auch schon Marc mit einem freudigen Aufschrei ansprang, ihm die Beine um die Hüften schlang und sein Gesicht mit vielen Küssen bedeckte.

„Ich lasse euch dann allein und sorge dafür, dass niemand stört", hörte Vincent den Tourmanager noch sagen, bevor er sich ganz auf diese fordernden Lippen konzentrierte, die gerade seinen Mund eroberten.

Irgendwo in der Suite spielte jemand Flamencogitarre. Vielleicht war es aber auch eine CD. Vincent kümmerte sich nicht darum.

„Hi, mein kleiner Klammeraffe", amüsierte er sich und verschränkte seine Hände unter Marcs Po, um ihn zu stützen. Erstaunt stellte er fest, dass er nackte Haut berührte. „Du hast ja gar keine Hose an, nur ein T-Shirt."

„Vince! Können wir später reden und jetzt sofort ficken?"

„Na klar, Katerchen!" Vincent setzte Marc kurzerhand auf ein in der Nähe stehendes Sideboard, welches genau die richtige Höhe hatte. Schon riss Marc am Reißverschluss der Jeans und griff hinein.

„Wow, du hast auch keine Unterhose an."

„Hab mir schon gedacht, dass du es eilig hast." Vincent schob seine Hose etwas herunter. Er griff in die Tasche und nestelte das Gummi daraus hervor.

„Mach schon!", drängte Marc.

„Pst!", tadelte Vincent ihn sanft. Marc wirkte überreizt und flatterig.

Endlich saß der Präser.

Die Musik veränderte sich, so, als würde jemand die Situation mit andalusischen Gitarrenklängen kommentieren.

Marc klammerte sich an Vincent wie ein Ertrinkender.

„Komm schon, komm schon!"

Also ließ Vincent sich gehen. Er packte Marc an der Hüfte und stieß sich bis zur Hälfte in ihn. Marcs Gesicht lief knallrot an. „Oh Gott!", keuchte er.

„Du wolltest es so."

„Mach weiter!", krächzte Marc.

Was war nur los mit ihm? Wollte er sich wirklich ohne Rücksicht auf Verluste durchknallen lassen?

Marc verschränkte seine Beine wieder hinter Vincent und mit einem Ruck seiner Hüfte vollendete er selbst, was sein Liebhaber begonnen hatte. Wenn er es so haben wollte, würde Vince es ihm kräftig besorgen. Das Schränkchen klapperte ganz schön unter den wuchtigen Bewegungen des großen Mannes, der sich wieder und wieder in seinen schlanken Geliebten hineinstieß.

Das Tempo der Musik steigerte sich. Als der Orgasmus durch Vincent hindurchrauschte, erreichte auch die Melodie ihren Höhepunkt.

Unter ihm schnappte Marc keuchend nach Luft. Auch noch schwer atmend, zog sich Vincent zurück. Er half dabei Marc auf die Füße.

„Ich hab' ganz weiche Knie", hauchte der und knickte ein. Doch Vincent hielt ihn, nahm ihn auf den Arm und trug ihn zur Couch, wo er ihn niederlegte. Dort entdeckte er auch den Gitarrenspieler.

„Hi Jamie!"

„Hi, schön dich zu sehen."

Vincent ließ sich neben ihn fallen und schloss die Augen. Er fühlte einen weichen Kuss auf seinen Lippen, glücklicherweise war es eindeutig nur ein Begrüßungskuss. Um noch einen zweiten Stone zu befriedigen, musste er sich erst einmal ein wenig erholen. Etwas später fühlte er geschäftige Finger an seinem Schwanz. Jamie befreite ihn von dem Präser.

„Danke!"

„Schon gut!"

Jamie entfernte sich aus dem Raum, kam aber schnell wieder zurück und schmiegte sich an Vincent.

„Das hat Marc echt gebraucht."

„Und was brauchst du?"

„Das erzähle ich dir später."

„Dauert sowieso noch etwas, bis ich wieder kann."

„Die Jeans steht dir!"

„Danke!"

Als Vincent wieder konnte, war auch Marc wieder munter, der Lust hatte, die Mitte eines Sandwichs zu sein, hinter sich Vincent, vor sich Jamie. Natürlich bekam er, was er sich in den Kopf gesetzt hatte; wie fast immer. Gegen halb sechs Uhr morgens schliefen sie endlich ein, um neun Uhr rüttelte Tom an Marcs Schulter, eine Bewegung, die auch Vincent erwachen ließ. Misstrauisch starrte er den Tourmanager an.

„Keine Angst, ich weiß schon lange über Marc Bescheid. Ich hätt' sonst nicht gestört, aber er hat einen Interview-Termin."

„Ich will bei Vince bleiben", nuschelte Marc.

„Du hast heute nur noch diesen einen Termin. Den konnte ich leider nicht absagen. Am Nachmittag kannst du dich schon wieder in Vincents starke Arme kuscheln. Und jetzt sei nett und bedanke dich bei dem lieben Onkel Tom, dass er dir den Samstagnachmittag und den Abend freigeschaufelte, damit du Zeit für deinen Liebhaber hast."

„Danke schön!", drang es ziemlich gedämpft durch die Kissen.

„Hoch mit dir!"

„Soll ich dich zu dem Termin begleiten?", fragte Vincent mitfühlend.

„Lieber nicht, sonst denke ich die ganze Zeit nur an Sex mit dir."

Marc kroch unter seiner Decke hervor, blieb aber an der Bettkante sitzen, wo er sich reckte und streckte und dabei herzhaft gähnte.

„Ich bestelle dann dein Frühstück", sagte Tom und zog sich zurück.

Als er gegangen war, schwang sich Marc auf Vincent und schubbelte ihm durch das Brusthaar. „Ich bin so froh, dass du hier bist."

„Freut mich! Ich stehe dir ganz zur Verfügung."

„Und mir auch?", schmollte Jamie mit müder Stimme.

„Natürlich! Dir auch!"

„Na dann überlasse ich dich jetzt meinem Cousin", verabschiedete sich Marc und stand nun endlich auf. Mit einem letzten, wehmütigen Blick auf seine Bettgenossen verschwand er im Bad.

Vincent und Jamie kuschelten sich wieder zurecht und schliefen weiter. Um halb zwölf erwachte Jamie, weil er Hunger hatte. Also stand er auf, schlüpfte in seinen Bademantel und bestellte ein reichhaltiges Frühstück für Zwei. Wohlweißlich schloss er die Schlafzimmertür, bevor der Zimmerservice eintraf. Wie er diese neugierigen, sensationslüsternen Blicke hasste, die ihm die meisten Menschen zuwarfen. Diskretes, zurückhaltendes Personal eines Luxushotels, von wegen. Es schien Jamie, als könne er die Gedanken der jungen Frau lesen, die das Essen in das Speisezimmer der Suite schob.

Wen wohl der Cousin von Angel bei sich hatte ...

Die Servicekraft erdreistete sich, ein Autogramm von Jamie zu erbitten. Innerlich seufzend krakelte er *‚The Shadow'* auf eine Serviette. Am liebsten hätte er beim Hotelmanagement angerufen und sich über sie beschwert. Aber Marc und Jamie waren immer nett zu ihren Fans. Man sollte sie in guter Erinnerung behalten, schließlich mussten die CDs verkauft werden. Das Image war eben alles.

Da alle Welt wusste, dass Marc und Jamie Cousins waren, konnten sie glücklicherweise, ohne sich über das Image sorgen zu müssen, gemeinsam eine Suite bewohnen. Bei Übernachtungsgästen bestand allerdings immer die Gefahr, dass jemand plauderte. Dennoch gab es sie natürlich. Die beiden Stones führten keine monogame Beziehung, schon gar nicht auf Tour, wo sich einem die Leute geradezu an den Hals warfen, nicht nur die weiblichen Groupies, mit denen die Cousins wenig anfangen konnten und wollten. Man lernte auf einer Tour viele Leute kennen, und es waren immer wieder auch attraktive Männer darunter, die auf schnellen Sex mit einem Popstar brannten und darüber später nicht redeten, Männer mit der richtigen Einstellung.

Manchmal schleppte Marc jemanden an, manchmal Jamie. Hin und wieder teilten sie sich auch einen Liebhaber, wie Vincent. In den waren sie beide ganz schön verknallt. Vince war nicht nur irgendein Zeitvertreib, und Marc ging er sogar richtig unter die Haut.

Jamie spürte seit einiger Zeit, dass sich sein Cousin immer mehr Vincent zuwandte. Ihm war es recht, weil er dann vielleicht seine eigenen Pläne verwirklichen konnte und sich nicht mehr so sehr um ihn kümmern musste. Er wollte nur ein Jahr, ein Jahr für sich allein. Und es war ja glücklicherweise nicht so, dass Jamie Grund zur Eifersucht hatte. Die Beziehung der beiden Stone-Cousins bestand unverbrüchlich und hatte durch Vincent nichts eingebüßt, sondern eine neue Facette der Lust gewonnen. Jamie wollte Marc nicht verlassen, niemals, dafür liebte er ihn viel zu sehr. Aber er hatte in all den Jahren immer nachgegeben, immer zurückgesteckt. Zugegeben, es war auch zu seinem eigenen Vorteil gewesen, und er hatte es gerne getan. Aber jetzt gab es eben etwas, was er sich in den Kopf gesetzt hatte und unbedingt durchziehen wollte. Er hoffte, dass Marc seine Pläne verstand und sie billigte, und er betete, dass Vince ihn dabei unterstützte.

Jamie schickte die Frau vom Zimmerservice fort und deckte selbst den Tisch. Bevor er nach seinem Gast schauen konnte, war dieser schon von allein aufgestanden und setzte sich, eingehüllt in einen der Hotelbademäntel, an den Tisch.

„Hm, Frühstück!"

„Ich wusste nicht genau, was du magst, daher habe ich so ziemlich alles bestellt, was mir eingefallen ist."

„Gut, ich habe großen Hunger." Vincent ließ sich von Jamie Kaffee eingießen und griff beim Essen zu. „Was ist eigentlich mit euren Handys los? Ich habe in den letzten Tagen vergeblich versucht, euch zu erreichen."

„Es tut mir leid. Die Dinger waren in einer Tasche, die auf dem Weg in diese Stadt irgendwo verloren gegangen ist. Vielleicht liegt sie noch im letzten Hotel. Tom lässt das nachforschen. So ein Mist aber auch! Jetzt hast du das Konzert verpasst."

„Ich bin ja dann doch noch bei euch angekommen. Wird es Schwierigkeiten wegen der verlorenen Handys geben?"

„Noch hoffen wir, sie wiederzubekommen. Außerdem haben Marc und ich es uns schon lange angewöhnt, die auf unseren Handys gespeicherten Informationen durch Passworte zu schützen. So schnell kommt da keiner ran."

Vincent griff nach einem weiteren Brötchen.

„Du kannst toll Gitarre spielen, Flamenco, richtig?!“

Jamie strahlte über das ganze Gesicht. „Danke! Ich bin nicht so gut, wie ich gerne wäre, weil ich mir alles selbst beigebracht habe. Ich würde gerne Unterricht nehmen, in dem Land, wo diese Musik herkommt.“

„Für mich klang es perfekt.“

„Du warst auch abgelenkt.“

Vincent grinste.

„Wir waren in der Nacht bei der Frage stehen geblieben, was du gerne von mir hättest.“

„Wie wäre es nach dem Frühstück mit einem entspannenden Bad in dem tollen Whirlpool dieser Suite? Und danach gehen wir ins Bett zurück und lieben uns langsam und genießerisch.“

„Ich stehe dir zur Verfügung.“

Vier

Mitten in einem Mandantengespräch wurde Vincent von seiner Sekretärin gestört. Dabei wusste sie ganz genau, dass sie in dieser Zeit keine Gespräche durchstellen durfte. Er nahm den Telefonhörer auf und fragte kurz angebunden:

„Was?"

„Mr. Marc Stone für Sie."

„Sagen Sie ihm, ich rufe zurück."

„Sir, ich weiß, dass ich Sie nicht stören darf, wenn Sie Mandanten empfangen. Aber Mr. Stone ist völlig aufgelöst, das heulende Elend sozusagen."

„Gut, Helen! Ich nehme das Gespräch in meinem zweiten Büro entgegen, legen Sie es auf den anderen Apparat."

Mit einem charmanten, entschuldigenden Lächeln wandte sich Vincent an seine Mandantin und ihren Begleiter, beides hochkarätige Hollywoodgrößen.

„Da scheint sich andernorts eine Katastrophe anzubahnen. Geben Sie mir fünf Minuten?"

„Aber natürlich!" Die extravagante Schauspielerin, die nicht gerade für ihre Geduld bekannt war, lächelte milde.

„Sie sind ein Schatz", sagte Vincent und legte dabei so viel Schmelz in die Stimme, wie er konnte.

„Vincent, Sie Schmeichler."

„Um diese Stimme beneiden Sie viele Schauspieler", mischte sich ihr Begleiter ein. „Ich übrigens auch."

„Sie haben einen Oskar gewonnen, ich bin nur ein kleiner Anwalt."

„Na klein sind Sie nun wirklich nicht, Vince."

Mit einem fröhlichen Lachen zog dieser sich in das Nebenzimmer zurück und schloss die Tür hinter sich. Sofort wurde er wieder ernst. Er nahm den Hörer vom Telefon und fragte: „Was ist los, Katerchen?"

Am anderen Ende erklang ein lautes Schluchzen. „Jamie ist weg, einfach so."

„Weg? Was heißt das? Wo ist er denn hin?"

„Er geht für ein Jahr nach Europa, um dort Gitarrenunterricht zu nehmen, jedenfalls steht es so in seinem Brief, den er mir hinterlassen hat. Ich soll mir keine Sorgen machen und wenn ich ein Problem hätte, dann wärst du jetzt da. Und dann schreibt Jamie noch, dass er mich sehr liebt ..."

Wieder ein Schluchzen.

„Wie kann er mich lieben und mich gleichzeitig verlassen? Ich will nicht ohne Jamie sein, nicht für einen Tag und schon gar nicht für ein ganzes Jahr. Was soll ich denn jetzt nur tun?" Marc klang verzweifelt.

„Wo bist du?"

„Noch auf der letzten Tourstation. Jamie ist abgehauen, als ich meine letzten Interviewtermine hatte."

„Dann fliegst du jetzt wie geplant nach Hause zu deinen Eltern. Ich versuche, mich hier zwei Tage früher freizumachen und komme so schnell wie möglich zu dir."

„Ich will nicht ohne Jamie leben", heulte Marc.

„Das musst du auch nicht."

„Hol ihn zurück!"

„Jetzt beruhige dich. Sobald ich hier mit meinen Mandanten fertig bin, werde ich versuchen, Jamie über sein Handy zu erreichen."

„Er hat es ausgestellt."

„Mir wird schon etwas einfallen. Kopf hoch!"

„Vince?", schniefte Marc.

„Ja?"

„Ich liebe dich."

Vincent zuckte zusammen. Weshalb sprudelte Marc ausgerechnet jetzt, am Telefon, damit heraus? Vincent war ja nicht dumm oder emotional unterentwickelt, um die wachsende Zuneigung von Marc nicht wahrzunehmen, und hatte bereits mit einer Liebeserklärung gerechnet, vielleicht nach einer leidenschaftlichen Begegnung im Bett oder bei einem romantischen Essen. In der richtigen Stimmung hätte Vincent leichteren Herzens darauf antworten können. Gerade fiel es ihm allerdings schwer, die Worte, die er schon so lange nicht mehr ausgesprochen hatte, in einen verfickten Telefonhörer zu säuseln, wenn er nicht in Marcs wunderbare blaue Augen sehen konnte, die ihm das Unbehagen nahmen, ihre Beziehung durch eine Liebeserklärung auf die nächsthöhere Ebene zu heben. Ein Teil von Vincent wollte sich selbst schützen und warnte ihn davor, sich zu schnell und zu weit vorzuwagen, der andere wollte es Marc so behaglich und kuschelig wie möglich machen und fühlte sich bei ihm und Jamie angekommen.

„Vince?“, flüsterte Marc ängstlich.

Vincent räusperte sich. „Ich dich auch, Katerchen“, meinte er mit warmer Stimme, beendete aber schnell die Verbindung, weil er keine Zeit mehr hatte, sich um Marcs kleine Katastrophe zu kümmern und sich mit seinen eigenen Emotionen auseinanderzusetzen. Er musste zurück zu seinen Mandanten. So blendete er das eben Gehörte so gut wie möglich aus und konzentrierte sich wieder auf seinen Fall. Mit einem Lächeln, das seine Sorgen um Marc kaschierte, ging er wieder in das andere Büro.

Viel später am Abend telefonierte Vincent mit Jamies Eltern mittels einer Konferenzschaltung. Sie waren selbst ganz erstaunt über die Pläne ihres Sohnes. Jamie hatte sie aber schon über sein Handy angerufen und ihnen mitgeteilt, dass er ihnen die Adresse seines Hotels durchgeben würde, sobald er dort angekommen war, damit sie ihm einige Sachen nachsenden konnten.

Vincent hatte den Eindruck, dass die Stones gar nicht so unglücklich über den plötzlichen *‚Bildungsurlaub‘* ihres Sohnes waren. Vielleicht missbilligten sie seine Beziehung zu Marc, vielleicht waren sie aber auch nur der Ansicht, ihr Sohn könne Abwechslung gebrauchen. Offenbar spiegelte sich etwas von seinem Misstrauen in Vincents Stimme wider, denn Mrs. Stone startete einen Erklärungsversuch:

„Jamie hat bei seinen Anrufen bei uns viel von Ihnen erzählt, Mr. Gable. Er mag Sie sehr gern. Wir wissen von seiner Homosexualität und wir haben auch akzeptiert, dass er mit seinem Cousin zusammen ist. Wir mögen Marc, schließlich ist er unser Neffe. Aber unser Sohn hat so viele Talente. Er braucht etwas Luft, sie zu entfalten. Bei Marc kann er das einfach nicht. Und in zehn Tagen beginnen die Dreharbeiten zu Angels Film. Da wird Jamie sowieso nicht gebraucht ...“

„Das sieht Marc aber ganz anders“, unterbrach Vincent die Frau. „Aber ich verstehe Ihren Standpunkt. Marc kann sehr fordernd sein. Ich hoffe, ich muss nicht noch als Anwalt die Scherben zusammenkehren, weil Jamie durch seinen Fortgang irgendwelche Verträge nicht einhält.“

„Mit der letzten CD und der darauffolgenden Tournee haben die Beiden alle ihre Verpflichtungen gegenüber der Plattenfirma erfüllt. Der Vertrag ist ausgelaufen“, erklärte Mr. Stone.

„Also ein hervorragender Zeitpunkt, nach Europa abzuhauen und etwas Neues zu beginnen“, stellte Vincent fest. „Und ich muss jetzt zusehen, wie ich Marc beruhige.“

„Wie ich hörte, haben Sie großen Einfluss auf ihn“, wandte die Mutter ein. „Wenn Jamie vorher mit Marc über seine Pläne gesprochen hätte, dann wären sie wahrscheinlich nie verwirklicht worden.“

„Mag sein, Jamie hat mir gegenüber mal so etwas angedeutet, ich habe dem aber nicht viel Bedeutung beigemessen. Grüßen Sie ihn von mir, sobald Sie wieder mit ihm sprechen. Ich werde ihn wohl noch eine Weile nicht auf seinem Handy erreichen können.“

„Er lässt Sie auch grüßen“, sagte Mr. Stone.

„Küsse, wir sollten doch Küsse von Jamie an Vincent weitergeben“, berichtigte Mrs. Stone. Ihr Ehemann räusperte sich peinlich berührt.

Vincent konnte es sich nicht verkneifen, ein: „Ich küsse ihn auch“, zu erwidern, bevor er das Gespräch beendete. Ein Liebhaber, der sich um das Wohl von Marc und Jamie gleichermaßen kümmerte, war wohl doch ein wenig zu viel für Mr. Stones Toleranz.

Als Vincent am Freitag mit seinem BMW bei Marcs Eltern vorfuhr, hatte er ein etwas mulmiges Gefühl. Nun würde er also die Familie seines Katerchens kennen lernen. Marcs Vater war nur einige Jahre älter als Vincent und saß im Rollstuhl. Er hatte seinen Sohn und dessen Cousin gemanagt, bevor er auf einer Tournee den Unfall erlitten hatte. Trotz seiner Behinderung war Robert Stone ein fröhlicher, ausgeglichener Mensch. Er bot Vincent sofort an, ihn Bob zu nennen. Seine Frau hieß Eve und züchtete orientalische Katzen. Eine ganze Horde von ihnen strich um Vincents Beine, als er in die große Vorhalle trat. Weil er sich hinkniete und alle Katzen so lange streichelte, bis auch jede von ihnen ordentlich durchgekrault war, schloss Eve den Liebhaber ihres Sohnes sofort ins Herz.

Ein etwa zehnjähriges Mädchen trat auf Vincent zu und musterte ihn von oben bis unten. „Du bist also der Freund von Marc."

„Der bin ich. Mein Name ist Vincent. Und wer bist du?"

„Ich bin Nicki, Marcs Schwester. Du bist auch der Freund von Jamie, oder?"

„Ja, ich bin auch mit Jamie gut befreundet."

„Und wieso kannst du dich nicht für einen von beiden entscheiden?"

„Nun ist es aber gut, kleine Lady. Du bringst unseren Gast in Verlegenheit", wies Eve ihre Tochter zurecht."

„Darf ich später auch zwei Freunde haben?", fragte das Mädchen.

„Glaub mir Schätzchen, mit einem Mann hast du schon mehr als genug zu tun", sagte Eve und schmunzelte.

„Kommen Sie, Vincent! Ich bringe Sie zu Ihrem Zimmer."

Sie ging eine schön geschwungene Treppe hinauf und Vincent folgte ihr. Einige Katzen trabten hinterdrein, die anderen blieben im Erdgeschoss zurück.

„Ich habe Ihnen den Raum neben Marc gegeben. Normalerweise wohnt Jamie hier, wenn er bei uns zu Besuch ist. Die Zimmer sind durch ein Bad miteinander verbunden. Bitte nehmen Sie aber Rücksicht auf Nicki. Meine Tochter ist sehr neugierig. Wenn Sie etwas machen wollen, was nicht für Kinderaugen bestimmt ist, schließen Sie vorher ab."

„Natürlich!"

„Wir sind sehr froh, dass Sie hier sind. Marc ist nach Jamies Abreise am Boden zerstört. Hoffentlich gelingt es Ihnen, ihn wieder aufzurichten."

„Wo ist Marc eigentlich?", wollte Vincent wissen, während er sich neugierig umsah.

„Er ist mit seinen Brüdern unterwegs, den Zwillingen. Sie sind ja eine Stunde zu früh. Ich lasse Sie jetzt allein, damit Sie sich frisch machen können. Wenn Sie etwas brauchen, kommen Sie einfach wieder nach unten. Oder soll ich Ihnen etwas zu trinken bringen, Kaffee, Tee?"

„Nein danke!"

„Bis später dann!" Eve schloss die Tür hinter sich.

Vincent blickte sich in dem geräumigen Zimmer um. Er fragte sich, ob er wohl die Nacht in dem großen Bett hier verbringen würde oder in Marcs Bett ein Zimmer weiter. Irgendwie hatte er Hemmungen, Sex in Marcs Elternhaus zu haben. Aber der hatte zu diesem Thema bestimmt wieder eine eigene Meinung.

Zum Glück blieb Vincent nur zwei Nächte, bevor er gemeinsam mit Marc ins Ferienhaus weiterfuhr. Sie wollten dort eine ruhige Woche verbringen, bevor die Dreharbeiten begannen. Eigentlich war Urlaub zu dritt geplant gewesen, zusammen mit Jamie.

Vincent wusch sich die Hände und legte sich dann auf das Bett. Er hatte die letzten Tage nur sehr wenig geschlafen, weil er Marc zuliebe viele Überstunden eingelegt hatte, um die zwei zusätzlichen Urlaubstage rechtfertigen zu können. Prompt schlief er ein. Als er wieder erwachte, lagen drei Katzen, eine getigerte, eine schwarze und eine blau-graue dicht neben ihm zu einem kuscheligen Fellhaufen zusammengeschmiegt, und auch sein menschliches Katerchen hatte sich heimlich zu ihm geschlichen und es sich bei ihm bequem gemacht.

„Hi Marc!", sagte Vincent noch schläfrig.

„Vince!"

„Ich habe Hunger."

„Können wir nicht einfach für immer und ewig hier liegen bleiben und uns aneinander kuscheln?"

„Na ich hätte nichts dagegen, mein Magen aber schon."

„Mom bringt uns bestimmt etwas zu essen rauf."

„Deine Eltern halten mich sicher für unhöflich, wenn ich einfach hier im Zimmer esse und nicht bei ihnen am Tisch."

„Na gut, wenn es dann sein muss", seufzte Marc und stand auf.

Vorsichtig rückte Vincent von den Katzen ab, um sie nicht zu stören und folgte ihm.

♫♫♫

Marc ging jedem Gespräch über Jamie aus dem Weg. Es war, als hätte er seinen Cousin aus seinen Gedanken gestrichen. Die Stones setzten ihre ganze Hoffnung in Vincent, da sie selbst nicht an ihren Sohn herankamen. Doch Vince wusste auch nicht so recht, wie er helfen sollte.

Am nächsten Nachmittag rief Jamie an und wollte sich mit Marc aussprechen. Dieser lehnte es jedoch kategorisch ab, ans Telefon zu gehen. Schließlich nahm Vincent das Gespräch entgegen. Am anderen Ende heulte Jamie:

„Ich liebe ihn doch."

„Daran zweifelt hier auch keiner", beruhigte Vincent ihn.

„Aber Marc will nicht mit mir sprechen."

„Weil er noch beleidigt ist, dass du heimlich nach Europa gereist bist. Lass ihm etwas Zeit."

„Verstehst du, weshalb ich gehen musste?"

„Natürlich verstehe ich dich. Trockne jetzt deine Tränen und hab viel Spaß dort in Europa. Und wenn dir ein heißblütiger Spanier begegnet, pass gut auf dich auf. Mach es safe!"

„Ich bin doch nicht hierher gereist, um Sex zu haben, ich will Gitarrenunterricht nehmen", schniefte Jamie.

„Pass einfach auf dich auf, und hab immer ein paar Präser in der Tasche, okay?!"

„Jawohl Sir! Was meinst du, wann Marc wieder mit mir spricht?"

„Das wird wohl noch eine Weile dauern."

„Kann ich dich morgen wieder anrufen?"

„Natürlich, mein Engel!"

„Ich liebe dich!"

„Ich dich auch!"

Nachdem Vincent das Telefongespräch beendet hatte, hört er irgendwo im Haus eine Tür heftig ins Schloss fallen, so, als hätte sie jemand vor Wut zugeschlagen.

„Offensichtlich hat Marc das Gespräch von der Treppe aus belauscht und ist jetzt beleidigt, weil Sie so liebevolle Worte mit Jamie gewechselt haben", konsternierte Eve. „Marc hat schon als Kind von der Treppe aus gelauscht."

„Soll ich ihm nachgehen oder ihn erst einmal in Ruhe lassen?", fragte Vincent sie.

Eve zuckte mit den Schultern, weil sie es auch nicht wusste. So entschied er sich, erst einmal abzuwarten. Bob forderte ihn auf, ins Wohnzimmer zu kommen, wo die Männer es sich gemütlich machten und eine Sportsendung im Fernsehen schauten. Marc kam zum Abendessen nicht herunter. Als sich Vincent später in sein Zimmer zurückzog, nahm er ein Tablett mit belegten Broten und einem Glas Milch mit herauf, das Eve für ihren Sohn vorbereitet hatte.

„Ich will nichts essen", fauchte Marc seinen Liebhaber an, als dieser durch das gemeinsame Bad kam und das Tablett auf seinem Bett abstellte.

„Dann lass es!"

„Du hast dich mit Jamie gegen mich verbündet", warf Marc Vincent vor.

„Wer war es denn, der mich mit ihm zusammengebracht hat, weil er scharf auf einen Dreier war? Bisher hat es dir immer gut in den Kram gepasst, dass ich mich gut mit Jamie verstanden habe. Plötzlich wirfst du es mir vor."

„Plötzlich, plötzlich ...?", ereiferte sich Marc. „Wer hat denn hier wen verlassen?"

„Jamie hat dich nicht verlassen, er geht nur seinen eigenen Interessen nach, während du den Film drehst. Ihr seid doch nicht das erste Paar, das aus beruflichen Gründen eine Fernbeziehung führt."

„Ich hasse dich!", schrie Marc seinen Liebhaber an. Seine Augen funkelten vor Zorn.

„Ich merke, es hat im Augenblick keinen Zweck, mit dir zu reden. Wir sprechen weiter über die Sache, wenn du dich beruhigt hast, Katerchen."

Vincent drehte sich um und ging in sein eigenes Zimmer zurück. Diese Nacht krabbelte Marc nicht zu ihm ins Bett. Allerdings maunzte mitten in der Nacht eine Katze vor der Tür. Vincent stand auf und ließ sie ein. Nach einem ausgiebigen Putzen legte sie sich zu ihm auf das Kissen.

Die Stimmung zwischen den beiden Männern war am nächsten Morgen so unterkühlt, dass Vincent fast befürchtete, Marc würde ihren gemeinsamen Urlaub abblasen. Doch nichts dergleichen geschah. Nachdem das Gepäck im Kofferraum des BMW verstaut war, umarmte Marc seine Eltern und seine Schwester und versprach seinen beiden jüngeren Brüdern, den Zwillingen, dass sie ihn bald einmal wieder in seinem Haus besuchen durften, um Computerspiele zu spielen.

Die Familie verabschiedete auch Vincent herzlich. In Bobs und Eves Augen lag eine unbestimmte Bitte, gepaart mit Sorge. Offensichtlich setzten sie ihr Vertrauen in Vincent. Wenn er, den Marc respektierte und bewunderte, es nicht schaffte, ihn wieder aufzubauen, würde es niemandem gelingen, und die Dreharbeiten endeten zum zweiten Mal in einer Katastrophe.

Vincent setzte sich hinter das Steuer seines Wagens und schnallte sich an. Neben ihm harrte schon Marc mit düsterem Gesicht der Abfahrt entgegen. Also startete Vincent den BMW und fuhr los. Nach zwei Stunden Fahrt machten sie an einer Raststätte Halt. Marc wollte unbedingt einen Burger essen, obwohl seine Mutter ihnen ein Lunchpaket mitgegeben hatte. Damit er nicht erkannt wurde, streifte er sich die Kapuze seines Sweatshirts über den Kopf. Er suchte sich eine ruhige Sitzecke, während Vincent für sich und ihn Burger, Pommes und Fanta kaufte. Mit dem voll beladenen Tablett ging er zum Tisch.

„Danke!“, sagte Marc und lächelte verhalten.

Vincent stellte das Tablett auf dem Tisch ab und setzte sich ihm gegenüber. Er legte seine Hand über die von Marc und lächelte ihn an.

„Gern geschehen.“

Die beiden Männer schauten sich tief in die Augen.

Ein Blitzlicht flammte auf.

Marc zuckte zusammen und zischte: „Fuck!“

Vincent zog schnell seine Hand zurück.

Eine Frau trat an den Tisch und fragte: „Kann ich ein Autogramm haben, Angel?“

Nervös schaute sich Marc um, doch wer von den anwesenden Gästen ihn fotografiert hatte, war nicht auszumachen. Routiniert, fast ohne darüber nachzudenken, griff er sich eine Serviette vom Tablett und kritzelte schnell *'Angel'* darauf. Dann griff er sich Burger und Pommes mit der einen und den Fanta-Becher mit der anderen Hand und sagte zu Vincent: „Lass uns schnell gehen, bevor sich alle Leute um diesen Tisch hier versammeln und ihre Fotohandys zücken."

Wie es schien, war seine Befürchtung nicht aus der Luft gegriffen, denn es entstand Unruhe im Lokal. Alle starrten auf Marc. Doch bevor die Leute sich noch richtig vergegenwärtigen konnten, dass sie gerade den Popstar Angel vor sich hatten, eilte dieser schon zum BMW. Vincent folgte ihm zügig. Etwa fünf Leute rannten auf den Parkplatz und gafften ihm und Marc hinterher.

Im Auto stieß Marc eine Salve von Flüchen aus, während Vincent den BMW vom Parkplatz fuhr und in den Verkehr einfädelte.

„Hoffentlich folgt uns keiner von diesen Typen. Ich will doch einfach nur einen Burger essen gehen, wie jeder andere Mensch auch! Aber irgendwer erkennt mich immer."

„Machst du dir Sorgen wegen des Fotos?", fragte Vincent.

„Ach was, selbst wenn es etwas geworden sein sollte, du bist mein Anwalt und Anwälte tätscheln ihren Mandanten schon einmal die Hand, oder nicht? Außerdem hat wahrscheinlich das Tablett mit den Burgern drauf unsere Hände verdeckt."

„Es tut mir leid, dass ich dich in der Öffentlichkeit berührt habe. Ich habe einfach nicht an die möglichen Konsequenzen gedacht."

„Mir tut es nicht leid, Vince. Darf ich meinen Burger in deinem Wagen essen? Ich passe auch auf, dass ich nicht kleckere."

„Okay, Katerchen!", stimmte Vincent zu, weil er froh war, dass sich die Stimmung zwischen ihnen wieder aufgeklart hatte. Zur Not konnte er die Polster seines BMWs reinigen lassen.

Wegen des Fotos gab es tatsächlich zwei Tage später ein Telefonat zwischen Vincent und dem Agenten Steve Scionti. Wer auch immer es geschossen hatte, er schien sich Geld davon zu versprechen und bot es einigen Agenturen an, in denen Scionti seine

Informanten sitzen hatte. Zum Glück hatte niemand Interesse an dem Bild. Überall war bekannt, dass Vincent der Anwalt von Angel war. Ein ziemlich unscharfes Foto von den beiden am Tisch einer Raststätte war völlig uninteressant. Welcher Leser einer Zeitschrift wollte schon lesen, dass Angel von seinem langweiligen Anwalt durch die Gegend gefahren wurde? Niemand! Wie Marc vorausgesehen hatte, verdeckte ein Burger den Blick auf die Hände. Da konnte der Fotograf noch so sehr behaupten, Angel und sein Begleiter hätten Händchen gehalten. Um sich mit einem Anwalt von Vincents Kategorie anzulegen, bedurfte es schon deutlicherer Beweisfotos. Das Gerücht, Angel sei schwul, war nicht neu. Na und? Viele erfolgreiche Sänger und hochkarätige Schauspieler waren homosexuell. Solange sie sich nicht beim Sex auf öffentlichen Toiletten erwischen ließen, krähte kein Hahn danach.

Es wurden zwei, drei Fotos von Marc bei Twitter gepostet, die ihn, mit der Kapuze kaum zu erkennen, in der Raststätte zeigten. Diese Fanbilder waren unverfänglich, wenn man davon absah, dass das Logo der Burgerkette darauf zu sehen war. Darüber ärgerte sich Marc ein wenig, denn für Werbung wurde er normalerweise teuer bezahlt. Die Firma hatte einfach Glück, dass Fans ihn mit dem Burger in der Hand abgeschossen hatten. Gefilmt hatte sie zum Glück niemand und auch die Autonummer von Vincents BMW war nirgendwo zu erkennen.

„Siehst du, habe ich doch gesagt", meinte Marc, als Vincent ihm die gute Nachricht überbrachte.

Kurze Zeit später klingelte das Telefon und Jamie war dran. Noch immer wollte Marc nicht mit ihm sprechen, aber er stampfte auch nicht mehr wütend aus dem Zimmer, sobald sich sein Cousin meldete oder warf Vincent mangelnde Solidarität vor. Interessiert hörte Marc über den Lautsprecher zu, wie Jamie über seine ersten Schritte in Spanien berichtete. Er hatte schon die ersten Stunden Gitarrenunterricht hinter sich und war begeistert. Sein Geld hatte ihm viele Türen geöffnet. Und jetzt hoffte er, seinen Lehrer auch bald durch seine Fähigkeiten überzeugen zu können.

Geduldig hörte sich Vincent die Schwärmereien seines Geliebten an. Er verstand nicht viel von Musik, aber die Augen von Marc begannen, vor Interesse zu glänzen. Immer mehr glitten Jamies

Erzählungen in Sphären ab, die Vincent nicht einmal ansatzweise verstand. Doch Marc konnte etwas damit anfangen, und nur darauf kam es an.

„Oh Vince", hielt Jamie plötzlich inne. „Wahrscheinlich ist das alles für dich nur langweiliger Kauderwelsch."

Vincent lächelte. „Ach was, ich höre dir gerne zu, auch wenn ich nicht alles verstehe. Weißt du, ich habe mir gerade überlegt, dass du später, wenn du wieder zurück bist, Marc etwas von dem beibringen könntest, was du in Spanien gelernt hast."

„Ich weiß nicht, ob er das möchte."

„Frag ihn doch einfach", sagte Vincent und drückte dem überraschten Marc den Hörer in die Hand.

„Marc Liebling, bist du da?", fragte Jamie mit hoffnungsvoller Stimme. Der Angesprochene hörte es über den Lautsprecher. Wütend funkelte er Vincent an.

„Marc!", kam es flehend aus dem Lautsprecher.

„Ja!", nuschelte der in den Telefonhörer.

„Oh Marc!", seufzte Jamie und brach in Tränen aus. „Ich liebe dich."

„Und weshalb bist du dann nicht bei mir geblieben?" Marcs Stimme klang noch immer unterkühlt.

„Ich wollte so gern Gitarrenunterricht nehmen. Dir hat es doch auf der Tournee immer so gut gefallen, wenn ich Flamenco-Gitarre gespielt habe."

„Wenn ich gewusst hätte, dass du mich verlässt, hätte ich die Gitarre aus dem Fenster geworfen."

„Ich habe dich gar nicht verlassen. Das würde ich nie tun. Soll ich dir vorspielen, welche Griffe ich schon gelernt habe?"

„Von mir aus", brummte Marc. Er schaute auf, um nach Vincent Ausschau zu halten, doch der hatte den Raum verlassen.

Viel später suchte Marc nach seinem Liebhaber. Er fand ihn in der Küche, wo Vincent bei einer Tasse Kaffee saß und in einer juristischen Fachzeitschrift blätterte. Marc kuschelte sich zu ihm auf den Schoß.

„Du hast mich ausgetrickst, du Schuft."

„Habt ihr beide euch ausgesprochen?"

„Ja! Lange genug geredet haben wir. Das Gespräch muss Unsummen gekostet haben, aber Jamie kann es sich leisten. Wir beide haben ausgemacht, dass ich nach Abschluss des Drehs auch nach Spanien fliege und dort Tanzunterricht nehme."

Überrascht sah Vincent auf. Marc würde es sicher gut tun, mal etwas anderes zu sehen.

„Das ist ein sehr guter Plan."

„Steve wird schimpfen, weil Jamie und ich damit alle seine Pläne zunichte machen. Kein neuer, lukrativer Plattenvertrag, keine neue Tournee, nicht einmal ein neues Filmprojekt ..."

„Ich glaube, er ahnt schon etwas. Als ich vorhin mit ihm gesprochen hatte, erklärte er mir, dass er derzeit alle Pläne für dich auf Eis gelegt hat, bis du dich entschieden hast, wie es nach dem Film mit dir weitergeht."

Marc seufzte. „Steve ist schon ein toller Agent. Für ihn bin ich nicht nur der Goldjunge, der Star, der ihm viel Geld bringt."

„Wo du es gerade ansprichst, Katerchen. Du stehst bei den Firmen augenblicklich ziemlich hoch im Kurs. Die übertrumpfen sich täglich mit ihren Angeboten."

„Das freut mich!"

„Steve meint, mit etwas Glück könntest du eine neue Rekordsumme abgreifen."

„Ich bin doch schon reich", erklärte Marc ein wenig gelangweilt. „Nach dem Film will ich erst einmal frei sein und tun, was mir gefällt."

„Du und Jamie, ihr werdet sicher viel Spaß haben in Spanien."

Marc schmiegte seinen Kopf an Vincents Schulter. „Glaubst du, dass Jamie mich wirklich bei sich haben will? Ich meine ... er ist doch vor mir geflüchtet."

„Natürlich will er dich bei sich haben. Jamie ist nicht verschwunden, weil er genug von dir hatte, sondern er fürchtete, du könntest ihm seine Pläne ausreden." Vincent wusste nicht, wie oft er schon versucht hatte, Marc das zu erklären.

„Hm ..." So richtig überzeugt war der nicht. Er schien sich aber erst einmal von diesem Thema ablenken zu wollen, denn er begann, Vincent das Hemd aufzuknöpfen und kraulte ihm durch das Brusthaar. Bald darauf stand Marc auf, öffnete ihm die Hose und griff hinein. Mit geübten Bewegungen brachte er Vincents Schwanz schnell zum Stehen. Als Marc sich seine eigene Hose von den Hüften streifte, hielt Vince ihn auf. „Wir haben hier keinen Präser."

„Na wenn schon! Ich will mit dir ohne störendes Gummi zusammen sein."

„Vor ein paar Tagen habe ich gerade erst Jamie ermahnt, vorsichtig zu sein. Jetzt werde ich nicht dich durch irgendwelche Leichtsinnigkeiten in Gefahr bringen."

„Du und deine verdammte Zuverlässigkeit! Du bläst mir den Schwanz ohne Kondom und schließlich habe ich dein Sperma auch schon geschluckt."

Vincents Gesicht nahm einen strengen Ausdruck an. Offensichtlich wollte er nicht über dieses Thema diskutieren.

„Warte hier!", gab Marc nach, als er das bemerkte, und eilte aus der Küche. Hübsch sah er aus, mit blankem Po und nur mit einem T-Shirt bekleidet. Bald kam er wieder zurück, eine handvoll Präser in der einen und die Tube Gleitcreme in der anderen Hand.

Vincents Ständer hatte nichts von seiner Festigkeit eingebüßt. Eilig nestelte Marc ein Gummi aus der Verpackung und streifte es ihm über. Eine gute Portion Gleitcreme folgte. Breitbeinig setzte er sich auf Vincents Schoß. Als er eine bequeme Haltung gefunden hatte, hob er seine Hüfte über den Penis seines Liebhabers. Vincent half ihm dabei, indem er die Pobacken von Marc umfasste und stützte. Wieder einmal ging Marc ziemlich schnell vor.

„Du bist zu gierig, damit bereitest du dir nur Schmerzen."

„Das gehört doch dazu", keuchte Marc angestrengt.

„Nicht unbedingt."

„Vince ... bitte ...!", rief Marc und drückte sich fordernd gegen die Hände, die ihn nicht so machen ließen, wie er es wollte.

Endlich gab Vincent nach. Marcs Pobacken landeten abrupt auf seinen Schenkeln.

„Ist es das, was du wolltest?", fragte Vincent und grinste boshaft.

Marc stand der Schweiß auf der Stirn. Sein Gesicht war schmerzverzerrt. Er brauchte eine Weile, bevor er antworten konnte: „Genau so!"

Langsam begann er, sich zu bewegen. Dabei stützte er sich mit den Händen an Vincents Schultern ab. Als die Anspannung aus Marcs Gesicht wich, entwickelte auch Vincent eigene, rhythmische Aktivitäten aus der Hüfte heraus.

„Du bist toll“, gurrte Marc. „Gib mir mehr!“

Also steigerte Vincent sein Tempo, doch Marc war immer noch nicht zufrieden.

„Vince ...!“, bettelte er. Er wusste selbst nicht genau, was er wollte, wie er es wollte. Irgendwie mehr sollte es sein.

Vincent erhob sich mit ihm und bettete ihn auf den stabilen Küchentisch. Endlich konnte er die Energie entfalten, die Marc haben wollte.

„Ja, ... ja, ... ja ...!“, keuchte dieser mit jedem Stoß seines Liebhabers. Marc griff sich an den Schwanz und drückte zu. Sein Sperma spritzte hervor und verteilte sich auf seinem Bauch. Vincent kam bald darauf. Schwer atmend schmiegte er sich an seinen Geliebten und schnaufte:

„Bald haben wir alle Räume dieses hübschen Hauses durch.“

„Vince!“, schnurrte Marc. Er griff seinem Liebhaber ins dichte, schwarze Haar und dirigierte dessen Kopf so, dass sie einander küssen konnten.

„Willst du mich heiraten?“, wisperte er.

„Männer können einander nicht heiraten“, erinnerte Vincent ihn. „Noch nicht, jedenfalls.“

„Aber wenn wir es könnten? Würdest du dann?“

„Natürlich, Katerchen. Ich frage mich nur, wie wir dann Jamie in diese Ehe aufnehmen würden.“ Er lachte leise.

„Ihn heiraten wir natürlich auch. Wir führen einfach eine Ehe zu dritt.“

„Ein schöner Traum.“

„Weshalb dürfen Männer nicht heiraten?“, maulte Marc.

„Du willst doch nicht wirklich, dass ich dir das jetzt juristisch auseinandersetze?“

Marc kicherte. „Nö! Aber du bist doch Anwalt. Kannst man so etwas nicht einklagen?“

„Ich sehe schon die Schlagzeilen vor mir: Der bekannte und erfolgreiche Popstar Angel will seinen Anwalt Vincent Gable heiraten und seinen Cousin Jamie noch gleich dazu. Um diesen exotischen Wunsch durchzusetzen, verklagt Mr. Gable den Staat. Ob es wohl wegen der Prominenz von Angel eine Ausnahme geben wird?"

„Du bist fies."

„Nur realistisch, Katerchen." Vincent gab Marc noch einen Kuss auf die Nase, dann löste er sich von ihm.

Fünf

Kurz vor Ende seines Urlaubs erreichte Marc eine Hiobsbotschaft. Sein Manager Steve Scionti war mit einem durchgebrochenen Magengeschwür ins Krankenhaus eingeliefert worden. Die Ärzte hatten eine Notoperation durchgeführt. Jetzt lag Scionti auf der Intensivstation. Er war dem Tod gerade noch einmal so von der Schippe gesprungen.

Vincent telefonierte kurz mit Steves Frau, obwohl er noch nicht viel mit ihr zu tun gehabt hatte und fragte an, ob er irgendwie helfen konnte.

„Vielen Dank für das Angebot, Mr. Gable. Im Augenblick bin ich bei Steve im Krankenhaus. Ich bin ganz durcheinander. Und vom Geschäft verstehe ich nichts. Aber Steves Assistent hat mir schon versprochen, sich um die Firma zu kümmern."

„Soll ich in den nächsten Tagen vorbeischauen?"

„Das wäre nett. Mein Mann hält große Stücke auf Sie."

„Marc, der hier neben mir steht, lässt Ihnen und Steve Grüße ausrichten."

„Der gute Junge. Ich werde es Steve sagen, sobald er wieder erwacht."

„Alles Gute, Mrs. Scionti!"

Vincent hört noch ein Seufzen, dann war das Gespräch beendet. Als nächstes rief er seine Sekretärin an und beauftragte sie, Steve zwei Blumensträuße und zwei Genesungskarten, deren Inhalt er ihr diktierte, ins Krankenhaus schicken zu lassen. Ein Strauß sollte von ihm sein, der andere von Marc und Jamie.

„Warum können wir nicht einen gemeinsamen Blumenstrauß schicken?", beschwerte sich Marc nach dem Gespräch. Es ging ihm nicht darum, das Geld für den zweiten Strauß einzusparen, er fühlte sich mit Vincent verbunden und wollte das vor ihren Freunden auch demonstrieren.

„Weil zwar Steve weiß, dass wir zusammen sind, die Karten aber bestimmt durch viele Hände gehen, deshalb."

„Aber ...!

Marcs Einwand wurde vom Klingeln des Handys unterbrochen.

„Ja?", meldete sich Vincent.

„Anne Bach hier, wir müssen miteinander reden."

„Was gibt es denn?"

„Ifford macht sich Sorgen, ob Angel pünktlich zum Dreh erscheinen wird."

„Selbstverständlich! Weshalb zweifeln Sie daran?", wunderte sich Vincent.

„Weil Jamie Stone nach Europa geflogen ist und deshalb als Kindermädchen für Angel entfällt, und jetzt liegt auch noch Scionti im Krankenhaus." Anne Bach klang tatsächlich besorgt.

„Marc ist gesund und munter, hat gerade einen einwöchigen Urlaub hinter sich und ist deshalb bestens erholt. Es gibt nicht den geringsten Grund zur Sorge."

„Ich will offen sprechen. Seit meine Chefs erfahren haben, dass Scionti derzeit ausfällt, sind sie ganz schön nervös. Ich soll einen Aufpasser für Angel organisieren, der Einfluss auf ihn hat und ihn bei der Stange hält. Und da habe ich gleich an Sie gedacht, Vincent."

„Unmöglich!" Vincents Stimme grollte abweisender als er wollte und deshalb räusperte er sich schnell. Anne ließ sich davon sowieso nicht beeindrucken.

„Warum denn nicht? Sie sind doch mit Angel ... ähem ... befreundet. Von uns werden Sie sogar Geld dafür bekommen, dass Sie sich um ihn kümmern, etwas, was sie doch sehr gerne tun."

Fuck! Was sollten diese Andeutungen? Reserviert fragte Vincent: „Wie kommen Sie nur auf solche seltsamen Ideen?"

Anne lachte amüsiert. „In der Branche bleibt nichts lange geheim. Und es gibt Gerüchte."

„Glauben Sie jedem Gerücht?", erwiderte Vincent mit kühler Stimme. Ihm wurde gerade klar, wie vorsichtig sie sein mussten. Vincents Homosexualität war in LA kein streng gehütetes Geheimnis. Er ging diskret damit um, versteckte sich allerdings auch nicht um jeden Preis. Dass er nicht offiziell geoutet war, lag an seinen gläubigen Eltern, die in Chicago wohnten. Vincent fühlte sich wohl als schwuler Mann, dennoch vermied er es, seine Angehörigen damit zu konfrontieren. Es gab zwei feste Termine im Jahr, zu denen er in Chicago erwartet wurde – das große Familientreffen und Weihnachten. Um seiner Eltern willen heuchelte er in dieser Zeit, ein eingefleischter Junggeselle zu sein, der eben einfach nicht die richtige Frau fand. Verkuppelungsversuche gab es längst nicht mehr, weil er die Frauen regelmäßig mit seiner unbeholfenen und undiplomatisch offenen Art vor den Kopf stieß. Seiner Mutter war es mit der Zeit gegenüber den Kandidatinnen einfach zu peinlich geworden, so einen trampeligen und uncharmanten Jüngsten zu haben. Manchmal sahen Eltern eben den Wald vor lauter Bäumen nicht, sonst wäre ihnen vielleicht aufgefallen, dass ein so erfolgreicher Anwalt wie Vincent einfach eine Menge sozialer Skills haben musste, um die verwöhnten, wählerischen und reichen Mandanten dazu zu bewegen, zu ihm zu kommen und seiner Kanzlei treu zu bleiben. Maria und Frank Gable waren so stolz darauf, dass einer ihrer Söhne als Anwalt die Stars vor Gericht vertrat. Auf die Idee, dass er die Frauen absichtlich vergraulte, kamen sie nicht. Sie hielten ihn einfach für ungeschickt. Für Vincent wäre ein Outing in den Medien nur ein persönliches Fiasko, während es bei Marc genau umgekehrt aussah. Seine Familie wusste und akzeptierte seine Homosexualität, aber seine Fans hielten ihn für hetero. Den Shitstorm, den ein Outing für Marc nach sich zog, wollte Vincent sich lieber nicht ausmalen. Anne Bach und die Ifford waren weniger das Problem, aber eine Warnung, dass Marc und Vincent aufpassen mussten, dass aus Gerüchten keine Gewissheit wurde.

„Vincent, es ist mir wirklich egal, wie eng Ihre Freundschaft zu Angel ist. Ich brauche einfach jemanden, der ihn an der Kandare hält. Und Ihnen traue ich diese Aufgabe ohne weiteres zu. Ich habe doch damals gesehen, dass er großen Respekt vor Ihnen hat und auf Sie hört. Ifford ist bereit, Ihnen für Ihre Bemühungen Ihren üblichen Stundensatz zu vergüten."

„Wissen Sie eigentlich, wie hoch der ist? Ich bin ein erfolgreicher, viel beschäftigter Anwalt. Selbst wenn ich wollte, hätte ich gar keine Zeit, mich jeden Tag intensiv Marc zu widmen."

„Sie können jederzeit andere Personen für seine Betreuung einsetzen. Aber Sie wären verantwortlich."

„Ich überlege es mir", lenkte Vincent zögernd ein.

„Wann kann ich mit einer Antwort rechnen?"

„Ich bringe Marc am Montag selbst ins Studio. Treffen wir uns einfach dort."

„Eine gute Idee, Vincent. Ich wünsche Ihnen und Marc noch ein schönes Wochenende."

Vincent drückte den Aus-Knopf an seinem Handy und feuerte es entnervt in den nächstbesten Sessel.

„Ich bin nicht unzuverlässig", erklärte Marc mit beleidigter Miene.

„Ifford hat eben schlechte Erfahrungen mit dir."

Marc lächelte Vincent entwaffnend an. „Ich fänd's sehr schön, wenn du mich jeden Tag ins Studio fahren würdest und den Tag über für mich da wärst."

„Das kann ich mir vorstellen, aber du hast einen Fahrer und der erledigt seine Aufgabe in meinen Augen hervorragend."

„Niemand liebt mich!", schmollte Marc und Vincent warf ihm ein ironisches Lächeln zu.

„Du hast Millionen von Fans, die dich vergöttern."

Marc streckte seinem Liebhaber die Zunge raus. Prompt zog Vincent ihn in die Arme und küsste ihn mit rauer Leidenschaft, die gleichermaßen erregend und strafend war.

„Zweifele nie an meiner Liebe zu dir, Katerchen!"

Als Antwort bekam er ein Schnurren. Marc rieb seinen Unterleib an Vincent.

„Zeig mir, wie sehr du mich liebst."

„Du laugst mich aus", behauptete Vincent, doch schon glitten seine Hände zu Marcs Hosenbund und öffneten die Jeans.

♫♫♫

Am Sonntagvormittag, als Marc gerade seinen Koffer packte, telefonierte Vincent mit Tom Zaine, dem Tourmanager von Angels letzter Tournee. Tom hatte noch keinen neuen Auftrag angenommen. Eigentlich wollte er erst einmal einen langen Urlaub mit seiner Frau machen. Doch Vincent bot ihm eine gute Stange Geld, wenn er Marc ein weiteres halbes Jahr betreute. Im Gegensatz zu der Tournee sei seine jetzige Aufgabe doch ein Spaziergang. Tom müsse nicht reisen und könne jeden Abend nach Hause zu seiner Frau zurückkehren. Und die Nächte bräuchte er sich auch nicht um die Ohren schlagen, denn dann wäre Vincent da, um sich um Marc zu kümmern.

Tom gab sich ziemlich zurückhaltend und wollte die Sache vorher mit seiner Frau besprechen. Vincent bat ihn, sich bis Montagmorgen zu entscheiden.

„Und? Macht Tom es?", fragte Marc, der gerade seinen Koffer aus dem Schlafzimmer des Ferienhauses die Treppe hinunter schleppte.

„Kann ich noch nicht sagen. Die Aussicht auf das Geld scheint ihn schon zu reizen."

„Wen wirst du anrufen, wenn Tom nicht will?" Marc sah Vincent fragend an.

„Warten wir erst einmal ab. Vielleicht hat Steve noch Betreuer in seiner Kartei."

„Die anderen mag ich aber nicht", maulte Marc.

„Du bist ein verwöhntes Gör!"

„Du verwöhnst mich doch auch", sagte Marc mit einem verführerischen Lächeln auf den Lippen.

„Vielleicht sollte ich dir hin und wieder den Hintern versohlen", überlegte Vincent.

„Au ja!", meinte Marc, drehte sich um und wackelte provozierend mit seinem Po.

Vincent lächelte amüsiert. „Nicht jetzt, wir müssen wirklich los, Katerchen."

Er nahm die Koffer und trug sie zu seinem BMW. Derweil schlenderte Marc noch einmal durch das Ferienhaus und schaute nach, ob sie etwas vergessen hatten. Vielleicht sollte Steve Scionti das versteckt gelegene, hübsche, zweistöckige Haus mit der großen Veranda öfter selbst benutzen, als es immer nur den von ihm betreuten Musikern und Schauspielern zur Verfügung zu stellen. Man konnte sich wunderbar darin erholen, vor allem, wenn man einen Menschen bei sich hatte, den man liebte.

Im Schlafzimmer ließ Marc sich ins ungemachte Bett fallen, nahm Vincents Kissen und sog dessen Duft ein.

„Kommst du?", hörte er seinen Liebhaber von unten rufen.

‚Oh ja, in diesem Urlaub bin ich wirklich oft gekommen', schwärmte Marc in Gedanken und grinste. Er sprang auf und eilte

die Treppe hinunter, direkt in Vincents Arme, der ihm einen gefühlvollen Kuss auf die Stirn gab.

„Wir werden bestimmt noch mehr gemeinsame Urlaube hier verleben, Katerchen."

Zurück in Los Angeles gab es einen kleinen Disput zwischen den beiden Männern. Marc wollte unbedingt, dass sein Liebhaber bei ihm in der Villa schlief, der wollte jedoch in seine Wohnung zurück. Weil Marc am nächsten Morgen zu den Dreharbeiten musste, gab Vincent schließlich nach.

Bruno, ein schweigsamer Endvierziger, Marcs *‚Mann für alle Fälle'*, Fahrer, Butler und Leibwächter in einer Person, begrüßte die beiden Heimkehrer und trug die Koffer ins Haus. Er teilte ihnen mit, dass Snacks im Kühlschrank für sie bereitstanden, dann war er auch schon wieder verschwunden.

„Ich hab' einen Bärenhunger", meinte Vincent. „Wo ist denn deine Küche?"

„Den Flur dort entlang. Du kannst sie gar nicht verfehlen."

„Kommst du mit, Katerchen?"

„Ich möchte erst ins Bad."

Vincent schlug den angegebenen Weg ein, während Marc sich ins Bad des Erdgeschosses zurückzog. Aus heiterem Himmel bekam er schlechte Laune. Ihm fiel auf, dass Vincent außer dem einen Mal, als sie sich kennengelernt hatten, noch nie bei ihm gewesen war. Viel Zeit hatte Marc im letzten halben Jahr auch nicht in LA verbracht. Dennoch fand er es komisch, dass er sich in Vincents Wohnung so gut auskannte, dieser aber bei ihm nach dem Weg zur Küche fragen musste.

In der Küche hatte Vincent schon den Tisch gedeckt, den Marc eigentlich nie benutzte. „Wollen wir nicht lieber im Wohnzimmer oder im Speisezimmer essen?", fragte Marc.

„In deinem Spielzimmer?", entgegnete Vincent mit einem ablehnenden Gesichtsausdruck. „Da ist mir die Küche wirklich lieber."

Marcs Gedanken begannen zu wirbeln. Er setzte sich an den Küchentisch und aß schweigend die kalorienarmen Snacks, die Bruno für ihn bereitet hatte. Vincent dagegen griff bei den herzhaft belegten Sandwiches zu. Er musste nicht auf sein Gewicht achten und dafür sorgen, dass sein Bauch flach wie ein Brett blieb. Im Urlaub hatte Marc oft gesündigt. Hoffentlich hatte er nicht zu viel zugenommen ... Er kochte eben gerne. Und in Gesellschaft von Vincent schmeckte das Essen doppelt so gut.

Nach dem Abendbrot führte Marc seinen Liebhaber durch die Villa. Vincent verzog keine Miene bei der Führung, doch Marc meinte zu erkennen, dass ihm die Einrichtung nicht gefiel. Überall standen Flipper und andere Spielautomaten herum, außer natürlich im Studio, in dem Marc und Jamie ihre Demos herstellten. Und im Musikzimmer, in dem der Flügel stand und andere Instrumente aufbewahrt wurden, hätten die Automaten ebenfalls gestört.

In Marcs Schlafzimmer, das er normalerweise mit Jamie teilte, war eine Anlage aus den neuesten, modernsten Geräten aufgebaut, die Kinofeeling in bester Tonqualität garantierte. Der Flachbildschirm des Fernsehers war riesig.

„Wollen wir einen Film sehen?“, fragte Marc unsicher.

„Wenn du möchtest“, meinte Vincent. Er betrachtete interessiert die Geräte und spielte mit der Fernbedienung herum. Dennoch hatte Marc das Gefühl, dass ihm die das Zimmer dominierende Monsteranlage nicht so recht behagte, jedenfalls nicht in einem Schlafzimmer.

Wenigstens begeisterte sich Vincent für den Whirl-Pool im überaus geräumigen Bad. Er grinste Marc herausfordernd an. „Wir können ein entspannendes Bad gut gebrauchen, was meinst du?“

„Klar“, sagte Marc mit leuchtenden Augen. In Windeseile hatte er seine Kleidung abgestreift. Nackt stellte er sich an die Wanne und drehte das Wasser auf. Vincent zog einen Präser aus der Hosentasche und legte ihn auf den Badewannenrand. Als Marc ihn verwundert ansah, meinte er: „Für alle Fälle.“

„Ich geh' gleich morgen zum Arzt und lass' einen Test machen. Ich habe diese Dinger zwischen uns so verdammt satt.“

„Gut! Lassen wir beide einen Test machen. Und bis dahin machen wir es safe“, beharrte Vincent. Er betrachtete Marc nachdenklich.

„Du bist verdammt stur, Vince.“

„Einer meiner Brüder ist an Aids gestorben.“

Mit einem betroffenen Gesichtsausdruck sagte Marc: „Das tut mir leid. War er schwul, wie du?"

„Nein, ich bin der einzige von meinen Brüdern und Schwestern, der aus der Art geschlagen ist. Mein Bruder hat sich während seiner wilden Studentenzeit angesteckt, bei irgendeiner Frau. Er war ein richtiger Macho. Safer-Sex sei nichts für einen italienischen Hengst, pflegte er immer zu sagen."

Nun streifte auch Vincent seine Sachen ab, da mittlerweile genug Wasser im Becken war. Marc gab noch etwas Badesalz hinein, stellte den Sprudler an und stieg in das warme, blubbernde Nass. Bald darauf folgte ihm Vincent und setzte sich ihm gegenüber. Ihre Beine rieben sich aneinander.

„Ist die Temperatur richtig?", fragte Marc und streckte sich wohlig.

„Es ist perfekt."

„Deine Familie kommt aus Italien?"

„Ja, aber wir sind schon seit vier Generationen in Amerika. Die Letzte, die noch fließend Italienisch sprechen konnte, war meine Großmutter. In meinen Augen sind wir eine ganz normale amerikanische Mittelstandsfamilie, die noch ein paar alte italienische Rezepte kocht und in denen die Männer sich ganz gerne ein wenig aufspielen. Und wir sind natürlich katholisch."

„Mir gefällt es, mit einem italienischen Hengst zusammen zu sein. Das muss ich gleich morgen Jamie erzählen."

„Untersteh dich!" Drohend zog Vincent die Augenbrauen zusammen.

Marc lachte. „Wie viele Geschwister hast du denn?"

„Drei Brüder, Antonio ist gestorben, und drei Schwestern."

„Wow, deine Familie würde ich gerne kennenlernen."

„Ich weiß nicht, ob das geht, Katerchen. Aus meiner Verwandtschaft wissen nur sehr Wenige von meiner Homosexualität. Der eine oder andere wird vielleicht etwas ahnen, doch geredet wird nicht darüber. Ich kann nicht einfach einen Mann mit nach Hause nehmen. Deshalb fand ich es auch so nett von deinen Eltern, dass ich bei ihnen willkommen war. Eine solche Großzügigkeit ist ziemlich selten."

„Deine Eltern wissen gar nicht, dass du Männer liebst? Aber weshalb denn nicht?"

Vincent lachte bitter auf. „Weil wir eine *gute*, katholische Familie sind. Meine Mutter hat irgendwann aufgehört, mich mit Frauen verkuppeln zu wollen. Seitdem sagt sie mir jedes Mal beim Abschied, sie würde für mein Seelenheil beten. Aber ich könnte niemals mit ihr offen über meine wahren Neigungen sprechen. Und mein Vater würde wahrscheinlich jetzt noch versuchen, mich auszupeitschen, wenn er es erführe. Ich würde es mir natürlich nicht gefallen lassen."

„Wie schrecklich! Jamie und ich haben es unseren Eltern an meinem achtzehnten Geburtstag gesagt. Zuerst waren sie ziemlich schockiert, doch was sollten sie machen? Ich hatte damals gerade meine erste CD erfolgreich in den Top Ten platziert und war auf dem besten Weg, ein Star zu werden. Und Jamie schrieb verdammt gute Songs. Wir waren ein Team, kurz davor, das ganz große Geld zu verdienen. Unsere Eltern konnten uns gar nicht trennen, obwohl sie wahrscheinlich darüber nachgedacht haben. Aber wir waren damals beide auch schon volljährig. Als sie ihren Schock überwunden hatten, informierten sie sich über Safer Sex und all diese Dinge. Meine Mutter weiß mehr über schwule Events und Interessensvertretungen als ich."

Vincent sah Marc ernst an. „Bitte behalte die Sache mit meinem Bruder für dich. Außer mir und meinem Bruder Michael weiß niemand, dass es Aids war. Meine ganze Familie glaubt, Antonio sei an Darmkrebs gestorben."

„Ich lerne doch deine Familie sowieso nicht kennen."

„Nun schmoll nicht, Katerchen. Vielleicht fällt mir etwas ein, wie ich dich auf das nächste Familienfest schmuggeln kann."

„Au ja! Wann ist es denn?"

„In zwei Monaten."

Marc schmiegte sich in Vincents Arme und rieb sich an ihm wie eine Katze. „Nimm mich mit, bitte, bitte, bitte."

„Mal sehen ...", begann Vincent. Der Rest ging unter, weil Marc ihm die Lippen mit einem langen, intensiven Kuss versiegelte.

Sechs

Am Montag, pünktlich um neun Uhr morgens, trafen Vincent und Marc auf dem Gelände von C. L. Ifford ein. Bruno fuhr sie mit der Limousine. Anne Bach fing Vincent vor dem Studio ab. Es gab Einiges zu besprechen. So musste Marc das Studio allein betreten. Eine Regieassistentin begrüßte ihn überschwänglich an der Tür und führte ihn durch die Räume, die für das nächste halbe Jahr zu seinem Arbeitsplatz werden sollten. Es herrschte ein reges Treiben. Techniker verlegten Kabel oder installierten Beleuchtungskörper, Möbel wurden herumgetragen. Jemand mit einer Leiter unter dem Arm schnauzte Marc an, er solle nicht im Weg herumstehen. Schnell trat der Sänger beiseite und lächelte seine Begleiterin gut gelaunt an. Techniker scherten sich nicht darum, ob sie einen Star vor sich hatten. Sie taten einfach ihre Arbeit und wer sie daran hinderte, wurde mit entsprechenden Kommentaren bedacht. Ob jemand prominent war, interessierte sie nicht.

Die Regieassistentin führte Marc in eine halb möblierte Kulisse, in der sich einige Schauspieler versammelt hatten. Ein junger Mann zeigte Fotos seiner neu geborenen Tochter herum. Als sein Blick auf die Neuankömmlinge fiel, verzog sich sein eben noch vor Vaterstolz strahlendes Gesicht zu einem ironischen Lächeln.

„Da kommt ja unser Dickerchen endlich. Als ich Marc das letzte Mal gesehen habe, hatte er auffällig viele hässliche Pickel im Gesicht. Na seine Akne scheint er mittlerweile überwunden zu haben“, wandte er sich an Sina, die Schauspielerin, die die weibliche Hauptrolle spielen würde. Sina ging mit einem strahlenden Lächeln auf Marc zu, umarmte ihn und küsste ihn auf beide Wangen. „Schön, dich wiederzusehen!“

Sie schien ihm nicht nachzutragen, dass er damals das Filmprojekt geschmissen hatte. Nun, sie war ja auch wieder mit von der Partie. Der Co-Star dagegen war ausgetauscht worden. Weshalb hatte Ifford nun ausgerechnet Kevin engagiert?

Marc fühlte sich in dessen Gegenwart unwohl. Kevin wirkte steif und schroff. Begegnete man ihm zum ersten Mal, hatte man das Gefühl, die Temperatur im Raum wurde um eine Spur kühler.

Die beiden Künstler kannten sich von einem Star-Contest, bei dem sie als Fünfzehnjährige aufgetreten waren. Kevin Janson hatte damals den Wettbewerb gewonnen. Weshalb versprühte er jetzt Gift?

Ein wenig gezwungen lächelte Marc in dessen Richtung.

„Hallo Kevin! Wie geht es dir?"

„Ich bin frisch verheiratet und habe gerade eine Tochter bekommen. Ich hoffe, du ziehst die Dreharbeiten dieses Mal durch. Nicht alle von uns sind mega-erfolgreiche, im Geld schwimmende Popstars, die sich einen finanziellen Ausfall leisten können."

Daher wehte also der Wind. Kevin war eifersüchtig auf Marcs Erfolg. Seine Haltung wirkte verkrampft, seine Miene zeigte kaum verhohlene Abneigung. Es schien fast, als drohte Kevin vor Neid zu zerplatzen. Vielleicht glaubte er, ihm stünde das zu, was Marc erreicht hatte.

Kevin hatte eine ähnliche Kindheit hinter sich, diverse Star-Contests, anstrengende Tourneen, Auftritte auf Dorf- und Kleinstadtbühnen. Im Gegensatz zu Marc hatte Kevin aber den Durchbruch als Popsänger nicht geschafft. Später hatte er eine Ausbildung als Schauspieler und Musicaltänzer absolviert. Die jetzige Rolle als Co-Star war sein erstes größeres Engagement.

‚Das konnte ja heiter werden', dachte Marc, doch bevor er etwas Passendes erwidern konnte, traf der Regisseur ein, um die Schauspieler offiziell zu begrüßen. Die Aufmerksamkeit aller richtete sich auf ihn.

♫♫♫

Die Dreharbeiten gingen gut voran. Tom Zaine hatte sich bereit erklärt, Angels Kindermädchen zu spielen. Ifford war zufrieden.

Marc und Vincent lebten quasi miteinander. An den Drehtagen schliefen sie in der Villa, an freien Tagen in Vincents Wohnung. Mittlerweile standen in der Villa nur noch im großen Wohnzimmer des Erdgeschosses Spielgeräte. Die anderen hatte Marc in seinen Keller räumen lassen oder verkauft. Vincent sollte sich bei ihm wohl fühlen. Marc wollte sogar das zweite große Wohnzimmer im ersten Stock nach den Wünschen seines Liebhabers renovieren und einrichten lassen, doch Vincent war schon damit zufrieden, die

Hälfte der quietschbunten Möbel auszusortieren und die meisten der ultra-modernen Gemälde abzuhängen. Die verbliebenen Möbel wurden neu angeordnet. Nun entsprach das Zimmer gleich viel mehr Vincents eher minimalistisch geprägten Geschmack. Eines der Gästezimmer wurde zu einem Arbeitszimmer umfunktioniert, damit Vincent Akten mit nach *‚Hause'* nehmen konnte.

Im Schlafzimmer ließ Marc vor der großen Anlage für viel Geld Schiebetüren einbauen, die sich automatisch öffneten, wenn man die Lichtschranke betätigte. So sah man die Anlage nur noch dann, wenn sie gebraucht wurde, sie dominierte den Raum nicht mehr so penetrant. Im Ankleidezimmer rangierte Marc endlich Bühnenkleidung aus seiner Teenager-Zeit aus, die ihm längst viel zu klein geworden war, an der er aber immer noch hing. Die frei gewordene Ecke bekam Vincent für seine Anzüge, Hemden und Krawatten zugeteilt.

Jamie hatte wahrscheinlich auch eine Menge überflüssigen Krempel, doch seine Ecke wollte Marc nicht anrühren, was Vincent gut verstand.

Die Cousins telefonierten täglich mindestens einmal, meistens sogar zwei oder dreimal miteinander. An einem Abend rief Marc seinen Freund an, als er gerade Sex mit Vincent hatte und fragte, ob Jamie zuhören wolle. Natürlich hatte der gewollt. Derzeit diskutierten die Cousins über die Installation einer Webcam im Schlafzimmer, damit Jamie noch intensiver an ihrem Sexleben teilnehmen konnte, obwohl er in Europa weilte. Bisher war dieses Vorhaben allerdings an Vincents Widerstand gescheitert. Auch wenn er alles andere als prüde war, mit dem Gedanken, sich aufnehmen zu lassen und das digitale Bild live durch das Datennetz nach Europa zu senden, konnte er sich nicht anfreunden.

„Das sieht doch nur Jamie“, wandte Marc ein.

„Und wenn die Leitung angezapft wird? Dann ist es aus mit deiner Karriere.“

„Wir könnten es mit Masken machen.“

„MARC!“

Damit war die Diskussion vorerst beendet.

♫♫♫

Vincent war ziemlich gestresst denn neben seiner Arbeit für die Kanzlei half er noch Steve Sciontis Assistenten Norman Bridges. Norman kannte sich in der Branche aus. Darüber hinaus hatte die Firma zehn Angestellte, die sich um die Mandanten kümmerten. Leider war Norman noch zu jung, um sich schon einen Namen gemacht zu haben, und genau dort lag das Problem. Management war eng verknüpft mit Personen. Die Kunden vertrauten Steve. Mit dem etwas farblosen Norman hatten sie ihre Schwierigkeiten. Und hier sprang Vincent manches Mal in die Bresche. Immer öfter tat er so, als würde er Steve vertreten, obwohl Norman die Geschäfte übernommen hatte. Vincent spielte den starken Mann im Hintergrund. Am Ende eines solchen Gesprächs waren die Mandanten stets zufrieden und hatten plötzlich gar nichts mehr dagegen, Norman als Ansprechpartner zu haben, solange Steve noch zur Kur war.

Norman zahlte für diese Gespräche anstandslos Vincents Stundensatz nebst dem vereinbarten Bonus.

„Sie sollten Agent werden, Vince. Wollen Sie nicht bei Steve einsteigen?“, fragte der Assistent immer wieder, doch dazu hatte Vincent nicht die geringste Lust. Er kümmerte sich gerne um all die kleinen und großen Probleme seines Katerchens, weil er ihn liebte. Ansonsten reichten ihm aber die juristischen Probleme der Stars völlig.

Weil er so überarbeitet war, bemerkte Vincent nicht sofort, dass Marc ein Problem hatte. Ja, er fand sein Katerchen ganz schön dünn. Außerdem aß Marc ausgesprochen wenig. Doch irgendwie kam Vincent nie dazu, ihn auf dieses Thema anzusprechen. Und Filmaufnahmen für ein Musical waren bestimmt ganz schön anstrengend. Da konnte man schon einmal ein oder zwei Kilo abnehmen.

Tom Zaine war da misstrauischer. Er hielt sich allerdings auch öfter in Marcs Nähe als Vincent. Außerdem gehörte es zu seinem Job, auf den Jungen aufzupassen, dafür wurde er schließlich bezahlt. Marc hatte in seiner Gegenwart schon zweimal einen Schwächeanfall erlitten.

„Das ist nur der Stress", behauptete er und schickte seinen Betreuer in die Apotheke, um Vitamine zu kaufen.

Marc rührte sein Essen kaum an, egal, was Tom ihm besorgte.

„Ich esse es später", war sein Standardspruch.

Das Essen verschwand, doch nie sah Tom, wie Marc es zu sich nahm. Daher ging er dazu über, seinen Schützling zur Nahrungsaufnahme fast zu zwingen. Er ging erst aus der Garderobe, wenn Marc wenigstens eine Kleinigkeit zu sich genommen hatte.

Tom blieb aufmerksam. Als der Regisseur Geburtstag hatte, ein Büffet für die Crew spendierte und Marc sich dem Essen nicht entziehen konnte, überwachte Tom seinen Schützling und folgte ihm heimlich auf die Toilette. Und seine Ahnung bestätigte sich. Er hörte ihn in einer Toilettenkabine würgen. Als Marc gespült hatte, wieder auftauchte und Tom sah, erstarrte er.

„Wie lange machst du das schon?", fragte Tom mit durchdringendem Blick.

„Mir war schlecht", behauptete Marc, stellte sich an eines der Waschbecken und spülte sich den Mund aus. Er sah Tom nicht an.

„Erzähl mir keine Märchen."

„Du glaubst doch nicht etwa, ich sei magersüchtig? Was für ein Quatsch."

„Bist du es?"

„Natürlich nicht."

„Nun gut! Ist auch nicht meine Sache. Ich werde es Vincent sagen, und der wird sich dann weiter mit dir unterhalten."

Marcs Kopf flog herum. In seinen Augen sah Tom einen Anflug von Panik. „Tom! Bitte sag Vince nichts, bitte!"

„Weshalb sollte Vincent nicht wissen, dass dir heute schlecht war?"

„Bitte, Tom! Vince ist so im Stress, er würde sich nur überflüssige Sorgen machen. Ich verspreche dir auch, wegen der Übelkeit so bald wie möglich zum Arzt zu gehen."

Eine Regieassistentin kam in die Toilette und sprach Marc an: „Wo bleibst du denn? Wir warten auf dich."

„Bin schon da", antwortete der eilig. Als er an Tom vorbeiging, warf er ihm einen letzten, beschwörenden Blick zu.

Vincent wartete schon, als Marc nach Hause kam; eigenartig, normalerweise blieb er viel länger in der Kanzlei. Mit gespielter Freude warf sich Marc in die Arme seines Liebhabers. In Wirklichkeit fragte er sich, was der Verräter Tom wohl erzählt hatte.

„Was ist nur mit dir los, Katerchen?"

„Tom übertreibt maßlos. Es ist nichts."

„Vielleicht würde ich dir glauben, wenn ich nicht selbst das Gefühl hätte, dass irgendetwas nicht stimmt. Bisher habe ich es immer ignoriert. Doch jetzt kann ich nicht mehr darüber hinweggehen."

Marc riss sich von Vincent los und funkelte ihn an. „Na und? Manchmal kotze ich eben mein Essen wieder aus. Das machen alle. Deshalb bin ich nicht gleich magersüchtig."

„Du bist viel dünner als früher", beharrte Vincent ohne die Stimme zu heben.

„Ich musste für den Film abnehmen", behauptete Marc.

„Na ein dünnes Knochengerippe will Ifford bestimmt auch nicht haben."

„Du bist ein Arschloch", fauchte Marc und rannte die Treppe hinauf.

Bei ihrem letzten Streit in Marcs Elternhaus hatte Vincent abgewartet. Dieses Mal folgte er seinem Geliebten sofort. Er fand ihn heulend auf dem Bett vor. Mit einer Mischung aus Ärger und Mitleid sah er auf ihn hinab. Trotzdem packte er ihn grob und begann, ihm die Kleidung vom Körper zu ziehen.

„Was soll denn das?", schrie Marc.

„Wirst schon sehen!"

Marc wand sich unter Vincents Griff, doch er hatte keine Chance zu entkommen – Vincent hatte viel mehr Kraft. Und als er schließlich nackt war, schleppte Vince ihn ins Ankleidezimmer, machte dort alle Lichter an und zerrte ihn vor einen der großen Spiegel.

„Schau dich an!"

„Lass mich!", heulte Marc.

„Schau dich an!", herrschte Vincent ihn mit lauter und unnachgiebiger Stimme an.

Trotzig hob Marc den Kopf und blickte in den Spiegel. „Na und?"

„Was siehst du?“
„Ich bin zu dick!“
„Verdammt! Du bist nur noch Haut und Knochen und fühlst dich zu dick? Wo denn?“
„Hier und hier und hier“, zeigte Marc auf seinen Bauch, die Arme und die Oberschenkel.
„Da ist Nichts.“
„Ich sehe es doch.“
„Katerchen! Wann hast du denn nur angefangen, dich zu dick zu finden?“ Vincent schüttelte den Kopf.
„Ich musste schon immer auf mein Gewicht achten. Jamie hat es gut, der kann essen, was er will und nimmt nicht zu. Die Fans mögen keine dicken Stars.“
„Du bist NICHT dick.“
„Die anderen sagen auch, dass ich zu dick bin“, erklärte Marc leise.
„Wer denn nur?“
„Der Co-Star, Kevin.“
„Vertraust du mir, Marc?“ Vincent fixierte ihn eindringlich.
„Ja, Vince. Ich liebe dich.“
„Aber vertraust du mir richtig? Würdest du mir dein Leben anvertrauen?“
„Ja“, hauchte Marc.
„Gestehst du mir zu, dass ich weiß, was gut für dich ist?“
„Du bist gut für mich, Vince.“
„Weich mir nicht aus!“
„Ja doch, du weißt, was gut für mich ist.“
„Gut, Katerchen. Ich bringe dir jetzt etwas zu essen. Glaubst du mir, wenn ich sage, dass dieses Essen gut für dich ist?“
„Vince!“ Marc wollte aus dem festen Griff seines Liebhabers ausbrechen, doch er schaffte es nicht. Und schließlich gab er nach. „Ich will es versuchen.“
Abrupt ließ Vincent ihn frei. Marc stürzte aus dem Raum.

Etwas Gurke, zwei Tomaten und ein paar Stücke fettarmen Käse, dazu ein Glas Saft. Mehr bot Vincent seinem Geliebten nicht an. Marc sollte nicht gleich überfordert werden. Er aß es mit einer

Leidensbittermiene. Danach streckten sie sich auf dem Bett aus und sahen sich einen Film an. Marc schlief in Vincents Armen ein. Der betrachtete ihn nachdenklich. Natürlich war er nicht über den Berg, nur weil er einmal etwas Gemüse akzeptiert und nicht gleich wieder erbrochen hatte. Vincent hatte keine Ahnung, wie es weitergehen sollte. Er hatte überhaupt keine Erfahrungen mit Essstörungen.

Beim Frühstück aß Marc brav eine Scheibe Toast mit Butter und Marmelade. Vincent ließ ihn nicht aus den Augen, bis Tom kam, um ihn abzuholen. Aber man konnte Marc nicht ständig überwachen, das war ihm klar. Marc musste selbst das Bedürfnis haben zu essen und seine Nahrung bei sich behalten zu wollen. In einer Woche war die Familienfeier der Gables! Dort wurde immer reichhaltig getafelt. Wie würde Marc damit zurechtkommen?

Wenn jemand etwas über Marcs seltsames Essverhalten wusste, war das sicher Jamie. Vincent rang mit sich, ob er ihn anrief, um sich Rat bei ihm zu holen. Allerdings bestand dann die Gefahr, dass Jamie nach Los Angeles zurückkehrte, um sich um Marc zu kümmern. Jamies Berichte über seine Zeit in Spanien hörten sich so begeistert an, Vincent brachte es nicht übers Herz, ihn dort herauszureißen. Blieb Vincents Bruder Michael, der in Chicago eine Arztpraxis als Internist betrieb. Hoffentlich bot sich auf der Feier die Möglichkeit zu einem vertraulichen Gespräch. Vincent bekam fast Magenschmerzen bei der Vorstellung, sich seinem Bruder zu öffnen. Na ja, er würde nicht gleich mit der Tür ins Haus fallen, aber bestimmt stellte sich Michael die Frage, weshalb Vincent sich so große Sorgen um einen seiner Mandanten machte, die über berufliches Interesse weit hinausgingen. Für Marc würde Vincent sich den Fragen seines Bruders stellen, wenn es sein musste. Immerhin mussten Ärzte über das, was ihnen ihre Patienten erzählten, Stillschweigen bewahren. Außerdem war Michael nun wirkliche keine Plaudertasche.

Vielleicht sollte Vincent Marc nicht mitnehmen. Andererseits hatte er ihn schon angekündigt. Vincent hatte zuhause erzählt, dass er einen von den Stars mitbringen würde, die er als Anwalt betreute. Sein Schützling sei neugierig auf eine italienische

Familienfeier und könne diese Erfahrung für eine Filmrolle gut gebrauchen. Vincents Eltern waren überaus geschmeichelt.

Marc freute sich unsäglich auf das Wochenende in Chicago. Die Männer würden zwei Nächte in Vincents Elternhaus übernachten.

Auf ihrem Flug hatte Marc ausnahmsweise seine Ruhe. Es gab zwar den einen oder anderen neugierigen Blick, aber niemand sprach ihn an. Die meisten Erste-Klasse Passagiere waren eben doch zurückhaltender.

In Chicago regnete es. Vom Flughafen aus nahmen Vincent und Marc einen Mietwagen. Die Gables wohnten in einem hübschen, zweistöckigen Haus in einer ruhigen Mittelklasse-Gegend. Seit die Kinder erwachsen und ausgezogen waren, war es eigentlich zu groß für zwei Personen. Aber die Gables hatten immer wieder einmal Übernachtungsbesuch von ihren Lieben.

„Hast du gesagt, dass du Angel mitbringst?“, fragte Marc.

„Nein, meine Familie weiß nur, dass ich einen meiner prominenten Mandanten mitbringe.“

„Na hoffentlich fallen deine vielen Nichten bei meinem Anblick nicht in Ohnmacht.“ Marc grinste.

„Vielleicht bist du doch ein wenig zu sehr von dir überzeugt, Katerchen.“

Marc zuckte mit den Schultern. „Du wirst es erleben.“

Vincent parkte den Mietwagen direkt vor dem Haus seiner Eltern. Seine Verwandtschaft hatte extra eine Parklücke für ihn frei gelassen. Wenn die Gables feierten, gab es sonst keine Parkplätze in der Nähe des Hauses mehr. Aber Vincent hatte schließlich einen Prominenten dabei.

Sie ließen die Taschen erst einmal im Kofferraum und eilten den kleinen Weg durch den Vorgarten bis zur Haustür, um vom Regen nicht nass zu werden. Vincent klingelte. Gleich darauf öffnete seine Mutter die Tür. Sonst war niemand im Flur zu sehen. Wahrscheinlich hatte Maria Gable ihren Angehörigen sehr deutlich zu verstehen gegeben, gefälligst ihre Neugier zu zügeln und im Wohnzimmer zu warten. Die schmale kleine Person, der man die Geburt von sieben Kindern nicht ansah, zog ihren Sohn in die Arme.

„Vincent, mein Lieber. Es ist schön, dass du deine arme alte Mutter auch wieder einmal mit einem Besuch beehrst.“

„Hallo Mutter", seufzte Vincent. Nachdem er sie links und rechts auf die Wangen geküsst hatte, schob er sie sanft von sich.

Mrs. Gables Blick richtete sich aufmerksam auf Marc.

„Das ist mein Mandant Marc Stone. Er ist Sänger und Tänzer. Meine Mutter Maria Gable."

„Guten Tag Mrs. Gable. Ich freue mich sehr, an Ihrem Fest teilnehmen zu dürfen." Marc schüttelte höflich die ihm dargebotene Hand der Hausherrin.

„Nenn mich doch einfach Maria, mein Junge. Was für eine Musik singst du denn?"

„Mutter! Marc singt unter dem Künstlernamen Angel Popmusik. Du hast seine Songs bestimmt auch schon im Radio gehört." Vincent nannte ihr einen der bekanntesten Titel von Angel.

„Ach, ich kann mir diese Titel nie merken", meinte Maria. „Kommt mit ins Wohnzimmer, die Familie ist schon ganz gespannt auf Marc."

Als Marc hinter Vincent durch die Flügeltür zum Wohnzimmer trat, kreischten mehrere Mädchen auf.

„Angel, das ist Angel!", riefen sie durcheinander. Ihre Stimmen überschlugen sich fast vor Begeisterung. Vincent musterte sie ungläubig.

„Nun ist es aber gut!", schimpfte Maria. Sie konnte noch lauter schreien als ihre Enkelinnen.

Marc warf seinem Liebhaber einen *‚Ich habe es dir ja gesagt Blick'* zu.

„Das ist Marc Stone. Begrüßt ihn bitte angemessen und höflich", forderte Maria. „Wir sind hier nicht auf einem Popkonzert."

Plötzlich wurde Marc von fünf Mädchen umringt, alles Nichten von Vincent. Sie stellten ihm aufgeregt Fragen, berührten ihn an den Armen und der Schulter, wollten Autogramme haben.

„Hey, ihr Süßen. Angel ist das ganze Wochenende hier. Ihr müsst ihn nicht alle auf einmal bestürmen. Autogrammwünsche werden später erfüllt. Wir haben einen Stapel Autogrammkarten im Gepäck", wandte sich Vincent ohne nennenswerten Erfolg an seine Nichten. Damit hatte er wirklich nicht gerechnet, aber gut gelaunt widmete sich Marc den Mädchen. Da er nichts gegen ihre aufdringliche Art zu haben schien, begrüßte Vincent erst einmal seinen Vater Frank mit einem festen Händedruck und einem vertrauten Klaps auf die Schulter. Mr. Gable war so groß wie sein Sohn, nur etwas dicker. Er hatte einige Pfunde zugelegt, seit er nicht mehr arbeitete.

Danach wandte sich Vincent seinen Brüdern, Schwestern und deren Partnern zu. Drei seiner Neffen beobachteten kopfschüttelnd die Hysterie der Mädchen. Der älteste von ihnen, der achtzehnjährige Tomaso, meinte: „Die Weiber fressen ihn ja auf! Willst du deinem Bekannten nicht helfen, Onkel Vince?"

„Marc wird schon mit ihnen fertig. Er ist es gewohnt, umschwärmt zu werden."

„Ich dachte, er heißt Angel?", wunderte sich Gina, Vincents älteste Schwester.

„Aber Tante Gina! Angel ist nur sein Künstlername", erklärte Tomaso mit gerunzelter Stirn.

„Ach so ..."

Schließlich wurde dem Hausherrn das Treiben seiner Enkelinnen zu bunt und er scheuchte sie von Marc fort. Höflich begrüßte er seinen jungen Gast.

„Kommen Sie Marc! Ich stelle Sie meiner Familie vor."

Es dauerte noch eine ganze Weile, bis wieder Ruhe im Haus eingekehrt war und sich alle an die Anwesenheit eines Prominenten gewöhnt hatten. Morgen würde es wohl einen weiteren Aufruhr geben. Dann kam nämlich die übrige Verwandtschaft. Vincent rollte schon jetzt mit den Augen.

♫♫♫

Marc teilte sich ein Zimmer mit Tomaso. Natürlich war er nicht zusammen mit Vincent einquartiert worden. „Deine Mutter will wohl nicht, dass du mich verdirbst", hatte Marc seinem Liebhaber ins Ohr geraunt.

Tomaso führte ihn in das Gästezimmer im ersten Stock. „Wir haben sogar ein eigenes kleines Bad. Er lachte kurz auf. Meine Mitschüler würden vor Neid zerplatzen, wenn sie wüssten, dass ich zwei Nächte in einem Zimmer mit Angel verbringe. Vor allem die weiblichen ..."

„Freut mich für dich!", meinte Marc und ließ sich auf sein Bett fallen. Der Flug hatte ihn ermüdet, und er wollte sich vor dem Abendessen noch etwas ausruhen.

Tomaso setzte sich auf das andere Bett. „Ich werd's ihnen nicht sagen."

„So, warum denn nicht?", wunderte sich Marc.

„Weil sie es mir sowieso nicht glauben würden. Ich bin nicht sehr beliebt bei meinen Mitschülern. Außerdem habe ich keine Lust, von den Ärschen nach Autogrammen von dir gefragt zu werden."

„Ich kann dir welche geben. Du wärst der Held deiner Schule."

„Ja, vielleicht für einige Tage. Aber so oberflächlich bin ich nicht. Ich will mir die Freundschaft anderer nicht erkaufen."

„Weshalb bist du denn nicht beliebt?" Marc setzte sich wieder auf und sah seinen neuen Zimmernachbarn aufmerksam an.

„Blöde Frage! Ich habe diese ekelige Akne im Gesicht, muss diese beschissene, dicke Brille tragen und habe auch noch gute Schulnoten."

„Akne hatte ich in deinem Alter auch. Die Visagisten hatten damals ganz schön viel Arbeit mit mir."

„Du hattest Akne?"

„Ich bin auch nur ein normaler Mensch. Es gibt gute Mittel dagegen."

„Na ich habe schon einiges versucht, aber nichts hat geholfen."

Marc zuckte mit den Schultern. „Wahrscheinlich hast du noch nicht das richtige Mittel ausprobiert."

„Was hat dir denn geholfen?"

„Ich hatte eine Behandlung aus Peelings und Medikamenten. Außerdem wurden mir von einer Kosmetikerin regelmäßig die Pickel ausgedrückt, damit sie sich nicht entzünden. Und ich musste fettarme Diät halten."

Tomaso schüttelte sich. „Peelings, Kosmetikerinnen und Diät halten. Das klingt so ... unmännlich."

„Kann schon sein, aber es hat geholfen. Außerdem ist das Aussehen in der Branche sehr wichtig. Die Fans mögen keine pickeligen Popstars."

Tomaso grinste bei dem Gedanken. Dann fragte er plötzlich: „Bist du mit Onkel Vince zusammen?“

Marc schaute seinen Zimmerkameraden mit einem erstaunten Blick an. „Wie kommst du denn auf diese dämliche Frage?“

„Na weil mein Onkel schwul ist.“

Marc tat so, als ginge ihn das alles nichts an, aber er war auf der Hut.

„Woher willst du das wissen?“, fragte er und legte betonte Gleichgültigkeit in die Stimme.

„Vor ein paar Jahren haben sich meine Eltern über Onkel Vince gestritten, weil meine Mutter ihn mit einer ihrer Freundinnen zusammenbringen wollte. Sie muss ihre Kuppelversuche wohl ein wenig übertrieben haben, denn mein Vater schrie sie an, sein Bruder hätte bestimmt kein Interesse an Frauen, weil er schwul sei. Seitdem weiß ich es.“

„Hast du sie heimlich belauscht?“

„Das musste ich nicht, sie waren laut genug. Sie haben sich viel gestritten. Ich war richtig froh, als sie sich dann scheiden ließen.“

„Angenommen, ich wäre mit Vince zusammen. Was würdest du dazu sagen?“

Tomaso zuckte mit den Schultern. „Ich würde mich freuen, dass mein Onkel endlich jemanden gefunden hat und die Weiber bedauern, die sich vergeblich nach dir sehnen. Und dann würde ich dich fragen, ob du mir nicht mal Giny vorstellen kannst.“

„Heimlich verknallt in Giny, was?“, lachte Marc.

Tomaso wurde rot. Die Jungen wurden von einem Klopfen an der Tür unterbrochen. Kurze Zeit später trat Vincent mit einem Teller zerteilten Obstes in der einen Hand und einer Tasse Tee in der anderen ein.

„Vince!“, schnaubte Marc entnervt und richtete sich auf dem Bett auf.

„Du hast schon im Flieger nichts gegessen.“

„Ich habe aber keinen Hunger.“

„Es sind nur ein paar Bissen.“ Vincents Stimme klang unnachgiebig und genau so sah er Marc auch an.

„Stell es auf den Nachttisch, ich esse es später.“

„Katerchen ...!“

„Ich verspreche es hoch und heilig."

„Also gut!" Vincent nickte seinem Neffen Tomaso zu und ging wieder.

Marc starrte den Teller geradezu hasserfüllt an. Plötzlich lag eine unangenehme Spannung im Zimmer.

‚Weshalb regt er sich über einen kleinen Teller Obst nur so auf?', dachte Tomaso.

„Ist alles in Ordnung?", fragte er irritiert.

„Ich muss auf meine Linie achten und Vincent, der Diktator, mästet mich."

„Mästen? Mit Obst?", Tomaso lachte.

„Das ist nicht komisch", fauchte Marc.

„Was sind das eigentlich für Tabletten auf dem Teller?"

„Vitamine! Vince hat Angst, ich könnte plötzlich an Mangelerscheinungen leiden."

„Na du siehst aber auch ganz schön mager und blass aus."

„Die Dreharbeiten sind anstrengend."

Marc nahm den Teller und stellte ihn auf das Bett. Widerwillig machte er sich daran, die Apfelspalten und dann die Orangenstücke zu essen. Zum Schluss spülte er die Tabletten mit dem Tee herunter. Tomaso hatte noch nie jemanden so ungern Obst essen sehen. Vielleicht hungerte Marc auch nur für das Abendessen, um dort richtig schön zuschlagen zu können.

„Weshalb nennt mein Onkel dich eigentlich Katerchen?"

„Hat er das?", wunderte sich Marc.

Tomaso nickte. Er beobachtete genau Marcs Reaktion.

„Behalt's bitte für dich!"

„Ich kann schweigen", behauptete Tomaso.

Sieben

Zum Abendessen bauten die Männer der Familie Gable eine lange Tafel aus Klapptischen und -Stühlen auf. Die Tafel begann im Wohnzimmer und reichte bis in das Esszimmer hinein. Wohn- und Esszimmer waren nur durch Flügeltüren voneinander getrennt, die nun offen standen. Die Gables waren schon immer eine große Familie gewesen und wussten deshalb, wie man viele Leute zum Essen zusammenbrachte.

Marc schlüpfte in die Küche und fragte die Frauen, ob er helfen durfte.

„Du brauchst doch nicht beim Kochen zu helfen, Junge. Gesell dich lieber zu den Männern", meinte Maria.

„Aber ich koche sehr gerne. Und vielleicht kann ich das eine oder andere italienische Rezept mit nach Hause nehmen."

„Ein Hobbykoch also. Na dann setz dich an den Küchentisch, wir werden schon etwas finden, womit wir dich beschäftigen können", sagte Vincents Schwester Gina.

Einige Zeit später war die Küche plötzlich voll mit den Mädchen, die sonst nie freiwillig auftauchten, wenn ihre Mütter und Tanten kochten. Ihre Großmutter schmiss sie wieder raus.

„Sonst beschwerst du dich immer, dass ich nie helfe, Großmutter", maulte die blonde, sechzehnjährige Nicole.

„Wenn dein Hilfsangebot ernst gemeint wäre, würde ich es annehmen, aber du bist nur hier, weil du für Angel schwärmst und in seiner Nähe sein willst."

„Oma ..." Nicole wurde rot.

„Hinaus! Ihr könnt den Männern bei Tisch decken helfen."

Marc lachte amüsiert auf, während ihm Tränen über die Wangen liefen, da er gerade Zwiebeln schnitt. Später durfte er in die Soßentöpfe linsen und den Braten mit Brühe übergießen. Er fühlte sich wahnsinnig wohl in dieser großen Küche, umgeben von würzigen Düften. Nur naschen oder probieren wollte er nicht, was immer die Frauen ihm auch anboten.

„Das würde mir nur den Appetit verderben", behauptete er.

Im Wohnzimmer stritten die Mädchen lautstark, welche von ihnen neben Angel sitzen durfte, bis ihr Großvater das Gezeter beendete.

„Marc ist Vincents Gast, also wird er neben ihm sitzen, bei den Erwachsenen. Ihr Küken wisst, wo euer Platz ist, am Ende der Tafel.“

„Großvater, ich bin schon sechzehn und kein kleines Kind mehr“, beschwerte sich Nicole. Sie erntete einen strengen Blick, worauf sie heulend aus dem Raum lief.

♫♫♫

Entsetzt starrte Marc auf den Riesenteller Spagetti, den Maria vor ihn hinstellte. Das würde er niemals essen können! Wie sollte er nur all diese Spagetti unauffällig verschwinden lassen? Glücklicherweise half Vincent ihm aus der Klemme, nahm den Teller an sich und stellte ihn auf seinen eigenen Platz.

„Das ist für Marc viel zu viel.“

„Aber der Junge ist viel zu dünn. Er sieht ja schon aus wie mein armer Antonio, kurz bevor er an Darmkrebs gestorben ist. Bist du vielleicht krank, Marc?“

„N ... nein!“, stotterte der. Sein Gesicht verlor plötzlich alle Farbe.

„Maria, nun erschrecke den Jungen doch nicht so mit deinem Gefasel über Krebs! Da kann einem jungen Menschen ja Angst und Bange werden“, rügte Frank seine Frau.

„Mutter, ich werde Marc besser die Spagetti auftun“, meinte Vincent schnell und nahm seiner Mutter einen leeren Teller aus den Händen, den sie gerade mit einer weiteren Riesenportion füllen wollte. Er griff sich die Spagetti-Zange und tat eine winzige Portion auf den Teller, von der er hoffte, dass Marc sie akzeptieren würde.

„Das ist viel zu wenig“, wandte Maria auch prompt ein.

„Das Essen hat noch mehrere Gänge. Marc wird schon satt werden.“

Unter dem Tisch fasste jener an Vincents Oberschenkel und drückte ihn in einer Geste der Dankbarkeit.

„Wirst du das für mich essen können?“, fragte Vincent leise.

Marc nickte.

Glücklicherweise musste sich Maria noch um andere Teller kümmern. Bald waren alle ihre Lieben versorgt und nach einem kurzen Gebet wurde gegessen. Schnell entwickelte sich eine lebhafte Unterhaltung. Marc fühlte sich wohl in dieser Runde, beantwortete willig Fragen nach dem Film und seiner zurückliegenden Tournee. Wenn nur das Essen nicht wäre. Es roch verführerisch, doch wenn er es jetzt aß, würde nachher sein Bauch aufgebläht sein.

Wirkte er tatsächlich wie ein Aidskranker im letzten Stadium? So wollte er nicht aussehen, er musste schön für seine Fans sein. War er zu dünn? Aber weshalb sah er dann immer diese fetten Stellen an seinem Körper, wenn er sich im Spiegel betrachtete?

Er spürte Vincents Hand auf seinem Bein, auffordernd, ihn ermahnend, endlich mit dem Essen zu beginnen; aber diese Hand bot auch Sicherheit und vermittelte ein Gefühl der Wärme und Zusammengehörigkeit. Vince wollte, dass er aß. Also fügte sich Marc. Vincent würde ihn nie im Stich lassen, für ihn würde er alles tun, auch essen.

Zum zweiten Gang gab es den leckeren Braten, bei dem Marc hatte helfen dürfen. Dazu wurden verschiedene Sorten Salat gereicht, in Olivenöl gewendete Kartoffeln, die mit Kräutern abgestimmt waren, und eine Sahnesoße. Dieses Mal tat Vincent seinem Geliebten auf, bevor seine Mutter dazu kam. Er hatte keine Lust auf eine weitere Diskussion. Die Portion war wirklich klein, ein Mini-Stück Fleisch, eine gut abgetropfte kleine Kartoffel und ein Löffelchen Salat. Dazu gab es einen winzigen Tupfen Soße. Marc kam es vor wie ein Berg.

„Ich kann verstehen, dass ein Popstar auf seine Linie achten muss. Aber übertreibt ihr beide es nicht ein wenig mit Marcs Diät?“, kommentierte Gina die Mini-Portion.

Vincent warf ihr einen bösen Blick zu. Seine Schwester wollte noch etwas sagen, als ihm sein Bruder Michael zu Hilfe kam:

„Ich denke, Vince weiß, was er tut.“

Ob Michael als Arzt bereits ahnte, was mit Marc los war, so dünn wie Marc aussah? Vincent warf seinem Bruder einen prüfenden Blick zu, den Michael mit einem freundlichen Nicken beantwortete.

Marc brauchte eine Stunde, um seine Portion hinunterzuwürgen. In dieser Zeit hatten sich die Männer der Familie zwei oder sogar dreimal nachgenommen und auch die Frauen hatten zugelangt. An seinem Wein nippte Marc nur. Immerhin gelang es Vincent, ihm ein ganzes Glas Saft aufzunötigen.

Das Dessert verschmähte Marc. Allerdings kostete er dann doch ein Löffelchen von Vincents Teller. Und bevor er sich den Kopf darüber zerbrechen konnte, was die Kalorien mit seinem Körper anstellten, wurde er von den teilweise lautstarken Gesprächen der Familie mitgerissen.

♫♫♫

Die Männer rauchten noch Zigarren und tranken Grappa. Erst um zwei Uhr Nachts zogen sich die letzten zurück, unter ihnen auch Vincent und Michael. Sie teilten sich ein Zimmer; die beiden Sünder der Familie. Vincent war noch immer Junggeselle, obwohl ein guter, italienisch-stämmiger Mann seines Alters längst verheiratet sein müsste, und Michael war geschieden. Ein guter Katholik ließ sich nicht scheiden.

Das Zähneputzen erledigte Vincent im Eiltempo. Er war verdammt müde. Einen Augenblick überlegte er, ob er noch einmal nach seinem Katerchen sehen sollte, doch Tomaso hätte es wahrscheinlich eigenartig gefunden, wenn sein Onkel um diese Zeit noch aufgetaucht wäre.

Als Vincent in sein Zimmer ging, saß Michael schon im Pyjama auf einem der zwei Betten. Er hatte sich wohl im Bad des Erdgeschosses fertig gemacht.

„Also?“, fragte Michael.

Verwundert blickte ihn Vincent an.

„Ist Marc krank? Hat er vielleicht Aids?“

„Ich bin müde“, wehrte Vincent ab und schlüpfte in sein Bett. Er hatte überhaupt keine Lust, sich jetzt darüber zu unterhalten.

„Oder ist er essgestört?“

„Aids hat Marc jedenfalls nicht", fauchte Vince, obwohl er sich in LA ja eigentlich vorgenommen hatte, mit Michael über die Sache zu sprechen.

„Dann ist es also eine Essstörung. Er sollte in psychologische Behandlung, bevor er noch mehr abmagert."

„Ich kann ihn nicht dazu zwingen."

„Hast du denn Einfluss auf ihn?", fragte Michael scheinheilig.

„Willst du mich etwa ausfragen?"

„Natürlich interessiert es mich, ob und mit wem mein kleiner Bruder zusammen ist."

„Was soll denn diese Bemerkung?"

„Ich weiß schon lange, dass du schwul bist, Vince. Ich habe dich niemals darauf angesprochen, weil du offensichtlich nicht darüber reden wolltest. Aber jetzt bringst du auf einmal diesen Jungen mit nach Hause, etwas, das du vorher noch nie gemacht hast. Er bedeutet dir etwas, nicht wahr?"

„Ja!", gab Vincent ein wenig widerwillig zu.

„Und wie steht es mit ihm?"

„Wir leben miteinander, also denke ich schon, dass Marc mich liebt."

„Wow, mein kleiner Bruder lebt mit einem Popstar zusammen!" Michael grinste, wurde aber sofort wieder ernst. „Was ist passiert? Weshalb will dein Schatz nicht essen?"

„Was weiß ich! Marc hatte in der letzten Zeit viel Stress, die Plattenaufnahmen, danach die Tournee; und dann ist auch noch Jamie, sein Lebensgefährte, für ein Jahr nach Europa gegangen. Darüber hinaus scheint Marc bei den Dreharbeiten einigen Anfeindungen ausgesetzt zu sein. Ich lasse das gerade von jemandem überprüfen."

„Moment! Sagtest du nicht gerade, du würdest mit Marc zusammenleben?"

„Ich lebe erst mit ihm zusammen, seit Jamie weg ist."

„Haben die beiden sich getrennt?", wollte Michael wissen.

„Nein, sie sind noch zusammen."

„Willst du damit sagen, Marc hat zwei Freunde, dich und diesen Jamie?"

„Sieht so aus, oder?", sagte Vincent mit einiger Ironie in der Stimme.

„Und du?"

„Was soll mit mir sein?"

„Nun lass dir nicht jedes Wort aus der Nase ziehen, Vince."

„Vielleicht will ich mein Privatleben aber lieber für mich behalten?"

„Dann hättest du es nicht mitbringen dürfen", erklärte Michael schlicht.

Vincent seufzte. „Marc wäre beleidigt gewesen, wenn er nicht mitgedurft hätte. Und ja, wir führen eine Dreierbeziehung."

„Ich beneide dich."

„Du beneidest mich, weil ich mit zwei Männern zusammen bin?", wunderte sich Vincent und zog die Augenbrauen ironisch nach oben.

„Nein, aber ich hätte gerne zwei Freundinnen, die gemeinsam zu mir ins Bett steigen. Gerade habe ich überhaupt keine. Es mit zwei Frauen gleichzeitig zu treiben, ist doch der Traum eines jeden Mannes."

„Meiner nicht!"

Die beiden Brüder lachten.

„Soll ich dir die Adresse von einigen guten Psychologen in LA heraussuchen, die sich mit Essstörungen auskennen?"

„Im Augenblick nicht", wehrte Vincent ab." Momentan hat das überhaupt keinen Sinn. Ich habe gehofft, dass du mir einige Ratschläge gibst."

„Ich kann es versuchen, Vince. Aber nur, wenn du deine Igelstacheln wieder ablegst."

Vincent rollte mit den Augen. „Okay, Brüderchen!"

♫♫♫

Einige Zimmer weiter konnte Marc nicht schlafen. Er vermisste einen warmen Körper neben sich, an den er sich schmiegen konnte. Marc schlief eigentlich nie allein. Erst war Jamie da gewesen, dann Vincent.

„Was ist denn los mit dir?", fragte Tomaso müde.

Habe ich dich mit meinem Wälzen geweckt? Tut mir leid, aber ich kann nicht schlafen."

„Ist dir das Bett zu unbequem?"

Marc seufzte laut. „Das Bett ist in Ordnung, aber ich bin es nicht gewohnt, allein zu schlafen."

„Wenn du willst, kannst du zu mir kommen", bot Tomaso mit schläfriger Stimme an. Aber tatsch mich nicht an, ich bin nämlich nicht schwul."

Das ließ Marc sich nicht zweimal sagen. Er schlüpfte zu Tomaso ins Bett, der für ihn ein wenig zur Seite rutschte. Kurze Zeit später war Marc eingeschlafen. Auch Tomaso schlummerte bald wieder ein. Er zuckte noch einmal hoch, als er hörte, wie jemand versuchte, die Tür zu öffnen. Man konnte sie nicht abschließen, weil es keinen Schlüssel zu ihr gab. Aber Tomaso hatte sicherheitshalber einen Stuhl unter die Türklinke gestellt, weil er seinen Cousinen alles zutraute. Er kicherte in sich hinein, weil er genau dort lag, wo sie wohl zu gerne gewesen wären.

Marc duschte schon, als Tomaso schlaftrunken in ihr gemeinsames Bad schlurfte.

„Hi, Tom!"

„'Tschuldigung, aber ich muss unbedingt pinkeln."

„Mach nur, ich schau auch nicht hin." Demonstrativ drehte sich Marc mit dem Gesicht in Richtung Wand.

Tomaso setzte sich zum Pinkeln hin, da er den Zorn seiner Oma fürchtete. Sie hasste es, Pissflecken wegwischen zu müssen. Gähnend sah er dabei zu, wie Marc sich einseifte. Dieser Sänger war entschieden zu mager. Warum er wohl nicht ein bisschen mehr aß? Er hatte es doch nötig. Tomaso zuckte mit den Schultern. Die Sache ging ihn nichts an.

„Heute Nacht hat übrigens jemand versucht, in unser Zimmer zu kommen", sagte er, nachdem er sein Geschäft erledigt hatte und vor dem Waschbecken stand, um sich die Hände zu waschen.

„Vielleicht war es Vince, der noch nach mir sehen wollte."

„Glaube ich nicht. Das hörte sich irgendwie nicht nach Onkel Vincent an."

„Na dann ist es gut, dass wir den Stuhl vor die Tür gestellt haben. Ich hasse überraschende Fanbesuche in meinem Schlafzimmer."

Marc stellte sich die Gesichter von Tomasos Cousinen vor, wenn sie ihn mit ihrem Cousin zusammen im Bett *‚erwischt'* hätten und schüttelte grinsend den Kopf.

„Ist dir so etwas schon mal passiert?", fragte Tomaso, während er Zahnpasta auf seine Zahnbürste drückte.

Marc nahm eines der Handtücher vom Ständer und schlang es sich um seinen mageren Leib. „Leider viel zu oft."

Nachdem er sich abgetrocknet hatte, schlüpfte er in einen bereit gelegten knappen Slip und kiebitzte ein wenig in Tomasos Kulturbeutel nach dessen Aknemitteln. „Benutzt du das Zeug auch regelmäßig morgens und abends?"

Tomaso zuckte mit den Schultern.

„Ohne regelmäßige Anwendung wird das nichts", belehrte ihn Marc.

Tomaso streckte ihm die mit Zahnpasta umschäumte Zunge heraus. Marc musterte ihn lachend.

„Du siehst eigentlich gar nicht schlecht aus. Mit der richtigen Imageberatung würde aus dir ein Mädchenschwarm werden."

„So wie Angel etwa?", nuschelte Tomaso ein wenig sarkastisch.

„Warum nicht? Angel ist auch nur ein Produkt."

„Aber du bist ein Mensch", meinte Tomaso, nachdem er sich den Mund ausgespült hatte. Nun ging er unter die Dusche, während sich Marc die Zähne putzte und sich die langen Haare föhnte.

Als die Jungen fertig angezogen waren, machten sie noch schnell die Betten. Vor der Tür drückten sich Nicole und die zwei Jahre jüngere Betty herum.

„Verschwindet, ihr Hühner!", fauchte Tomaso sie an.

„Kann ich beim Frühstück neben dir sitzen, Angel?", fragte Nicole einschmeichelnd.

„Er sitzt neben mir", bestimmte Tomaso.

„Das ist unfair, du durftest mit Angel in einem Zimmer schlafen. Jetzt kannst du ihn ruhig einmal abgeben."

„Marc! Er heißt Marc. Angel ist nur sein Künstlername."

Während Tomaso mit seinen Cousinen stritt, nutzte Marc die Gelegenheit zur Flucht und eilte die Treppe hinunter. Im Erdgeschoss hielt er nach Vincent Ausschau. Er fand ihn in der Küche bei einem Espresso. Da sonst niemand im Raum war, küsste Marc ihn zur Begrüßung schnell auf die Wange.

„Ich habe dich vermisst, Katerchen", raunte ihm Vincent ins Ohr.

„Und ich dich erst."

„Möchtest du auch einen Espresso oder lieber einen Cappuccino?"

Marcs erster Impuls war abzulehnen, doch ihm fiel plötzlich wieder ein, wie Maria ihn mit ihrem verstorbenen Sohn verglichen hatte. Mrs. Gable glaubte, ihr Sohn sei an Krebs gestorben, dabei hatte er Aids gehabt. Dieser Vergleich mit einem Aids-Kranken hatte Marc ziemlich erschüttert.

„Ich hätte gerne einen Cappuccino, aber nur mit Süßstoff."

„Ich weiß nicht, ob ich Süßstoff in diesem Haushalt finde. Meine Mutter hält nichts von diesem Produkt. In Espresso und Cappuccino gehört ihrer Meinung nach Zucker."

„Na dann trinke ich den Cappuccino lieber ungesüßt."

Vincent bediente gekonnt die Espressomaschine. Ein ähnliches Gerät hatte er auch bei sich in der Wohnung zu stehen. Marc machte sich eine Notiz im Kopf, eine Espressomaschine für seine eigene Küche zu besorgen, woran er bisher noch nicht gedacht hatte. Als der Kaffee in der Tasse war, schäumte Vincent die Milch auf und gab sie zu dem Kaffee.

Marc stellte sich ganz dicht zu Vincent, während er genüsslich den Cappuccino schlürfte. Ihre Beine berührten sich und Marc erschauderte leicht.

„Ich liebe diese Jeans an dir", flüsterte er. „Du solltest öfter Jeans tragen."

Jemand betrat die Küche. Beiläufig rückten die beiden Männer auseinander.

„Ah, da sind ja schon ein paar Männer wach", sagte Maria. „Ihr und die Mädchen könnt den Frühstückstisch decken, während ich die Brötchen aufbacke und die Platten vorbereite."

„Jawohl, Mama!"

„Jawohl Maria!"

Weil ihr angebeteter Schwarm mit gutem Beispiel voran ging, gaben sich auch die Mädchen alle Mühe zu helfen. Mittlerweile waren alle fünf aufgetaucht.

„Wenn die anderen Verwandten erst einmal hier sind, seid ihr sowieso abgemeldet", stichelte Tomaso, der die Servietten faltete. „Denkt doch nur an Großcousine Rebecca, die ist viel schöner als ihr, sieht aus wie ein Fotomodell und ist auch schon einundzwanzig. Die passt viel besser zu Marc."

„Du bist doof", fauchte Nicole. „Angel ist mit Giny zusammen. Der wird Rebecca gar nicht anschauen."

„Aber euch auch nicht!"

Vincent und Marc deckten derweil den Tisch, flirteten miteinander und amüsierten sich köstlich, wie Tomaso seine Cousinen ärgerte. Leider mussten sie ihre verstohlenen Berührungen einstellen, als weitere Personen im Wohnzimmer auftauchten.

Später setzten sie sich auf die gleichen Plätze an der Tafel, die sie auch schon beim Abendessen belegt hatten. Marc aß ein halbes Brötchen mit Marmelade, ein kleines Stückchen Camembert, das er von Vincents Teller stibitzte, und trank eine Tasse Milchkaffee. Immer wieder strich er über seinen Bauch, als wollte er prüfen, ob dieser auch nicht zu dick wurde.

„Es ist alles in Ordnung mit dir, wirklich!", flüsterte ihm Vincent zu, der das natürlich bemerkte.

„Kannst du später nachsehen?"

„Na klar!"

Damit war das Thema für den Moment abgeschlossen, aber nach dem Frühstück drängte Marc seinen Liebhaber zu einem Ausflug. Natürlich wollten die Mädchen mitkommen, doch irgendwie gelang es Tomaso, sie aufzuhalten.

Marc und Vincent machten sich mit dem Mietwagen schnell aus dem Staub. Sie fuhren einfach nur in der Gegend herum. Noch zogen einige dunkle Wolken über den Himmel, aber die Sonne eroberte immer mehr Terrain und der Tag versprach, freundlich zu werden. An einer Ampel, die gerade auf Rot geschaltet hatte, führte Marc Vincents Hand zu seinem Bauch.

„Da ist wirklich nichts, Katerchen. Dein Bauch ist wunderbar flach."

„Ich fühle mich aufgedunsen, weil ich so viel gegessen habe."

„Würde ich dir zu viel zu essen auftun?", grollte Vincent.

„Ich weiß nicht."

„Du hast versprochen, mir zu vertrauen."

„Ja!", kam es kleinlaut von Marc.

Die Ampel sprang auf Grün und der Autofahrer hinter ihnen hupte. Also fuhr Vincent weiter.

„Vi-ince?", fragte Marc und dehnte dabei den Namen seines Liebhabers.

„Ja-a?", antwortete der auf dieselbe Weise.

„Ich will gefickt werden."

Vincent lachte leise. „Wie soll ich das denn jetzt bewerkstelligen?"

„Vielleicht hier im Auto?"

„Die Gefahr, dabei erwischt zu werden, ist aber viel zu groß."

„Gehen wir in ein Hotel?"

„Und wenn man dich erkennt?"

„Kennst du hier nicht irgendeine Sauna oder einen Fitnessclub, wo wir es miteinander treiben können?"

„Natürlich kenne ich solche Orte in Chicago. Aber es bestünde immer die Gefahr, dass du als Angel erkannt wirst."

„VINCE! Mach es irgendwie möglich, BITTE!"

„Du bist eine richtige Nervensäge, Katerchen. Wenn du möchtest, gehen wir in ein Hotel. Ich würde ja einfach das Beste vorschlagen, doch dafür sind wir leider nicht richtig gekleidet. Ich kenne einige angenehme, diskrete Häuser, in denen man die Zimmer auch stundenweise mieten kann."

„Für Huren und ihre Freier?"

„Eher die Kategorie *‚Fick in der Büropause'*."

„So etwas Unanständiges hast du gemacht?", amüsierte sich Marc. Er legte seine Hand auf Vincents Oberschenkel und summte gut gelaunt einen seiner Songs vor sich hin. Es dauerte eine halbe Stunde, bis sie in der Innenstadt waren und einen Parkplatz in einem Parkhaus gefunden hatten.

Marc drehte seine langen Haare hoch und verstaute sie unter einer Kappe. Gemeinsam verließen er und Vincent das Parkhaus, weil Marc dort nicht alleine bleiben wollte. Bevor sie ins Hotel gingen, hob Vincent noch an einem Bankautomaten etwas Geld ab. Wie praktisch so ein Automat in der Nähe eines Stundenhotels doch war. Ob die Bank ihn wohl bewusst dort aufgestellt hatte?

Im Hotel mietete Vincent das Zimmer alleine an. Sie fuhren auch in getrennten Lifts hoch. Erst im Zimmer trafen sie sich wieder. Vincent schnappte sich seinen Freund kurzerhand und drückte ihn bäuchlings auf das Bett. Mit geübten Griffen öffnete er Marcs Jeans und zog sie bis zu den Knien herunter. Auch sich selbst machte er gerade genug frei. Willig drückte Marc seinen Hintern der Zunge seines Liebhabers entgegen. Damit hielt sich Vincent nicht lange auf. Er wollte Marc einfach nur anfeuchten.

„Oh ja!", stöhnte Marc kehlig in das Kissen, als sich Vincent in ihn hineinpresste. Es wurde ein schneller Akt, grob, besitzergreifend, fast ein wenig zu schmerzhaft, ganz so, wie Marc es liebte. Nach seinem Höhepunkt blieb Vincent auf Marc liegen, bis dieser sich über die schwere Last beklagte.

Marc war noch nicht gekommen, jedenfalls nicht im üblichen Sinne durch einen Erguss. Diesen durfte er dann in Vincent nachholen, nachdem sie beide sich eine Weile erholt hatten.

Sie kuschelten sich aneinander und schlummerten ein wenig. Dann stiegen sie endlich unter die Dusche, weil Vincents Familie bestimmt schon auf sie wartete. Beim Duschen gelang es Marc, den Schwanz seines Liebhabers ein drittes Mal zum Leben zu erwecken, und er nutzte das schamlos aus. Sie brauchten daher länger im Bad als erwartet. Und dann musste Marc auch noch seine Haare föhnen, die unter der Dusche nass geworden waren. Während Vincent den Schlüssel zurück an den Empfang brachte und zwei Stunden Zimmermiete nachentrichtete, statt einer Stunde hatten sie sich drei im Zimmer aufgehalten, bummelte Marc ein wenig durch die belebte Geschäftsstraße. Er hatte ziemlichen Hunger, ihm war schon ganz schwach zumute. An einem Coffee-Shop blieb er stehen und starrte durch das Fenster. Ob er sich einen Cappuccino und einen Muffin leisten konnte? Aber dann würde sich sein Magen aufblähen, überlegte er.

So fand ihn Vincent. Er zog ihn in den Shop hinein.

„Wir teilen uns einen Muffin."

„Ein halber Muffin ist viel zu viel."

„Na dann bekommst du eben nur einen Drittel Muffin."

Damit konnte sich Marc nach einigem Zögern anfreunden. Sie stellten sich gemeinsam in die Schlange. Auch auf die Gefahr hin, erkannt zu werden, hakte sich Marc bei Vincent unter und schmiegte sich an ihn. Vincents Nähe hatte es etwas sehr Beruhigendes. Nachdem sie zwei Becher Cappuccino und einen Vanille-Muffin gekauft hatten, ein Schoko-Muffin war Marc zu fettig, fanden sie eine ruhige Ecke, in die sie sich setzten.

Vincent brach den Muffin in etwa drei gleichgroße Teile. Zwei davon nahm er selbst, den dritten schob er auf einer Serviette zu Marc hin. Der brauchte wieder ziemlich lange fürs Essen und zerkrümelte sein Muffin-Stück fast. Doch Vincent achtete darauf, dass er die Krümel nicht heimlich auf den Boden warf, statt sie zu essen. Mittlerweile kannte er Marcs kleine Tricks.

„Du bist ein richtiger Diktator", murrte der.

„Du hast zwei Diktatoren, deine Krankheit und mich. Aber ich bin der größere Tyrann, glaub mir!"

„Ich bin NICHT krank!", fauchte Marco, doch wieder einmal tastete er prüfend über seinen Bauch.

Vincent schob seine Hand dazwischen. „Da ist nichts, Katerchen."

Marc schnurrte. Er fühlte sich verdammt wohl mit Vincents Hand auf seinem Bauch. Sie gab ihm Sicherheit. Mit gesteigertem Selbstbewusstsein aß er den Rest des Muffins und pickte sogar noch die Krümel auf, die auf Vincents Serviette lagen.

Wieder zu Hause zurück musste sich Vincent einige Sprüche gefallen lassen, weshalb er mit Marc so lange weggeblieben war. Die ersten Verwandten trafen ein und halfen beim Tischaufbau im Garten. Es war noch etwas kühl, aber die Sonne hatte ich nun endgültig durchgesetzt. Die Gables konnten ihr Fest also wie geplant im Freien stattfinden lassen. Erneut gab es einen kleinen Aufruhr, als die neu angekommenen Teenager Marc sahen. Doch im Gegensatz zu gestern hatte er heute keine Lust, sich bestaunen zu lassen und ließ sich von Vincent oder Tomaso abschirmen. Manchmal half auch Vincents Bruder Michael aus.

Am Nachmittag gab es Reste vom Vortag *,in die Hand'* für diejenigen, die es nicht bis zum Abendessen aushielten. Vincent brachte seinem Geliebten eine kleine Schüssel Salat und die obligatorischen Vitaminpillen und setzte sich neben ihn auf die Couch in einer kleinen, stillen Nische des Wohnzimmers, die sich Marc als Rückzugsgebiet erobert hatte. Nicht weit davon saß Michael auf einem Stuhl und rauchte still seine Pfeife. Wer immer in die Nische wollte, musste erst an ihm vorbei, und Michael konnte ganz schön abweisend werden.

„Ich habe schon einen Muffin gegessen", zischte Marc.

„Du hast einen drittel Muffin gegessen", verbesserte Vincent ihn nüchtern.

„In dem Salat sind Essig und Öl drin."

„Ich hab's vorher abtropfen lassen."

„Diktator!"

„Ich weiß!"

„Tyrann!"

„Beschimpfe mich ruhig, aber essen musst du diesen Salat trotzdem."

Widerwillig piekte Marc eine Stück Tomate auf und starrte es an, als sei es vergiftet.

„Ich kann meine Hand jetzt nicht auf deinen Bauch legen, Katerchen, weil wir nicht allein sind", flüsterte Vincent. Er zog seine Strickjacke aus und legte sie über Marcs Schenkel. „Leg sie dir auf den Bauch und stelle dir vor, ich würde dich streicheln."

Marc starrte seinen Liebhaber an, als hätte der nicht mehr alle Tassen im Schrank. Im nächsten Augenblick griff er auch schon nach der Jacke und drückte sie an sich. Dann steckte er das Tomatenstück in den Mund und schluckte es herunter. Ohne weitere Einwendungen aß er den Salat, schluckte die Tabletten und trank auch noch das Glas Wasser, welches ihm Vincent hinterher lieferte. Die Jacke fühlte sich angenehm warm an auf seinem Bauch.

„Ist dir kalt Junge? Einer meiner Söhne kann dir bestimmt ein Sweatshirt leihen", fragte Maria, die in das Wohnzimmer kam, um irgendetwas aus dem Schrank zu holen, und bemerkte, wie sich Marcs Hand in die Jacke krampfte.

„Schon gut, Mama, ich habe ihm schon meine Jacke geliehen."

Maria warf ihrem Sohn einen kritischen Blick zu, als sei gerade seine Jacke auf gar keinen Fall geeignet, ein Unschuldslamm wie Marc zu wärmen.

„Musst du denn immer bei dem armen Marc sitzen? Er kommt gar nicht dazu, sich mit den anderen zu unterhalten."

„Ich bin sein Anwalt, daher kümmere ich mich natürlich auch um ihn, Mutter", entgegnete Vincent kühl. „Wenn Marc nach draußen möchte, um Autogrammwünsche zu erfüllen und aufdringliche Fragen zu beantworten, wird er das schon sagen."

Maria setzte ein betretenes Gesicht auf. „Sie müssen sich erst an seine Anwesenheit gewöhnen. Später wird es bestimmt besser." Damit ging sie, in den Händen mehrere silberne Platten.

„Sie ahnt etwas", kommentierte Michael die Situation. „Ihr seid ein wenig zu lange weggeblieben."

„Ich habe Marc nur etwas durch Chicago gefahren, er war sehr neugierig auf die Stadt."

„Aber natürlich", amüsierte sich Michael und erntete dafür einen verwunderten Blick von Marc, der noch gar nicht wusste, dass der Bruder seines Liebhabers im Bilde war.

Marc schlüpfte in Vincents Jacke und trug sie die ganze Feier über. Tatsächlich entspannte sich für ihn die Lage. Er wurde nicht mehr nach Autogrammen gefragt, und es bildeten sich auch keine Teenagertrauben mehr um ihn herum. Vielleicht hatten die Hausherren Maria und Frank ein ernstes Wort mit ihren Angehörigen gewechselt.

Aber es gab natürlich auch Gables, die normal mit Marc umgingen. An diese hielt er sich und führte interessante Gespräche, bei denen er fast vergessen konnte, dass er ein Star war. So normal wurde er sonst nur von seiner eigenen Familie behandelt. Er fühlte sich wunderbar angenommen. Natürlich zeigte er ihnen einen wichtigen Aspekt seiner Persönlichkeit nicht – seine Liebe zu Vincent. Leider mussten er und Vince ihre Beziehung verstecken. Das dämpfte seine gute Stimmung ein wenig. Er fand, dass Vincents

Verwandtschaft gar nicht so engstirnig wirkte. Tomaso und Michael, die es erraten hatten, gingen jedenfalls locker damit um und behandelten Marc immer noch sehr nett. Marc fühlte mit Vincent, dass der sich wegen seiner Eltern verstecken musste. Maria und Frank verhielten sich Marc gegenüber sehr freundlich, aber auch mit einer gewissen Reserviertheit, als wenn sie ihre Augen absichtlich vor dem verschlossen, was sie eigentlich sehen mussten, schließlich kannten sie Vincent schon sein ganzes Leben lang.

Frank junior, Vincents älterer Bruder, unterhielt sich mit einem seiner Cousins über die gleichgeschlechtliche Ehe in New York City und das Bestreben konservativer Gruppen, sie dort wieder abschaffen zu wollen. „Mir wurscht, ob die Homos dort heiraten können oder nicht“, grummelte er in seine Bartstoppeln.

„Also langsam könntest du auch mal mit der Zeit gehen, Arschloch.“

„Hab ich jemals was gegen dich und ...“ Frank unterbrach sich, als seine Mutter mit einem Teller Grillgut vorbeispazierte und der Cousin, dessen Namen Marc vergessen hatte, rollte mit den Augen. „Ihr seid so was von konservativ.“

„Dann erzähl doch deinen Eltern endlich von dir und John“, stichelte Frank und der Cousin wurde rot.

Bevor Marc sich einen Reim darauf machen konnte, drückte ihm Frank senior einen Teller mit gegrilltem Fleisch in die Hand. Marc wickelte sich fest in Vincents Jacke ein und fügte sich in sein Schicksal. Das Kleidungsstück gab ihm so viel Sicherheit, dass er sogar ein ganzes Glas Wein trank.

Bevor er ins Bett ging, flehte er seinen Liebhaber an, die Nacht bei ihm zu verbringen, Tomaso wisse sowieso Bescheid und sei einverstanden. Davon wollte Vincent aber nichts wissen. Wenigstens sah er später noch einmal nach Marc und legte sich zu ihm, bis jener eingeschlafen war.

„Ich kann bei Dad schlafen, wenn du hier bleiben möchtest, Onkel Vince“, flüsterte Tomaso, als Vincent sich wieder erhob.

„Schon gut!“ Vincent wollte sich nicht von seinem jungen Neffen die Initiative aus der Hand nehmen lassen und ging entschlossen in

Richtung Tür. Seine Hand lag schon auf der Klinke, als Tomaso meinte:

„Dein Freund ist ganz schön sensibel, und viel zu dünn ist er auch."

„Ich weiß", seufzte Vincent.

„Ein Mitglied aus meiner Familie ist mit Angel zusammen, und ich kann es niemanden erzählen", beklagte sich Tomaso theatralisch.

Vincent kam zu seinem Bett, beugte sich zu seinem Neffen hinunter und gab ihm einen familiären Kuss auf die Stirn. „Du bist der Beste, Tomaso."

„Wenn du vielleicht hin und wieder vor Marc erwähnen könntest, dass ich gerne Giny kennenlernen würde."

„Aber sicher!" Vincent nickte seinem Neffen noch einmal zu und schlich sich dann aus dem Zimmer heraus zurück in sein eigenes.

Michael lag bereits im Bett und sah Vincent schläfrig an, als der eintrat. Natürlich wusste er, wo sein Bruder noch gewesen war.

„Dein Junge ist ein verdammt feiner Kerl, Michael."

„Nicht wahr?", freute sich der über das Lob.

Acht

Marc fand sich auch weiterhin zu dick. Er aß nur, wenn er von Vincent oder seinem Betreuer Tom dazu aufgefordert wurde und dann auch nur ganz kleine Portionen. Sein Essverhalten wurde immer seltsamer. Zu Hause, wenn niemand zusah, setzte er sich auf Vincents Schoß und ließ sich wie ein kleines Kind von ihm füttern, als wenn er die Verantwortung für seine Ernährung gänzlich an seinen Liebhaber abgegeben hätte. Wenn er auf diese Weise aß oder trank, rannte er wenigstens danach nicht auf die Toilette, um sich zu erbrechen.

Im Studio erwischte ihn Tom das eine oder andere Mal dabei. An solchen Tagen zwang Vincent seinem Freund am Abend die doppelte Portion Nahrung auf, damit Marc sein Mindestpensum an Kalorien zu sich nahm; eine Qual für beide. Aber Vincent wollte einfach nicht zusehen, wie Marc immer weniger wurde.

Irgendwann besann er sich auf den Trick mit der Strickjacke und gab sie Marc mit ins Studio. Danach entspannte sich die Lage ein wenig.

Bis Tom seinen Arbeitgeber in der Kanzlei anrief.

„Ist etwas mit Marc?", fragte Vincent alarmiert.

Tom klang gestresst. „Jemand hat die Strickjacke zerschnitten, die Marc so viel bedeutet. Jetzt sitzt er in seiner Garderobe und steigert sich gerade in einen hysterischen Anfall."

„Ich komme."

Vincent kochte vor Wut. Was waren das nur für dämliche Eifersüchteleien unter den Filmleuten? Da der Zorn in ihm brannte, bat er Bruno, ihn abzuholen, auch wenn er dadurch etwas länger brauchte, um bei Marc zu sein. Aber in diesem Zustand wollte er sich ungern selbst ans Steuer setzen.

Im Studio redete er erst einmal mit dem Regisseur. Sie kamen überein, dass heute die Szenen gedreht wurden, bei denen Marc nicht gebraucht wurde. Morgen würde er dann wieder pünktlich im Studio antreten. Danach sammelte Vincent sein dünnes Häufchen Elend ein und fuhr mit ihm in die Villa.

„Wir genehmigen uns jetzt ein Sprudelbad und danach kochen wir uns etwas Schönes zu essen“, bestimmte Vincent.

Passiv ließ Marc sich entkleiden und in das Bad schieben. Er war völlig fertig mit den Nerven.

Vincent drehte den Wasserhahn der Wanne auf. Während sie warteten, bis das Wasser eingelaufen war, wiegte Vincent seinen Geliebten tröstend im Arm.

Das heiße, duftende Wasser entspannte nicht nur Marc, auch Vincents Zorn über den geschmacklosen Streich wurde fortgespült. Nachdem Vincent ihm mit einem Schwamm über das Gesicht gerubbelt hatte, um die Tränenspuren fortzuwischen, lächelte Marc matt.

„Na also, geht doch schon wieder.“

„Ich benehme mich total idiotisch, oder?“

„Glaub nicht, dass ich dir jetzt widerspreche“, entgegnete Vincent mit sanfter Ironie. „Ich besitze noch mehr Strickjacken.“

„Aber diese war eine ganz besondere.“

„Katerchen, das ist doch nur eine Frage der Definition. Wir können den speziellen Zauber auch in andere Jacken übertragen.“

„Glaubst du?“

„Na klar. Wir erfinden einfach unsere eigene Zeremonie dafür.“

Marc lächelte zufrieden. Sein Gesichtsausdruck wandelte sich und nahm einen sinnlichen Ausdruck an. Geschmeidig setzte er sich mit gespreizten Beinen auf Vincents Schoß.

„Jetzt willst du wohl auf eine ganz besondere Art getröstet werden, was?“, amüsierte sich Vincent, froh darüber, dass dieser leere Ausdruck aus Marcs Gesicht verschwunden war.

„Oh ja!“, schnurrte Marc und rieb mit seinem Hintern an Vincents Glied, bis dieses reagierte.

Obwohl Marc an einer Essstörung litt, kochte er auch weiterhin leidenschaftlich gern. Er wollte nur das, was er kochte, nicht essen. Aber Vincent ließ sich auf keine Diskussion ein.

Nach ihrer Kochsession zog er ihn auf den Schoß und fütterte ihn. Dazu gab es ein Glas Wein, das mit Wasser verdünnt war, weil Marc der Alkohol immer sofort zu Kopf stieg, seit er so stark an Gewicht verloren hatte. Sie ließen es sich gut gehen, und Marc schien das Essen sogar genießen zu können. Um seinen Leib hatte er die neue Strickjacke geschlungen.

„Na, spürst du schon ihren Zauber?", fragte Vincent und zwinkerte ihm aufmunternd zu.

„Ja!", hauchte Marc und ließ sich einen weiteren Bissen zartes Filetsteak in den Mund schieben."

„Willst du nicht vielleicht doch einmal mit einem Psychologen reden, ganz unverbindlich?"

Marc versteifte sich in Vincents Armen. „Ich bin NICHT krank."

„Schon gut, Katerchen, entspann dich!"

„Außerdem besprichst du dich doch regelmäßig mit deinem Bruder Michael. Glaubst du, ich bemerke das nicht? Ist schon okay. Dieses Powergel, das du auf seinen Ratschlag hin gekauft hast, und das Tom mir regelmäßig in die Hand drückt, schmeckt sogar recht gut. Es erinnert mich an meine Kindheit, als Jamie und ich für ein paar Cent dieses Wassereis gekauft haben und es direkt aus der Umhüllung nuckelten."

„Ach, das gab es zu deiner Zeit auch noch?"

„Klar, alter Mann!"

„Werd` nicht frech!"

Marc lachte fröhlich auf und der Abend wurde noch richtig schön.

♫♫♫

Tom machte sich Vorwürfe. Er hätte besser aufpassen müssen, denn natürlich ahnte er, wer Marcs Lieblingsjacke zerschnitten hatte, Kevin Janson. Nachweisen ließ sich ihm die Geschichte allerdings nicht. Kevin hatte Marc von Anfang an zugesetzt. Was auch immer sein Problem war, offensichtlich konnte er seinen weitaus erfolgreicheren Kollegen nicht ausstehen.

Kevin war es auch, der Marc immer höhnisch *‚Dickerchen'* nannte, obwohl jener mittlerweile stark untergewichtig war. Marc tat so, als mache ihm das nichts aus, doch die Wirklichkeit sah anders aus. Als der Regisseur Kevin so mit dem Hauptdarsteller reden hörte, fuhr er ihn an: „Red' nicht so einen Schwachsinn!

Wenn Angel noch dünner wird, kann er sich hinter einer Straßenlaterne verstecken."

Kurze Zeit später erging an alle Mitglieder des Teams die Anweisung, Angel um Gottes Willen nicht auf sein Gewicht anzusprechen. Nun wurden also auch schon andere auf seinen schlechten Zustand aufmerksam. Eigentlich sollte Marc von dem Mailing nichts mitbekommen, aber der Assistent, der die Serienmail losschickte, war zu dämlich, um Marcs E-Mail-Adresse aus dem Verteiler zu nehmen. Marc hielt den wutschnaubenden Vincent davon ab, zur Ifford zu rennen und eine Entlassung des Mannes zu fordern, denn Marc fand den etwas ungeschickten Kerl nett und wollte nicht die Ursache dafür sein, dass jemand seine Arbeit verlor. Im Büro war den Mann allerdings fehl am Platz. Auch ohne Vincents Einmischung wurde er von seinem Chef zu den Gärtnern des Studios strafversetzt. Immerhin behielt er seine Arbeit und wenn Marc ihn gelegentlich sah, wirkte er zufriedener als vorher.

Der Regisseur wies Marc eines Tages an, mit in den Vorführraum zu kommen, damit er sich die Kontaktabzüge des Vortages anschaute, obwohl er es den Schauspielern normalerweise freistellte, ob sie kommen wollten oder nicht. Und Marc gehörte zu denjenigen, die sich nie blicken ließen, weil er sich komisch fühlte, Angel auf der Leinwand zu sehen. Irgendwie war er sich selbst immer so fremd.

Ergeben ließ er die Vorführung über sich ergehen. Dieser Schauspieler im Film war eindeutig zu dünn. Er spielte, sang und tanzte großartig, aber er war zu dünn. Dabei machte einen die Kamera doch dicker.

Marc sah nun mit eigenen Augen, dass Angel eigentlich nur noch ein Schatten war. Leider konnte er dieses Wissen nicht richtig umsetzen, denn er fand Marc, sich selbst also, immer noch zu dick. Angel war nur eine Bühnenfigur.

Tief in sich wusste er natürlich, dass Realperson und Kunstfigur nicht voneinander zu trennen waren. Und um Angel etwas zu stärken, nahm er freiwillig eine weitere Mahlzeit in seinen schwer von Vincent erkämpften Ernährungsplan mit auf. Er aß zu dem Cappuccino, den er sich vormittags im Studio gönnte, einen Keks.

Es war zwar nur ein kleiner Keks, aber immerhin einer, der sogar Schokokrümel in sich trug. Den mopste er sich immer aus der Tasche der pummeligen Visagistin, wenn sie ihn schminkte.

♫♫♫

Ein Anruf zitierte Tom in die Hauptverwaltung. Was die wohl von ihm wollten? Er warf noch einen Blick zu Marc, der gerade mit seiner Partnerin eine Tanzszene probte, und ging. Da der Weg zum Verwaltungsgebäude ziemlich weit war, nahm er den Wagen und meldete sich wie befohlen am Empfang.

„Tom Zaine, der Betreuer von Angel."

„Miss Bach erwartet Sie schon, dritter Stock."

Tom nahm die Treppe, weil er sowieso zu wenig Bewegung bekam. Die Tür zu Annes Büroräumen stand offen.

„Treten Sie gleich durch", sagte ein junger, gut aussehender Sekretär.

In ihrem Büro stand Anne von ihrem Schreibtischstuhl auf und kam Tom entgegen. Ihr Gesicht war blass und sie wirkte betroffen, als sei etwas Schreckliches passiert. „Wir sind uns noch nicht vorgestellt worden, Mister Zaine. Ich bin Anne Bach, eine der Juristinnen der Ifford. Ich habe schon viel Gutes von Ihnen gehört."

„Danke!", entgegnete Tom und schüttelte die ihm dargebotene gepflegte Hand höflich.

Anne zeigte auf eine Sitzecke. „Setzen wir uns."

Als dies geschehen war, sagte sie: „Ich weiß gar nicht, wie ich anfangen soll, ich sage es am besten frei heraus. Vincent Gable ist angeschossen worden, es kam gerade in den Nachrichten. Alle Sender berichten darüber."

„Mein Gott", keuchte Tom und als er sich wieder etwas gefasst hatte, fragte er mit heiserer Stimme: „Wie ist das passiert?"

„Es war im Gerichtsgebäude. Ein von der Justiz enttäuschter Bürger hat dort eine Waffe eingeschmuggelt und wahllos auf Personen geschossen. Anscheinend war Vincent zur falschen Zeit am falschen Ort."

„Wie geht es ihm? Ist er schwer verletzt?", wollte Tom wissen. Er konnte es noch immer nicht glauben.

„Im Moment liegt er auf der Intensivstation. Er wurde am Oberschenkel getroffen und hat viel Blut verloren", erklärte Anne. Auch ihr merkte man den Schock deutlich an.

„Wie soll ich das nur Marc beibringen?", murmelte Tom leise, mehr zu sich selbst.

„Ich weiß, dass Vincent und Marc sehr gute Freunde sind", sagte Anne. „Gerade habe ich ein paar Sicherheitsleute von Ifford ins Krankenhaus geschickt, die den Zugang der Presse zu Vincent eindämmen sollen. Die Polizei kann die Hilfe bestimmt gut gebrauchen."

„Aber mit welcher Begründung?"

„Mr. Gable ist ein geschätzter Vertragspartner von Ifford", sagte die Anwältin mit einem Schulterzucken. „Gleich wenn Sie weg sind, werde ich den Regisseur anweisen, die Dreharbeiten zu unterbrechen beziehungsweise ohne Angel fortzusetzen. Geben Sie mir eine Stunde Zeit, damit ich die Krankenhausführung kontaktieren kann, um sie auf Marcs Besuch vorzubereiten. Schleusen Sie Ihren Schützling wenn möglich unauffällig dort ein."

„Ich werde es versuchen. Wird vielleicht etwas schwierig, wenn so viel Presse da ist."

„Ich weiß, Sie tun Ihr Bestes", verabschiedete Anne den Betreuer.

Als Tom ins Studio zurückkehrte, stand das Team schon zusammen und diskutierte, was nun schon wieder los war. Marc wusste es auch nicht und rätselte gemeinsam mit den anderen. Sein Betreuer lotste ihn in die Garderobe und schloss hinter ihnen ab. Marc musste sich auf seine Couch setzen, was er ziemlich merkwürdig fand.

„Vincent ist im Gerichtsgebäude angeschossen worden", berichtete Tom und versuchte, möglichst sachlich zu klingen.

Marc verlor augenblicklich alle Farbe. „Nein!", hauchte er. „Nein, nein, nein!" Er begann, sich wie ein kleines Kind hin und her zu wiegen.

Tom hielt ihn an der Schulter fest. „Klapp mir jetzt nicht zusammen Junge, reiß dich zusammen! Wie soll ich dich ins Krankenhaus schmuggeln, wenn du jetzt einen hysterischen Anfall bekommst?"

Marc starrte ihn mit glasigen Augen an, als verstünde er nicht. Dann aber klarte sich sein Blick und er nickte. Er sprang auf: „Gehen wir!"

„Noch nicht, Anne muss noch Einiges organisieren, bevor wir losfahren können."

„Ich kann hier aber nicht untätig herumsitzen." Noch immer war er kreidebleich, aber in seinem Gesicht stand wilde Entschlossenheit.

„Dann fahre ich dich erst einmal in die Villa, dort kannst du mit deinen Eltern telefonieren, solange du warten musst."

Marc wurde mit dem Lastenfahrstuhl in das Krankenhaus eingeschleust. Auf einem ruhigen Flur wurde er von dem Verwaltungsdirektor persönlich begrüßt, der ihm und Tom grüne Krankenhauskleidung und Mundschutze überreichte. Marc raffte seine Haare mit einem Haargummi zusammen und versteckte sie unter seinem T-Shirt. Danach schlüpfte er wie Tom in die Medizinersachen und band sich den Mundschutz um.

So gewandet erreichten sie unerkannt die Intensivstation, auf der Vincent und zwei weitere Opfer der Schießerei nach ihren Operationen betreut wurden. Vincent war am rechten Oberschenkel getroffen worden und hatte sehr viel Blut verloren, weil eine Arterie verletzt worden war. Trotz des Blutverlusts standen seine Chancen gut. Er war noch betäubt. Auf seiner Brust klebte ein Pad, welches durch ein Kabel mit einem regelmäßig piependen Überwachungsgerät verbunden war und auf seinem linken Handrücken saß eine Kanüle, die Vincent mit irgendwelchen Flüssigkeiten versorgte.

Eine Krankenschwester holte Marc einen Stuhl, damit er sich zu Vincent ans Bett setzen konnte.

„Vince, Vince, Vince", flüsterte er und berührte vorsichtig dessen Finger. Er rührte sich eine kleine Ewigkeit nicht und starrte in Vincents blasses Gesicht, als könne er ihn dadurch beschwören zu erwachen. Endlich regte sich Vince. Er machte die Augen auf, was ihm ungeheure Mühe bereitete, und murmelte etwas. Eine Krankenschwester trat hinzu, sie sah zufrieden aus.

„Hören Sie mich, Mr. Gable?"

Vincent nickte schwach.

„Sie wurden angeschossen und mussten deshalb operiert werden. Aber keine Angst, wir kriegen Sie schon wieder hin. An Ihrem Bett sitzt lieber Besuch, Ihr Bekannter Marc. Schlafen Sie ruhig wieder ein, wir passen auf Sie auf."

Die Schwester sprühte Vincent noch etwas Wasser auf die Lippen, dann ging sie wieder.

„Kater!", wisperte Vincent heiser.

„Ich bin hier." Marc nahm den Mundschutz ab und beugte sich über ihn, damit sein Liebhaber ihn erkennen konnte. „Ich liebe dich."

Vincent bewegte seine Lippen und Marc meinte daraus ein *‚ich dich auch'* lesen zu können. Schon fielen ihm wieder die Augen zu. Marc drückte ihm einen Kuss auf die Wange. Er setzte sich zurück auf seinen Stuhl und fiel in seine alte Starre zurück. Wie lange er dort saß, wusste Marc nicht. Er zuckte hoch, als sich eine Hand sanft auf seine Schulter legte. Eine stämmige, grauhaarige Frau sagte zu ihm: „Junge, du musst etwas essen und trinken, sonst fällst du noch um, so dünn, wie du bist."

„Wer sind Sie?", fragte Marc irritiert.

„Mein Name ist Betty Wayne. Mein Mann John ist Wachmann im Gerichtsgebäude. Er wurde ebenfalls angeschossen." Die Frau zeigte auf den Patienten, der ein Bett neben Vincent lag."

„Ihr Mann heißt John Wayne?", fragte Marc verblüfft.

„Witzig, was?"

„Tut mir leid, das mit Ihrem Mann."

„Ach was, mein John ist ein zäher Knochen, der schafft das schon. Aber du siehst so aus, als würdest du gleich zusammenklappen."

„Ich kann im Moment nichts essen", behauptete Marc.

„Wir gehen jetzt gemeinsam zum Automaten und schauen, was wir Schönes finden", bestimmte Betty, ohne Marcs Einwand zu beachten.

„Aber ...!"

„Keine Widerrede, junger Mann. Betty ist stärker und älter als du."

„Draußen sind aber Presseleute", beharrte Marc.

„Die sind von einer Horde Polizisten und privater Wachmänner vergrault worden. Du musst nicht fürchten, dass sie dich am Krankenbett deines Liebsten erwischen."

Marc sah sie misstrauisch an. „Sie wissen, wer ich bin?"

„Klar! Du bist Angel. Ich schaue beim Bügeln immer MTV". Betty lächelte hintergründig. „Deine Beziehung zu dieser Sängerin, Giny, ist nur ein Werbegag, was?"

„Ist mir egal, was die Presse sagt. Ich lasse Vince jetzt nicht im Stich", grummelte Marc.

„Bettys Lippen sind versiegelt", sagte die Frau. Sie zog Marc von seinem Stuhl und schleifte ihn regelrecht mit sich.

Vor der Intensivstation wartete Tom. Als er sah, wie eine burschikose, ältere Frau seinen Schützling zu einem Automaten zerrte und ihm ein Sandwich und einen Automaten-Cappuccino aufdrängte, mischte er sich nicht ein. Marc aß und trank wie betäubt, ohne nachzudenken.

„Wir beide werden jetzt nach Hause fahren und uns etwas Schlaf gönnen", bestimmte Betty resolut. „Vielleicht können wir uns ein Taxi teilen?"

„Tom fährt mich", meinte Marc und zeigte vage in Richtung seines Betreuers. „Wenn Sie wollen, können wir Sie mitnehmen."

„Na das ist doch was, von einem Popstar nach Hause gefahren zu werden", sagte Betty und nahm das Angebot gut gelaunt an.

Es war gerade drei Uhr nachts vorbei, als Tom seinen Schützling zu Hause absetzte. Die Villa war hell erleuchtet. Tom fragte, ob er noch mit reinkommen sollte.

„Das wird meine Familie sein", lehnte Marc ab. „Ich bin also in guten Händen. Fahr nur nach Hause, deine Frau wartet bestimmt schon auf dich."

„Schon gut, ich habe ihr eine SMS geschickt", sagte Tom. Er wartete im Auto, bis Marc an der Eingangstür von seiner Mutter in Empfang genommen wurde.

„Marc, du siehst furchtbar aus. Und dünn bist du auch, ich mache dir gleich etwas zu essen", meinte Eve, zog ihren Sohn in die Küche und nötigte ihn auf einen Stuhl. Etwa ein Dutzend Katzen wuselten um die beiden herum.

„Wo kommen denn die Katzen her?", wunderte sich Marc.

„Wir sind alle hier, dein Vater, deine Schwester, die Zwillinge und alle 23 Katzen. Die anderen schlafen aber schon."

„Wie viele Tragekörbe hast du denn für all die Katzen gebraucht?"

„Acht, in jedem habe ich drei untergebracht. Wir haben uns einen Bus nebst Fahrer gemietet, damit die ganze Familie reinpasst." Eve lächelte.

„Aber warum all dieser Aufwand?"

„Du hast bei deinem Anruf so verzweifelt geklungen und da dachte ich, es sei das Beste, wenn wir alle kommen."

Marc wollte aufstehen. „Mom, ich bin sehr müde und will einfach nur ins Bett. Ich habe keinen Hunger."

„Ich lasse dich nicht ins Bett, bevor du nicht dieses leckere Eiersandwich gegessen und den Orangensaft getrunken hast", meinte Eve und stellte ihrem Sohn einen Teller und ein Glas vor die Nase. Marc war zu schwach, sich zu wehren. So aß und trank er ohne Widerrede.

„Seid ihr denn gut untergekommen, hat Bruno sich um euch gekümmert?", fragte Marc nach einem herzhaften Gähnen.

„Aber ja! Dein Vater und ich schlafen im Gästezimmer im Erdgeschoss, das du extra für uns eingerichtet hast, deine Geschwister haben sich die Zimmer im ersten Stock genommen, und die Katzen suchen sich ihre Schlafplätze selbst. Bruno war ganz schön geschockt, als plötzlich 23 Katzen im Haus herumgelaufen sind. Aber ich glaube, er hat sich schon an sie gewöhnt. Er hat mir sogar beim Aufstellen der Katzentoiletten geholfen."

Marc grinste matt bei der Vorstellung. „Ich würde gerne ins Bett gehen."

„Spät genug ist es. Wie geht es Vincent?"

„Er wurde am Bein getroffen und liegt noch auf der Intensivstation. Zum Glück ist er außer Lebensgefahr."

Eve begleitete ihren Sohn noch bis zu seiner Schlafzimmertür.

„Ich schaffe das allein, Mom."

„Wie du willst." Eve drückte ihren Sohn und gab ihm einen Kuss auf die Wange. Dann ging sie. Auf seinem Bett fand Marc einen kuscheligen Stapel aus fünf Katzen. Die Tiere hatten nicht lange gebraucht, um sich einzugewöhnen. Anders, als andere Katzenrassen, waren Siams eher menschenbezogen und nicht so sehr an einen bestimmten Ort gebunden. Wo sich ihre Menschen aufhielten, waren auch sie zufrieden.

Marc zog sich aus und legte sich auf Vincents Bettseite, seine war ohnehin von den Katzen belegt, und schmiegte seinen Kopf in das nach seinem Liebhaber duftende Kissen. Plötzlich kamen ihm die Tränen, die er den ganzen Tag unterdrückt hatte. Eine der Katzen, eine hübsche dunkelbraune, erhob sich aus dem Haufen ihrer Kameraden und ließ sich schnurrend auf dem Kissen ihres menschlichen Bettgenossen nieder. Dort putzte sie sich eine Weile, bevor sie ihre Nase unter eine Pfote schob und weiterschlief. Marc heulte noch eine Weile in ihr samtiges Fell, was sie großzügig duldete, und schlief dann auch ein.

♫♫♫

Auf Betreiben Anne Bachs gönnte Ifford Marc einen weiteren drehfreien Tag. Als er am Vormittag ins Krankenhaus kam, war Vincent von der Intensivstation schon in ein Privatzimmer verlegt worden. Er blickte seinem Besucher wach entgegen. Freudestrahlend drückte Marc seinem Liebhaber einen Kuss auf die Lippen, und es war ihm egal, wer ihn dabei beobachtete.

„Katerchen!", begrüßte ihn Vincent mit heiserer Stimme. Sein Hals war noch immer rau vom Beatmungsschlauch, der dort während der Operation gesteckt hatte.

„Meine Eltern und Geschwister lassen dir liebe Grüße ausrichten, und Jamie sendet dir viele tausend Küsse. Ich habe ihn heute benachrichtigt. Er wird den nächstmöglichen Flieger nehmen."

„Doch nicht wegen mir."

„Natürlich wegen dir! Jamie liebt dich."

„Wer wird jetzt nur dafür sorgen, dass du genug isst?", fragte Vincent und betrachtete Marc nachdenklich.

„Meine Mutter natürlich. Sie hat mir heute am Morgen ein reichhaltiges Frühstück gemacht. Ich habe alles gegessen, was sie mir vorgesetzt hat, und ich habe es auch bei mir behalten, großes Ehrenwort."

„Deine Mutter ist hier?"

„Alle sind hier! Meine Mutter, mein Vater, meine Brüder, meine Schwester und alle 23 Katzen."

Vincent lachte, soweit er in seinem geschwächten Zustand fähig war zu lachen.

Marc zog einen Stuhl ans Bett, setzte sich darauf und nahm Vincents Hand in die seine.

„Es wird alles wieder gut", versprach Vincent.

„Soll ich dir etwas zu trinken oder zu essen holen?"

„Im Augenblick nicht. Ich bin ziemlich müde."

„Schlaf nur! Ich sitze hier und halte deine Hand."

„Versprich mir, genug zu essen und zu trinken, Katerchen."

„Ich verspreche es", meinte Marc, und er meinte es ernst. Sein Liebster sollte sich während der Rekonvaleszenz nicht noch Sorgen um ihn machen müssen.

Vincent fielen die Augen zu. Marc blieb einfach am Bett sitzen und beobachtete ihn beim Schlafen. Bis Maria Gable ins Zimmer rauschte und irritiert fragte:

„Marc, was willst du denn hier?" Ihr missbilligender Blick fiel auf dessen Hand, die noch immer auf der Hand ihres Sohnes lag.

Marc erhob sich von seinem Stuhl. „Guten Tag, Maria, wann sind Sie angekommen?"

„Ich komme gerade erst vom Flughafen. Mein Mann und meine Tochter Gina haben mich begleitet. Aber wir sollen nicht alle auf einmal zu Vincent rein. So bin ich als erste gegangen."

Mrs. Gable zog ihre Aufmerksamkeit von Marc ab und wandte sich ihrem Sohn zu. Sie setzte sich auf den Stuhl, den Marc gerade erst verlassen hatte, und betete einen Rosenkranz. Marc kam sich überflüssig vor. Also verließ er das Zimmer. Im Flur begrüßte er Frank senior und Gina.

„Es ist nett, dass du unseren Sohn besucht hast, Marc, aber du kannst ruhig wieder gehen. Wie ich hörte, steckst du gerade in Dreharbeiten. Wir kümmern uns jetzt um Vincent", beschied ihm Frank mit einem höflichen Lächeln.

Darauf wusste Marc nichts zu erwidern. Also ging er. Weggeschickt, einfach weggeschickt hatten sie ihn. Er konnte es nicht glauben. Wie betäubt schritt Marc durch die Flure des Krankenhauses und achtete nicht auf die zahlreichen Blicke, die ihm überall zugeworfen wurden. Sein Betreuer Tom hatte nicht so schnell mit seinem Aufbruch gerechnet und war deshalb in die Kantine des Krankenhauses gegangen, weil es hieß, dort gäbe es besseren Kaffee.

Am Eingang des Krankenhauses traf Marc auf Betty Wayne. Erfreut grüßte sie ihn. Er nickte ihr mit glasigen Augen zu.

„Was ist denn, Junge?“, fragte sie gleich besorgt.

„Weggeschickt haben sie mich, einfach weggeschickt“, murmelte Marc.

„Wer denn?“

„Die Eltern von Vince!“

„Na so was. Es ist eine Schande, wie altmodisch manche Leute sein können. Komm erst Mal mit zu meinem John. Der wird sich bestimmt freuen, wenn ein Popstar ihn besucht.“ Betty hakte Marc unter und schleifte ihn wieder auf die Station. Ihr Mann war weniger komfortabel untergebracht als Vincent, lag aber allein in seinem Zimmer, wahrscheinlich ein Zugeständnis an seinen momentanen prominenten Status, da er in einem öffentlichen Gebäude angeschossen worden war und sich die Presse brennend für die Opfer dieses Vorfalls interessierte.

Mr. Wayne war über alle Maßen erstaunt von seinem Starbesuch. Seine Frau erklärte ihm daraufhin, dass Marc mit einem der anderen Opfer der Schießerei gut befreundet war, mit einem Anwalt.

Der Junge plauderte eine Weile mit den Waynes, ließ sich etwas von Bettys Kuchen aufdrängen, den diese für ihren Mann mitgebracht hatte, und versprach, bei seinem nächsten Besuch im Krankenhaus Autogramme für die Kinder und Enkel der Waynes mitzubringen. Bettys Wärme und ihre Natürlichkeit taten ihm gut.

Endlich fand ihn Tom. Er machte ein vorwurfsvolles Gesicht, weil er so lange hatte suchen müssen, sagte aber nichts. Marc verabschiedete sich höflich von den netten Waynes und ließ sich nach Hause zurückfahren. Dort heulte er den Rest des Tages, und niemand konnte ihn beruhigen.

Neun

Die Dreharbeiten mussten weitergehen, und Marc riss sich zusammen. Er sah übernächtigt aus, aber die Visagistin überschminkte alle dunklen Schatten. Da er sich seinen Keks nicht wie sonst aus der Tasche nahm, griff sie ihn kurzerhand selbst aus der Packung und schob ihn Marc in den Mund.

„Mmpf!", machte jener ein überraschtes Geräusch.

„Damit du nicht noch dünner wirst."

Marc zerkaute brav den Keks, schluckte ihn herunter und spülte wie immer mit seinem Cappuccino nach. Auch wenn er derzeit von Vincent abgeschnitten war, wollte er ihn keinesfalls enttäuschen. Marc wusste, er musste sein Gewicht mindestens halten, um sein gegebenes Versprechen einhalten zu können.

Er quälte sich durch die Dreharbeiten. Erstaunlicherweise gab er an diesem Tag mehrere Glanzleistungen ab, die den eher trockenen Regisseur in Entzücken versetzten. Endlich war Feierabend. Nachdem Marc sich abgeschminkt und in seiner Garderobe geduscht hatte, kam Tom und erklärte ihm, dass Bruno mit der Limousine vorgefahren war. Darauf konnte sich Marc keinen Reim machen. Weshalb fuhr Tom ihn nicht wie jeden Tag mit dem schnittigen Sportwagen nach Hause zurück? Als er in den Fond der Limousine stieg, schrie er begeistert auf. Dort saß Jamie und strahlte ihn an. Marc stürzte sich in dessen Arme und ließ sich ausgiebig streicheln und küssen. Zum Glück hatte die Limousine abgedunkelte Scheiben.

„Du bist furchtbar dünn", bemerkte Jamie schließlich mit betroffener Miene.

„Bin ich nicht."

„Bist du doch!"

„Wir sprechen später darüber", wich Marc aus.

Jamie runzelte die Stirn, sagte aber: „Na gut, besuchen wir jetzt erst einmal Vincent."

„Ich weiß nicht, ob das geht." Marcs Gesicht verdunkelte sich, er sah schrecklich erschöpft aus.

„Warum denn nicht?", wunderte sich Jamie.

„Vincents Familie ist da. Seine Eltern wissen nicht, dass er schwul ist. Als sie mich gestern Vormittag bei ihm gesehen haben, sind sie schon misstrauisch geworden.“

„Ich will aber zu Vince!“, empörte sich Jamie.

Marc lächelte matt. „Wir können es versuchen.“

Bewaffnet mit einem Blumenstrauß und Leckereien aus einem Gourmetrestaurant meldeten sich Marc und Jamie ganz offiziell am Empfang der Abteilung, schließlich waren sie beide Mandanten von Vincent Gable. Deshalb mussten sie sich auch nicht verstecken, wenn sie ihm einen Höflichkeitsbesuch abstatten wollten. Die diensthabende Schwester winkte sie durch.

„Da sind Sie ja wieder, Mr. Stone. Ihr Freund hat Sie schon vermisst“, sagte sie leise, damit die herumlungernden Pressevertreter nichts davon mitbekamen.

Marc lächelte sie an, so, als könnte er sich daran erinnern, dass er sie schon einmal gesehen haben musste, auch wenn das nicht der Fall war. „Denken Sie an die Autogramme?“, rief sie ihm hinterher.

„Selbstverständlich!“

Dieses Mal saß Vincents ältester Bruder Frank an seinem Bett.

„Marc, komm rein!“, sagte Frank lächelnd. „Vince hat sich ganz schön aufgeregt und unseren Eltern die Hölle heiß gemacht, als er erfahren hat, dass sie dich weggeschickt haben. Jetzt schläft er.“

Marc nickte. „Das ist Jamie, mein Cousin, Frank Gable, ein Bruder von Vince.“

„Der älteste“, vervollständigte Frank, schüttelte Jamie höflich die Hand und nahm ihm den Blumenstrauß ab. „Gut, ihr habt gleich eine Vase mitgebracht. Die Station hat bald keine Vasen mehr. Vince hat ungeheuer viele Blumensträuße und Genesungskarten bekommen. Wir mussten schon anfangen, die Blumen in die Zimmer von anderen Patienten zu stellen. Ich werde Wasser holen gehen.“

Franks Rückzug gab Marc und Jamie die Gelegenheit, Vincent zur Begrüßung zu küssen. Er erwachte und lächelte. „Hallo, ihr Süßen!“

„Hallo Vince!“, sagten sie wie aus einem Mund.

„Es tut mir leid, dass meine Eltern dich verscheucht haben, Katerchen. Ich habe ihnen erklärt, dass wir eng miteinander befreundet sind. Jetzt kannst du mich jederzeit besuchen."

„Dann hast du nicht erzählt, dass wir zusammen sind?"

„Nicht direkt, aber meine Eltern wohnen in meiner Wohnung, und meine Mutter hat mich schon gefragt, was all die Kleidungsstücke in meinem Schrank zu suchen haben, die mir viel zu klein sind und auch vom Stil her nicht zu mir passen würden."

„Meine Klamotten!" Marc grinste. „Was hast du geantwortet?"

„Dass sie in meinem Schrank nichts zu suchen hatte. Und wenn sie beim Herumschnüffeln etwas findet, was nicht in ihr Weltbild passt, sei das ihre Sache."

„Das ist fast so, als hättest du es ihr gesagt", freute sich Marc. Seine blauen Augen funkelten.

„Engel, du hättest doch wegen mir nicht extra aus Europa kommen müssen", wandte sich Vincent an Jamie.

„Ich bin so schnell gekommen, wie ich konnte", entgegnete Jamie und gab Vincent einen weiteren Kuss. Seine Zunge mogelte sich in Vincents Mund.

In diesem Augenblick kam Frank mit dem Blumenstrauß zurück. Verblüffung zeigte sich auf seinen Zügen, aber er sagte nichts. Schnell zog sich Jamie zurück. Seine Wangen erröteten sanft.

„So, ich stelle euren Strauß gleich hier hin. Dann hat Vince ihn gut im Blick."

Frank stellte den Strauß auf den Nachttisch und ging wieder.

„Diesen unterbrochenen Kuss will ich noch in Ruhe zu Ende genießen", meinte Vincent zu Jamie, dessen Wangen daraufhin noch eine Nuance dunkler wurden. Dennoch beugte er sich wieder zu seinem Liebhaber. Diesmal störte niemand ihren ausgiebigen Kuss. Und da Marc nicht zurückstehen wollte, küsste er Vincent danach mindestens genauso intensiv.

Jamie trug einen zweiten Stuhl zum Krankenbett und setzte sich darauf. Nun saßen er und Marc sich gegenüber.

„Wie ergeht es dir in Spanien?", erkundigte sich Vincent und setzte sich ein wenig aufrechter hin.

Mit einem strahlenden Lächeln begann Jamie zu erzählen.

Die Jungen blieben zwei Stunden, dann schickte Vincent sie nach Hause. Marc musste für die Dreharbeiten ausgeruht sein, und Jamie saß der Flug noch in den Knochen. Nachdem sie gegangen waren, schaute Frank nach seinem Bruder.

„Alles in Ordnung?"

„Sicher! Und du solltest jetzt auch gehen. Vielleicht kannst du dir noch das Nachtleben von LA anschauen, bevor du dich in meiner Wohnung schlafen legst."

„Also wirklich! Ich bin nicht hierher gereist, um mich zu vergnügen, sondern um meinem kleinen Bruder beizustehen. Außerdem hat Mutter generalstabsmäßig geplant, wer von uns Geschwistern wann nach LA reist, um an deinem Krankenbett zu wachen."

Vincent lachte. „Das sieht ihr ähnlich."

Frank räusperte sich, bevor er sagte: „Irgendwie komme ich bei deinem Leben nicht mehr mit. Ich meine ..., du hast schon immer dein eigenes Ding durchgezogen. ... Ich dachte, Marc sei dein ... ähem ... Bekannter. Und dann sah ich ... Du weißt schon."

„Wie Jamie mich geküsst hat", half Vincent seinem Bruder.

Frank nickte.

„Dein kleiner Bruder hat eben eine lockere Moral", scherzte Vincent.

„Das glaube ich dir nicht", entgegnete Frank. „Du warst von uns Geschwistern immer derjenige, mit dem ausgeprägtesten Gerechtigkeitsempfinden. Deshalb hast du auch Jura studiert."

„Juristen glauben nicht mehr an die Gerechtigkeit, ist 'ne Berufskrankheit."

„Na ich bin mir sicher, du bist einer von den Juristen, die dafür sorgen, dass Gerechtigkeit und Moral in der Justiz nicht völlig untergehen."

„Du vergisst wohl, in welchem Fachgebiet ich praktiziere. Das Film- und Musikgeschäft ist ein Sumpf."

„Ja, und du reichst deinen Mandanten deine starke Hand, um sie aus diesem Sumpf zu ziehen."

Vincent lächelte. „Was für romantische Vorstellungen du doch hegst, Franky. Dabei bist du mittlerweile neunundvierzig, also ein gestandener Mann."

„Möchtest du von dem Essen, was deine beiden Freunde dir mitgebracht haben, oder kann ich es nehmen? Ich habe ganz schön Hunger."

„Wir können es uns teilen."

Frank nahm die Plastikschüsseln aus der Tüte, während Vincent die Platte an seinem Nachttisch aufklappte. Nachdem alle Schüsseln darauf verteilt waren und Frank Besteck organisiert hatte, genossen die Brüder die Leckerein.

„Weißt du, was mich an diesem Vorfall am meisten stört?", fragte Vincent und schob sich ein Stück Filetsteak in den Mund.

„Was denn?"

„Mein Privatleben wird so nach und nach in kleinen Stückchen der Familie preisgegeben."

Frank lachte wie nach einem guten Witz. „Nur, weil du niemals mit uns Geschwistern über deine Homosexualität gesprochen hast, heißt das nicht, wir hätten nicht davon gewusst oder es zumindest geahnt. Marc und Jamie sind für mich nur die Bestätigung einer ziemlich sicheren Vermutung, die ich schon lange hatte. Und den anderen wird es bestimmt genauso wie mir gehen."

„Na du nimmst es ziemlich locker auf."

„Früher hatte ich etwas gegen Homosexuelle", sagte Frank nachdenklich. „Es war mir peinlich, dass mein kleiner Bruder zu denen gehörte. Und ich hatte Angst, du holst dir diese schreckliche Krankheit, Aids. Aber dann ist Antonio daran gestorben, dabei war er gar nicht schwul. Du hast es wahrscheinlich immer mit Kondomen gemacht, im Gegensatz zu Tonio."

„Du weißt, dass Tonio an Aids gestorben ist?", fragte Vincent verblüfft.

Frank nickte. „Ich war ganz schön beleidigt, weil Michael und du so ein Geheimnis daraus gemacht und mich nicht eingeweiht habt."

„Antonio wollte es so."

„Aber ich bin der älteste von uns Brüdern, ihr hättet es mir sagen müssen."

„Wie hast du es erfahren?", lenkte Vincent Frank von dessen Ärger ab.

„Einmal vergaß Michael die Krankenakte auf Antonios Bett. Tonio schlief fest. Also schaute ich rein. Ich dacht mir nichts Böses dabei, war nur neugierig."

„Wir haben es wegen unserer Mutter verheimlicht."

Frank seufzte. „Sie hätte uns besser aufklären müssen."

„Als wir aufwuchsen, war Aids doch noch gar nicht bekannt. Die ersten Safer-Sex-Plakate habe ich in meiner Studentenzeit gesehen."

„Trotzdem! Mutter hat immer gewettert, Kondome seien vom Teufel geschickt, um die Menschen zu verderben. Dabei hätten diese Dinger Tonios Leben retten können. Und mein Leben wäre dann vielleicht auch anders verlaufen. Ich hätte Mario nicht gezeugt und hätte Silvia nicht heiraten müssen."

„Bist du nicht glücklich in deiner Ehe?" Besorgt musterte Vincent seinen Bruder.

„Es gab gute und schlechte Zeiten. Wir haben uns arrangiert. Weißt du, dass ich dich immer um dein freies und ungebundenes Leben beneidet habe?"

„Na so schön ist das Junggesellenleben auch nicht, besonders, wenn man mit vierzig Grad Fieber im Bett liegt und dir niemand eine Wärmflasche bringt. Außerdem gab es auch feste Freunde in meinem Leben. Ich war also nicht immer Junggeselle."

„Und wie steht es mit Marc?"

„Er ist etwas ganz Besonderes, so wie Jamie übrigens auch. Ich werde mich um die beiden kümmern, solange sie es mir erlauben. Aber eines Tages werden sie bestimmt feststellen, dass ich zu alt für sie bin."

„Beziehungen, in denen der eine Partner viel älter ist, können auch gut gehen", wandte Frank ein. „Eine ménage à trois passt zu dir, Vince."

„Ich bin daran völlig unschuldig", meinte Vincent mit einem verschmitzten Lächeln. „Marc hat das eingefädelt."

„Und du hast dich bestimmt mit Händen und Füßen dagegen gewehrt, zwei hübsche junge Männer in dein Lotterbett zu nehmen."

Die Brüder lachten, dann wurde Frank wieder ernst. „Ich glaube, mein Mario ist auch schwul."

„Wie kommst du denn darauf?"

„Er lässt sich immer seltener zu Hause sehen. Auf dem Familienfest war er auch nicht dabei. Er hat sich mit wichtigen Prüfungen entschuldigt. Ich schob als Student auch immer Prüfungen vor, wenn ich keine Lust auf Familie hatte."

Vincent runzelte die Stirn. „Deshalb muss Mario nicht gleich schwul sein."

„Aber er hatte noch nie eine Freundin und schlecht sieht er nun wirklich nicht aus. Meinst du, er wird es mir irgendwann einmal sagen?"

„Du könntest ihn fragen."

„Es ist nicht leicht, über diese Dinge zu reden. Mit dir konnte ich es auch nicht."

„In unserer Familie wird viel geredet", seufzte Vincent, „nur nicht über die wirklich wichtigen Dinge."

Eine Weile war es still.

„Du feierst doch bald deinen fünfzigsten Geburtstag ganz groß. Wenn du wieder einmal mit Mario sprichst, kannst du ihn fragen, ob er eine Freundin oder vielleicht lieber einen Freund mitbringen wird. Damit hast du ihn nicht direkt nach seiner sexuellen Orientierung gefragt, ihm aber angedeutet, dass du etwas ahnst und es akzeptieren würdest."

„Keine schlechte Idee", murmelte Frank.

„Du würdest es doch akzeptieren?", hakte Vincent nach.

„Leicht ist es nicht, aber Mario ist mein Sohn, und ich liebe ihn. Und wenn er lieber mit Männern als mit Frauen ins Bett geht, muss ich damit wohl leben. Ich habe mich auch bei dir daran gewöhnt." Er zögerte. „Warst du eigentlich schon immer schwul, oder hattest du auch mal etwas ... ähem ... mit einer Frau?"

„Frage ich dich etwa, ob du mal etwas mit einem Mann hattest?", konterte Vincent.

Frank errötete. „Empfindest du es so?"

„Ja!"

„War 'ne dämliche Frage, tut mir leid."

„Ich mag Männer - nur Männer. Aber Mario muss nicht so wie ich sein. Vielleicht ist er bi. Und außerdem will ich nicht ausschließen, dass ich eines Tages etwas mit einer Frau anfange. Ich habe schon an ... hm ... besonderen Partys ... teilgenommen, bei denen auch Frauen anwesend waren, weil einer meiner Freunde bi war. Ich selbst hielt mich immer nur an die Männer. Aber es machte mir schon Spaß, meinen Freund mit einer Frau zu beobachten."

Frank hob abwehrend die Hände. „Hör bloß auf! Ich will gar nichts von solchen Feiern wissen. Ich bin ein verheirateter Mann. An solche Partys darf ich nicht einmal denken, ohne dass Silvia mir die Augen auskratzt."

„Die Gedanken sind frei", lachte Vincent.

„Da kennst du meine Silvia nicht. Die kann Gedanken lesen. Außerdem würde ich sowieso keinen hoch kriegen, wenn um mich herum Sex in allen Varianten getrieben wird. Ich mag es klassisch."

„Wo du es ansprichst, die Griechen im Altertum ..."

„Hör auf! Ich weiß, wie die Griechen es damals getrieben haben."

Vincent lachte seinen Bruder aus, der mit hochrotem Kopf dasaß und ihn zornig anfunkelte.

„Schon gut, Frank! Ich zieh dich nur ein wenig auf."

Zur Strafe schnappte Frank seinem Bruder das letzte Stück Fleisch vor der Nase weg.

Zehn

Wie machte man einer italienischstämmigen Mama klar, dass ihr Sohn nicht gedachte, sich von ihr pflegen zu lassen, sondern sich lieber in die Obhut der Eltern seines jungen Geliebten begab? Eigentlich ein Ding der Unmöglichkeit. Glücklicherweise kam Vincent die Familienplanung seiner jüngsten Schwester Isabella zu Hilfe. Die hatte nämlich gerade einen Sohn entbunden. Und sie war ein Fan von Angel, obwohl sie der Altersgruppe seiner Zielgruppe schon längst entwachsen war.

Als sie hörte, dass ihr Bruder Vincent mit Angel zusammen war, solche Neuigkeiten verbreiteten sich schnell bei den Gable-Geschwistern, klagte sie auffällig und unüberhörbar über die komplizierte Geburt ihres Sohnes und der daraus resultierenden Schwierigkeiten. Wie erhofft, hielt ihre Mutter es für besser, nach Chicago zurückzufliegen, um ihr beizustehen. Immerhin verdiente ihr Sohn nicht schlecht und konnte sich deshalb eher eine Krankenschwester oder eine Haushaltshilfe leisten als Isabella.

In einem Telefongespräch bedankte sich Vincent vielmals bei seiner Schwester und versprach ihrem Sohn ein besonders wertvolles Taufgeschenk.

„Hauptsache, es geht Marc gut. Er wirkte auf unserer Familienfeier ziemlich blass."

„Ich arbeite daran", entgegnete Vincent. Seiner Schwester etwas vorzulügen, war ziemlich sinnlos. Sie hatte Marc selbst gesehen.

„Weshalb hast du nicht gleich auf der Feier verraten, dass du mit ihm zusammen bist?", fragte Isabella.

„Gibt es überhaupt jemanden in der Familie, der noch nicht über mein Privatleben im Bilde ist?", fauchte Vincent.

„Na vor deinen Brüdern und Schwestern wissen es jedenfalls jetzt alle." Isabella kicherte.

„Behaltet es für euch", bat Vincent.

„Wir werden bestimmt nicht damit hausieren gehen, schon um Mama und Papa nicht aufzuregen."

„Wie beruhigend."

„Wann wirst du eigentlich aus dem Krankenhaus entlassen?"

„Morgen! Marc und Jamie holen mich ab.“

„Ich wusste schon immer, du bist ein ganz Schlimmer“, neckte Isabella ihren Bruder.

♫♫♫

Marc und Jamie brachten einen ganzen Stapel unterschriebener Autogrammkarten mit, als sie Vincent aus der Klinik abholten, und verteilten diese freigiebig unter dem Personal und den Patienten der Abteilung. Marc sah etwas besser aus, als noch vor vierzehn Tagen. Die Anwesenheit seiner Familie und seines Cousins schien ihm gut zu tun. Offensichtlich verweigerte er die Nahrungsaufnahme nicht mehr mit derselben Konsequenz wie noch vor ein paar Wochen. Mit der Limousine fuhr Bruno Vincent und seine beiden Freunde direkt zur Villa. Auf zwei Krücken gestützt betrat Vincent das Haus. Sofort umwuselten ihn mindestens sechs neugierige Katzen.

„Ich kann euch leider nicht streicheln, weil ich mich nicht bücken kann“, sprach er die Tiere an.

„Willkommen zu Hause“, wurde er von Eve begrüßt. „Wollen Sie sich etwas hinlegen oder vielleicht etwas essen?

„In mein Arbeitszimmer will ich. Es gibt viel aufzuholen.“

„Sie wollen doch jetzt nicht arbeiten, wo Sie gerade aus dem Krankenhaus entlassen worden sind?“

„Genau das habe ich vor. Ich habe lange genug auf der faulen Haut gelegen.“

„Aber ...!“

„Mom, lass ihn!“, meinte Marc zu seiner Mutter. Es war ihm etwas unangenehm, dass sie versuchte, Vincent Vorschriften zu machen.

Kopfschüttelnd sah sie zu, wie Vincent die Treppe hoch humpelte. Später brachte sie ihm Sandwiches und Cappuccino aus der tollen Maschine, die ihr Sohn sich angeschafft hatte.

Vincent trug ein Headset und telefonierte mit einem seiner zahlreichen Mandanten. Er nickte ihr dankbar zu. Dieser Mann war ein Workaholic, genauso wie ihr Sohn und ihr Neffe, die sich ins Studio zurückgezogen hatten und irgendwelche Songs aufnahmen.

Glücklicherweise waren ihre anderen Kinder normal und zeigten keine besondere Veranlagung und auch keinen gesteigerten Ehrgeiz, ins Showgeschäft einzusteigen. Eve sah nach ihrem Mann Robert, der ebenfalls mit einem Headset telefonierte. Seit er wegen seiner Querschnittlähmung nicht mehr der Manager von Marc war, betätigte er sich als Börsenmakler. Er war darin sehr erfolgreich. Unermüdlich mehrte er sein eigenes Vermögen, das seines Sohnes, seines Neffen und seines Bruders. Sogar Steve Scionti ließ sich von ihm in Börsenfragen beraten. Neben den Geldern seiner Familienangehörigen verwaltete er die Portfolios von etwa zwanzig anderen Kunden. Damit war seine Kapazität erschöpft. Mehr konnte er nicht tun, ohne seine kleine Firma zu vergrößern, was er nicht wollte. Zu Hause beschäftigte er eine Sekretärin, seine einzige Arbeitskraft.

Alle schienen zu tun zu haben. Die Zwillinge spielten Computerspiele, Eves Tochter saß in ihrem Zimmer und lernte die Lektionen, die sie täglich von ihrer Schule gefaxt bekam. Wenn die Kinder nicht bald in ihre Schule zurückkehrten, würde Eve wohl einen Privatlehrer engagieren müssen. Doch noch sträubte sie sich, nach Hause zu fahren. Ihr Ältester brauchte sie. Marc aß viel zu wenig. Ob er wohl eine Essstörung entwickelt hatte? Das war im Showgeschäft schließlich keine Seltenheit. Eve hatte schon oft davon gehört.

Seufzend nahm sie ihren Zuchtkater auf den Arm, der gerade um ihre Beine schmeichelte. Der Ärmste hatte gerade eine besonders laute Phase. Er hatte es aber auch nicht leicht mit all seinen Damen um sich herum. Glücklicherweise pinkelte er nicht wie andere, unkastrierte Kater in alle möglichen Winkel. Felix liebte es, in Wäschestapeln zu markieren. Und da sein Frauchen seine Unarten kannte, traf sie natürlich Vorsorge und stellte Katzentoiletten auf, die mit Stoff, statt mit Streu gefüllt waren. Man musste nur aufpassen, dass man seine gebrauchte Wäsche nicht herumliegen ließ. Eve hatte Felix schon zweimal in Marcs Ankleidezimmer erwischt. Glücklicherweise schien der Kater genau zwischen gebrauchter und frischer Wäsche zu unterscheiden. Sicher konnte man dabei aber nicht sein.

♫♫♫

„Lass deine Wäsche lieber nicht dort liegen", riet Marc seinem Liebhaber, als dieser achtlos seine Unterwäsche auf den Boden des Bads warf. Dort sammelte sie normalerweise Bruno ein.

„Warum denn nicht?", fragte Vincent.

„Weil der Zuchtkater meiner Mutter eine Schwäche für Wäschestapel hat."

„Der kastanienbraune?", fragte Vincent.

„Genau der, er heißt Felix."

„Ein sympathisches Tier. Soll er draufpinkeln, ich kann mich mit meinem Bein nicht bücken."

„Ich mach das schon", meinte Jamie hilfsbereit, bückte sich nach der Unterwäsche und warf sie in den Wäschekorb.

„Danke, Engel!"

„Kommst du mit in den Whirlpool?", fragte Jamie und drückte Vincent einen Kuss auf den Mund.

„Ich würde gerne, doch der Verband würde durchweichen."

„Wie lange dauert es noch, bis dein Bein richtig verheilt ist?", maulte Marc, der schon im Wasser planschte.

„Nicht mehr lange", antwortete Vincent und grinste, weil er wusste, warum Marc so maulig war. Er setzte sich auf den Rand der Wanne, nahm einen Schwamm und schäumte damit Marcs Rücken ein. Der schnurrte vor Wonne.

Jamie gesellte sich zu ihm. Vincent beobachtete die beiden eine Weile in ihrem Bad. Die Zärtlichkeiten zwischen den jungen Männern nahmen schnell an Intensität zu. Schließlich löste sich Vincent von dem erotischen Anblick, klebte sich eine Folie über den Verband und ging unter die Dusche. Wenn er später im Bett mithalten wollte, war es besser, sauber zu sein, obwohl Marc und Jamie ihn wahrscheinlich auch als Liebespartner akzeptiert hätten, wenn er vor Dreck gestunken hätte. Die beiden liebten ihn nun einmal. Aber einen verschwitzten, unsauberen Vincent musste er ihnen wirklich nicht zumuten. Außerdem hatte er auch von der Dusche aus einen guten Ausblick auf den Whirlpool.

Später, im Bett, saß Marc auf Vincents Gesicht und Jamie auf dessen Hüfte. Erstaunlich, wie viel Begehren sich in zwei Wochen Krankenhausaufenthalt ansammeln konnte. Vincent hatte jedenfalls nicht die geringste Mühe, die Wünsche seiner beiden Partner zu erfüllen und sogar noch zu übertreffen. Sie trieben es hemmungslos miteinander.

„Marc, können wir bitte tauschen?"

„Jetzt?", kam es keuchend zurück.

„Bitte Süßer!"

Mit einem Stöhnen zog sich Marc aus Vincents Mund zurück. Er war so glücklich, seinen Cousin wieder bei sich zu haben, dass er ihm derzeit jeden Wunsch erfüllte.

„Was ist?", fragte Vincent irritiert.

„Nur ein kleiner Tausch!"

Schon rutschte Jamie an die Stelle von Marc.

„Na mein Engel, ausgehungert nach oralen Genüssen?", neckte Vincent.

„Oh ja!"

„Na dann komm!" Vincent packte Jamies Pobacken, zog dessen Unterleib über sein Gesicht und öffnete den Mund. Jamie schob sich hinein. Oh ja, dieser Mann hatte nicht nur einen tollen Ausnahmeschwanz, sondern konnte auch blasen wie ein Weltmeister. In diesem Moment schwor Jamie ihm in Gedanken ewige Treue. Was brauchte er andere Kerle, wenn er Vincent und Marc hatte? Mit diesen beiden im Bett war er im Himmel. Mit anderen Männern erlebte er doch nur einen schwachen Abklatsch davon.

♫♫♫

Eine Woche gönnte sich Vincent noch halbwegs Ruhe in Marcs Villa, wo er sich von seiner Sekretärin dringende Akten hinbringen ließ. Steve Scionti, der mittlerweile seine Arbeit wieder aufgenommen hatte, besuchte ihn dort. Zusammen mit Robert, Marcs Vater, saßen die beiden Männer vor dem Fernseher und schauten sich Sportsendungen an. Marc war im Filmstudio. Und weil Jamie Sport nicht mochte, fühlte er sich etwas vernachlässigt. Bis Vincent ihn in die Arme zog und auf sein gesundes Bein setzte. So bei seinem Liebhaber eingekuschelt wurde der Sport gleich viel interessanter.

Nebenbei plauderte Steve mit Jamie, der ja immer noch sein Mandant war, über dessen Zukunftspläne. Jamie wusste ihm Augenblick nicht, wie es weitergehen würde. Eigentlich wollte er zurück nach Spanien, um seinen Gitarrenunterricht fortzusetzen. Aber er hatte Angst, dass Marc dann wieder aufhörte zu essen.

Steve erzählte von lukrativen Werbe- und Plattenverträgen, die Marc und Jamie derzeit angeboten wurden. Sogar Flipsy Cola hatte angefragt. Jamie verzog das Gesicht. Er mochte keine Cola.

„Ihr müsst das Geld absahnen, solange es euch hinterher geworfen wird“, ermahnte Steve ihn.

„Onkel Bob! Wie hoch ist derzeit das gemeinsame Vermögen von mir und Marc?“, fragte Jamie seinen Onkel.

„Das kommt auf die Börsenkurse an.“

„So ungefähr!“

„150 Millionen Dollar. Außerdem habt ihr regelmäßige Einnahmen in Millionenhöhe aus den Lizenzen der Songs, die ihr für andere Interpreten geschrieben habt.“

„Sieht so aus, als würde ich in den nächsten Jahren nicht verarmen, auch wenn ich keine Flipsy Cola saufe, was Steve?“

Der Manager lachte und wandte ein: „Es könnte eines Tages eine Milliarde sein.“

„Es ist nicht so, dass mir eine Milliarde Dollar nicht gefallen würde. Aber im Augenblick möchte ich mich eben nur um mich selbst und um Marc kümmern.“

„Eine Pause wird euch wirklich gut tun. Aber wartet nicht zu lange! Spätestens, wenn Marc mit seinem Film den Oskar gewonnen hat, solltet ihr zuschlagen.“

„Den Oskar!“, kicherte Jamie.

„Musikfilme sind gerade In, und ich durfte mir einige Kontaktabzüge ansehen. Marc ist verdammt gut.“

„Du meinst, er hätte Chancen?“, fragte Jamie verblüfft.

„Ja, aber verratet es ihm nicht, sonst hebt er völlig ab.“

„Ich werde ihn schon auf dem Boden halten“, verkündete Vincent selbstbewusst.

„Mein Schatz gewinnt den Oskar, mein Schatz gewinnt den Oskar“, freute sich Jamie.

„Der Film ist noch nicht einmal zu Ende gedreht worden und schon spekuliert ihr auf einen Oskar“, ermahnte Robert die anderen.

„Ich täusche mich da selten“, meinte Steve.

Elf

So sehr Marc seinen Cousin auch bei sich behalten wollte, schickte er ihn doch nach Spanien zurück. Die Dreharbeiten waren in zwei Monaten beendet und dann würde Marc ihm auch schon folgen können. Eve und Robert zogen mit ihren Kindern und den Katzen in ihre kleine Heimatstadt zurück, weil Marc ihnen versprochen hatte, sich psychologisch behandeln zu lassen und Vincent zugesichert hatte, darauf zu achten, dass er dieses Versprechen auch wirklich einhielt.

Marc war nun stolzer Besitzer von zwei jungen Katzen, einem Kater namens Leo, der genauso kastanienbraun war wie sein Vater Felix, und der cremefarbenen Mel, die so schöne dunkelbraune Pfoten hatte. Leo und Mel waren Wurfgeschwister und unzertrennlich. Eve behielt in letzter Zeit viele Jungtiere, obwohl sie über einen Mangel an Interessenten nicht klagen konnte. Sie konnte sich einfach nicht trennen. Außerdem befürchtete sie zusehends, dass man ihre Katzen nur kaufte, weil sie die Mutter von Angel war. Aber die Katzen sollten ein gutes Zuhause bekommen und kein Statussymbol sein. Derzeit bekamen ihre prämierten Zuchtkatzen die Pille, damit sich das samtige Rudel nicht noch mehr vergrößerte. Nicht, dass die Stones nicht genug Geld für Futter, Streu und Arztkosten gehabt hätten; nur waren 23 Katzen mehr als genug, was sogar Eve einsah. Sie beschäftigte schon eine Haushaltshilfe, die sich nur um die bei den Katzen anfallenden Arbeiten kümmerte.

Obwohl Eve ihren Sohn Marc über alles liebte, hatte sie bisher Bedenken gehabt, ihm Katzen aus ihrem Rudel zu überantworten. Er und Jamie waren einfach zu wenig zu Hause, um sich wirklich um die Tiere kümmern zu können. Aber da war nun auch Vincent, der Stabilitätsfaktor in Marcs Leben. Und weil Vincent ein geschicktes, liebevolles Händchen für die Katzen an den Tag gelegt hatte, durfte Marc Leo und Mel behalten. Die beiden würden ihm hoffentlich über den Trennungsschmerz von seiner Familie hinweghelfen.

Nun, da sich die Katzensippe verkleinert hatte, dachte Eve schon wieder daran, eine ihrer Katzen decken zu lassen.

Marc ging an drei Tagen der Woche morgens vor den Dreharbeiten zu einem Psychologen. Da er nie wusste, wann ein Drehtag beendet war, konnte er schlecht einen Termin am Abend verabreden. Marc mochte das frühe Aufstehen gar nicht, aber er beklagte sich nicht. Und Vincent stand extra für ihn früh auf und brachte ihm das Frühstück ans Bett. Na ja, eigentlich nahm Vincent das Frühstückstablett an der Schlafzimmertür von Bruno entgegen. Er konnte immer noch nicht richtig laufen und Treppen steigen. Dennoch wusste Marc die Mühe seines Lebensgefährten zu schätzen. Nach dem Frühstück ging er ins Bad, während Vincent die Morgenzeitung studierte. Die Badezimmertür blieb offen, damit Vincent jederzeit kontrollieren konnte, was sein Katerchen im Bad so alles tat. Vertrauen war gut, Kontrolle besser, fand Vincent. Doch Marc hatte damit aufgehört, sich den Finger in den Hals zu stecken, nachdem Vincent angeschossen worden war, wenn er auch nach wie vor weniger aß, als er sollte. Er war noch lange nicht über den Berg.

Marc mochte es merkwürdigerweise, von Vincent überwacht zu werden. Er liebte dessen unangekündigte, morgendliche Kontrollbesuche im Bad. Wenn er merkte, dass er beobachtet wurde, lief ihm oft ein Schauer über den Rücken und er bekam eine Erektion. Manchmal kam Vincent dann und half mit den Händen ab, an anderen Tagen ließ er seinen Geliebten lächelnd stehen, so dass dieser sich selbst befriedigen musste.

♫♫♫

Marc hatte einen Porno organisiert und wollte ihn gemeinsam mit Vincent ansehen. Er bestellte diese Videos unter falschem Namen im Internet und ließ sie sich postlagernd schicken. Probleme gab es dabei nicht, da Marc stets Vorkasse leistete. Bruno holte dann die Pakete von der Post ab. Es war das erste Mal, dass Marc und Vincent einen solchen Film zusammen ansehen würden, und Marc war deshalb entsprechend aufgeregt.

„Mario, the Italian Stallion“, las Vincent auf dem rückwärtigen Cover der Videohülle. „Auch keine ganz neue Bezeichnung für einen Pornostar.“

Der Darsteller, von dem die Rede war, hatte einen ansprechenden Körper und einen gut gebauten Penis, der ihm wohl zu Recht den Namen Stallion tragen ließ. Sein Gesicht auf dem Coverbild lag im Schatten.

„Kann ich den Film starten?“, drängte Marc. Er lag nackt neben Vincent auf dem Bett und hatte schon einen Ständer.

„Du kleiner, gieriger Kater“, neckte Vincent ihn.

„Oh ja!“, schnurrte Marc. Er startete den Film mit der Fernbedienung und spulte über den Vorspann hinweg. Zunächst waren zwei andere Darsteller zu sehen. Nach etwa zehn Minuten trat endlich der von Marc heiß ersehnte Stallion auf.

Marc schnalzte mit der Zunge. „Vince, der Darsteller erinnert mich an dich. Der sieht toll aus.“ Er legte seine Hand in Vincents Schoß und weckte dessen noch ruhendes Glied eifrig auf. Plötzlich gebot Vincent der rastlosen Hand seines Lebensgefährten Einhalt.

„Was ist denn los?“, fragte Marc irritiert.

Vincent fluchte. Er riss Marc die Fernbedienung aus der Hand und ließ den Film in Zeitlupe ablaufen, bis er eine Großaufnahme des Gesichts des Stallions gefunden hatte.

„Vince?“

Dieser stieß einen italienischen Fluch aus. „Kein Wunder, dass du eine Ähnlichkeit zwischen mir und diesem Darsteller festgestellt hast, das ist kein Zufall.“

„Was willst du damit sagen?“

„Ich bin mit Mario, the Italian Stallion verwandt. Sein richtiger Name lautet Mario Gable, und er ist mein Neffe.“

„Wow!“ Marc war beeindruckt.

„Mein Bruder Frank wird seinen Sohn vierteilen, wenn er davon erfährt.“

„Können wir den Film jetzt weiterschauen?“, bat Marc.

„Du spinnst wohl! Ich geile mich doch nicht an meinem eigenen Neffen auf.“ Mit einer entschlossenen, nachdrücklichen Geste drückte Vincent auf den Aus-Knopf des Video-Rekorders.

Marc sah ihn an. „Ich will Sex“, beschwerte er sich.

„Du wirst auch Sex bekommen, aber ohne Videobegleitung." Ziemlich grob drückte Vincent seinen Mund auf den seines Geliebten. Er war ganz schön sauer. Einen Teil seiner Aggression ließ er an Marc aus. Der stöhnte laut auf und genoss Vincents Behandlung in vollen Zügen.

Später, als Vincent schlief, schaute sich Marc heimlich den Film an. Er fand Mario richtig gutaussehend, wenn er auch nicht die Klasse seines Onkels hatte.

Am nächsten Morgen beim Frühstück im Bett fragte Vincent: „Bekomme ich den Film, oder soll ich mir selbst einen bestellen?"

Marc wurde rot. „Du hast nicht geschlafen?"

„Ist schon okay, dass du dir auf Mario einen runtergeholt hast."

„Natürlich kannst du den Film haben", antwortete Marc verlegen. Dabei dachte er heimlich: *‚Ich kann mir noch einen zweiten bestellen.'*

„Was willst du denn damit?"

„Ich werde wohl Kontakt mit Mario aufnehmen müssen."

„Au ja, kannst du ihn mir vorstellen? Ich hatte noch nie mit einem Pornostar zu tun."

Vincent verzog den Mund zu einem schiefen Grinsen. „Wie stellst du dir das denn vor? *‚Angel trifft den schwulen Pornodarsteller Mario, the Stallion'*, eine wirklich schöne Schlagzeile."

Das brachte Marc auf die Palme. „Ich habe es so satt, ständig an mein Image denken zu müssen", fauchte er.

„Nun schmoll nicht! Zunächst werde ich mich allein mit Mario treffen und herausfinden, was los mit ihm ist. Und wenn sich eine günstige Gelegenheit ergibt, werde ich ihn dir vorstellen, einverstanden?"

„Versprichst du es?"

„Ja, du kleine Nervensäge!"

Marc drückte seinem Liebhaber einen begeisterten Kuss auf die Wange.

♫♫♫

Der von Vincent beauftragte Privatermittler fand schnell heraus, wie man Kontakt mit Mario aufnehmen konnte. Zum einen konnte man ihn über seine *'Modell-Agentur'* buchen, zum anderen war er regelmäßig am Wochenende in einem großen, bekannten Club in LA zu finden, der von Stars und Sternchen jeglicher Couleur besucht wurde.

Wie lange wohnte Mario nun schon in LA? Offiziell studierte er immer noch in Harvard.

Vincent entschloss sich, dem Zufall auf die Sprünge zu helfen und Mario im Club zu treffen.

Marc gefiel es gar nicht, dass sein Liebster ohne ihn in dorthin gehen wollte. Er nörgelte so lange herum, bis Vincent sich breitschlagen ließ, ihn mitzunehmen. Allerdings machte Vincent zur Bedingung, dass Giny Marc begleitete, um die Presse abzulenken. Giny hatte überhaupt keine Lust zum Ausgehen, sie war gerade von einer Tournee nach Hause zurückgekehrt. Dennoch erklärte sie sich bereit, gemeinsam mit Marc zum Vordereingang des Clubs hereinzuspazieren, ein paar gemeinsame Fotos machen zu lassen und zum Hinterausgang wieder zu verschwinden.

Mit der Limousine holten die beiden Männer die aufgestylte Giny und ihren Freund, einen übergewichtigen, aber wahnsinnig sympathischen Tontechniker namens Bruce, von zu Hause ab. Sie fuhren vor dem Club vor. Angel und Giny stiegen zusammen aus und machten gemeinsam Furore.

Bruce und Vincent warteten etwas, bevor sie ihrerseits das Fahrzeug verließen. Sie folgten den beiden Stars in gebührendem Abstand. Auch wenn vielleicht für einige Kenner der Szene offensichtlich wurde, dass die Männer im Hintergrund dazugehörten, verzichteten die Fotografen darauf, sie abzulichten. Bilder des glitzernden Paars Angel / Giny verkauften sich nun einmal besser als die Bilder von einem Anwalt und einem Tontechniker. Allerdings war Vincent selbst als Opfer einer Schießerei für einige Zeit in den Schlagzeilen gewesen, ein ungewollter Ruhm, der glücklicherweise wieder verblasst war. Dennoch sprach einer der Fotografen ihn darauf an.

„Wieder gut auf den Beinen, Mr. Gable?"

„Wie Sie sehen, humpele ich noch ein wenig."

„Also schwingen Sie heute nicht das Tanzbein?"

„Das überlasse ich lieber den jungen Leuten“, erklärte Vincent mit einem selbstironischen Lächeln.

„Wie stehen Sie zu Angel?“, fragte der Fotograf weiter.

Vincent lächelte ihn entwaffnend an. Es war ihm klar, dass er dem Fotografen nichts vormachen konnte. Schließlich war jener einer von den Geiern im Krankenhaus gewesen, der die Opfer tagelang belagert hatte. Sicher hatte er auch mitbekommen, wie oft Angel seinen Anwalt besucht hatte.

„Das wissen Sie doch, Mike, ich bin sein Anwalt.“

„Sie sind ganz schön pflichtbewusst, sich auch noch abends mit Ihren Mandaten zu treffen.“

„Haben Sie sich nach Feierabend noch nie mit Kunden oder Kollegen zu einem Bier getroffen?“, konterte Vincent mit einem charmanten Lächeln.

Nun lachte der Fotograf. „Leute wie ich haben leider keine Freunde.“

„Da kann ich froh sein, dass ich nicht Fotograf, sondern Anwalt geworden bin. Mit mir befreunden sich nämlich immer wieder einmal Leute ... Mike, die anderen warten auf mich. Es war nett, mit Ihnen geplaudert zu haben.“

„Jederzeit wieder, Mr. Gable!“

Vincent schloss zu den anderen auf, die am Eingang auf ihn warteten.

„Was wollte denn der Fotograf?“, fragte Marc misstrauisch.

„Nur ein bisschen plaudern“, antwortete Vincent. Vor Mike hatte er keine Angst. Leute wie er waren nicht an schmutzigen Outing-Kampagnen interessiert. Sie suchten das Gespräch mit den Stars und ihren Begleitern, damit sie bei anderen Gelegenheiten einen Vorteil hatten, vielleicht etwas länger fotografieren durften als andere Kollegen und dadurch bessere Bilder machen konnten.

Vincent hatte einen Tisch für vier Personen reserviert. Jetzt, wo Giny schon einmal da war, geriet sie auch in Feierlaune. Am Tisch legte sie nur kurz ihr Cape ab und zog dann den widerstrebenden Marc mit sich auf die Tanzfläche.

„Die beiden sehen wir mindestens eine Stunde nicht wieder“, seufzte Bruce.

„Champagner oder lieber was Handfesteres?", fragte Vincent als die Kellnerin vorbeikam, um ihre Bestellung aufzunehmen.

„Ich mag Champagner ganz gern", meinte Bruce.

„Also eine Flasche Champagner!"

„Sehr wohl, Mr. Gable", flötete die Kellnerin. Sie sah aus wie ein Model. Bruce und Vincent blickten ihr bewundernd hinterher.

„Ob die ihr Personal hier wohl bei einer Modelagentur buchen?", bemerkte Bruce grinsend.

„Wahrscheinlich schon", lachte Vincent.

„Woher die wohl weiß, wer Sie sind, Vince?"

„Wahrscheinlich von der Reservierung. So prominent bin ich nicht."

„Also ich denke eher, für ein Sternchen ist es immer von Vorteil, sich bei einflussreichen Promotern, Managern und Anwälten aus dem Showgeschäft auszukennen."

„Na so einflussreich bin ich nun auch wieder nicht."

„Sie stapeln tief, Vincent", sagte Bruce lächelnd.

Die Männer unterhielten sich etwa eine Stunde. Von Giny und Marc war weit und breit nichts zu sehen. Daher hielt es Vincent für eine gute Gelegenheit, sich ein wenig im Club nach seinem Neffen umzusehen. Bruce hatte nichts dagegen, alleine zu warten.

Der Club war in zwei Etagen aufgeteilt. Obwohl sein Bein immer noch beim Treppensteigen schmerzte, entschloss sich Vincent, eine der oberen Emporen aufzusuchen, von der man eine gute Aussicht hatte. Immer wieder wurde er von mehr oder weniger bekannten Mandanten oder auch von Kollegen aufgehalten. Smalltalk auf der Treppe. Endlich erreichte er die von ihm angestrebte Position.

Zunächst sah er sich nach seinem Kater um. Giny und Marc standen in der Nähe der Tanzfläche und plauderten mit anderen Größen aus dem Musikgeschäft. Heute war aber auch wirklich alle Welt in diesem Club! Vincent ließ seine Blicke schweifen. Relativ schnell konnte er seinen Neffen ausfindig machen.

Mario trug eine schwarze, eng anliegende Lackhose, Stiefel und ein schwarzes Nichts als Oberteil. Er saß in einer Gruppe von Männern und Frauen, die alle ähnlich leicht bekleidet waren wie er. Vincent bezweifelte, dass sie wirklich hier waren, um ihre Freizeit zu verbringen. Eher schien es, als repräsentierten sie die Pornobranche und sich selbst in ihrer Eigenschaft als Pornostars und -Sternchen.

Eine Hand schmiegte sich in die von Vincent. Er zuckte zusammen und schaute nach, wer sich da gerade an ihm rieb.

„Marc!"

„Hast du deinen Neffen schon gefunden?"

„Ja!"

„Wo ist er?"

Vincent beschrieb das Areal, in dem sich Marios Tisch befand. Marc brauchte nicht lange, bis er es entdeckte.

„Sexy Klamotten", raunte Marc seinem Liebhaber ins Ohr. „Willst du einfach zu ihm hin und ihn ansprechen?"

„Nein, ich werde mich dort an die Bar setzen und ihn auf mich aufmerksam machen."

„Fein, dann kann ich von hier aus alles beobachten."

„Mein neugieriger kleiner Kater." In diesem Moment hätte Vincent seinen Geliebten gerne zärtlich geküsst, was natürlich nicht ging.

Eine der Kellnerinnen sprach Mario an und überreichte ihm eine handgeschriebene Karte. Darauf stand:

‚Schau mal zur Bar! Dein Onkel Vincent'

„Shit!", fluchte Mario.

„Was ist denn?", fragte sein Kollege Dennis, mit dem er sich auch privat traf. Dennis nahm seinem Freund die Karte aus der Hand und studierte sie.

„Ein ehemaliger Sugardaddy?"

„Quatsch! Da steht es doch, mein Onkel ist hier."

„Ich habe das für einen Scherz eines abgelegten Liebhabers gehalten."

„Wenn es nur so wäre ...", stöhnte Mario.

„Ist wohl für dich das erste Mal, dass einer deiner Familienangehörigen dahintergekommen ist, was?"

„Shit, shit, shit! Meine Familie ist katholisch. Die reden nie wieder ein Wort mit mir. Oder sie peitschen mich aus."

„Na die Peitsche hast du doch hin und wieder ganz gerne." Dennis grinste.

„Blödmann! Das ist nicht lustig."

„Welcher ist es denn?" Auffällig drehte sich Dennis auf seinem Stuhl um und schaute zur Bar. Mario seufzte. Sein Freund hatte aber auch überhaupt kein Einfühlungsvermögen.

„Der große Schwarzhaarige mit dem konservativen Anzug."

„Der, der aussieht wie ein Anwalt?"

„Ja, der sieht nicht nur aus wie ein Anwalt, der ist auch einer."

Dennis pfiff anerkennend. „Du bist doch nicht etwa mit *‚dem'* Vincent Gable verwandt?"

„Ja, mein Onkel heißt so. Was meinst du denn mit *‚der'* Vincent Gable?"

„Lebst du hinter dem Mond oder was? Dein Onkel wurde vor einiger Zeit im Gerichtsgebäude angeschossen, ins Bein, glaube ich. Außerdem ist er einer der erfolgreichsten Anwälte in Hollywood. Angeblich stehen die Stars Schlange bei ihm, um sich von ihm in Vertragsfragen beraten zu lassen. In letzter Zeit wird er immer öfter mit Angel zusammen gesehen. Angel soll ihn jeden Tag im Krankenhaus besucht haben. Vielleicht ist dein Onkel der Stecher von diesem Sänger? So einen niedlichen Popstar würde ich auch gerne Mal poppen ..."

„Sehr witzig! Ich weiß, dass mein Onkel angeschossen wurde, aber ich konnte ihn wohl kaum besuchen, da ich doch angeblich in Harvard studiere."

„Willst du nicht zu ihm gehen?"

„Ich muss wohl", seufzte Mario und erhob sich.

Auf dem Weg zur Bar rutschte ihm das Herz fast in die Hose.

Vincent machte einen ernsten, aber keinen unfreundlichen Eindruck.

„Ciao Zio", begrüßte Mario ihn. Er sprach das Wort Onkel gerne italienisch aus. Von seiner Mutter, die als junge Frau ein Jahr in Italien bei ihren Großeltern verbracht hatte, konnte er einige Brocken.

„Ciao Mario, du italienischer Hengst du."

Mario wurde rot. Peinlich berührt starrte er auf seine Stiefelspitzen. „Wirst du es meinen Eltern sagen?", murmelte er.

„Zunächst werde ich dir einen Drink spendieren. Setz dich zu mir! Was willst du?“

Mario rutschte auf den freien Stuhl neben Vincent.

„Auf den Schreck brauche ich einen Whiskey.“

Vincent bestellte zwei Scotch bei der Barfrau. Natürlich, nicht den minderwertigen Bourbon, sein Onkel bestellte Scotch. Er hatte schon immer Sinn für Stil besessen.

Als das teure Zeug kam, kippte Mario es in einem Zug hinunter. Vincent nippte nur an seinem Glas.

„Sag Zio ... hast du etwa einen Film von mir gesehen, ich meine ... wenn du meinen ... Künstlernamen kennst?!“

„Nein, ich habe nicht den ganzen Film gesehen, nur den Anfang. Das hat mir gereicht.“

Mario starrte in sein leeres Glas. Vincent bestellte ihm einen zweiten Scotch.

„Tut mir leid, dass du dich geekelt hast, Zio“, sagt Mario zerknirscht.

„Ich habe nicht gesagt, ich hätte mich geekelt, aber du bist mein Neffe.“

Die Barfrau brachte das zweite Glas. Diesmal trank Mario nur einen kleinen Schluck.

„Woher hattest du denn diesen Film?“, wollte er schließlich wissen.

„Was du eigentlich wissen willst, ist doch, ob ich schwul bin, oder?“

„Bist du es denn?“

„Ja!“

„Kannst du dann nicht vielleicht mein kleines Geheimnis für dich behalten, so wie ich deines nicht ausplaudern werde?“

„Seit ich angeschossen worden bin, ist mein Geheimnis bei meinen Geschwistern leider kein Geheimnis mehr. Und meine Mutter ist nun auch mehr oder weniger im Bilde, immerhin hat sie die Kleidung meines Freundes in meinem Kleiderschrank gefunden. Natürlich würde Mutter nie mit mir über meine *‚krankhaften‘* Neigungen sprechen.“

„Du hast einen Freund?“, fragte Mario verblüfft.

„Kannst du dir nicht vorstellen, dass dein Onkel Vincent genug Anziehungskraft hat, um sich einen Partner zu angeln?“

„Doch, doch natürlich! Es ist nur, mein Kollege Dennis hat vorhin so 'ne dumme Bemerkung über dich und Angel gemacht.“

Vincent war nicht überrascht. „Inoffiziell verrate ich dir, ja, es ist Angel, offiziell würde ich dir nicht raten, darüber im Kreise deiner Kollegen zu reden, denn ich würde dich verklagen und vor Gericht so fertig machen, dass du niemals wieder ein Bein auf den Boden bekommen würdest, obwohl du mein Neffe bist.“

Mario sah ihn erschrocken an. „Ich würde dir niemals schaden, Zio. Meine Lippen sind versiegelt.“

„Na hoffentlich!“

„Du hättest es mir nicht erzählen brauchen.“

„Früher oder später hättest du es sowieso von der Familie erfahren. Außerdem ist Marc sehr daran interessiert, dich kennenzulernen. Er steht übrigens dort oben auf der Empore. Aber vermeide bitte, ihm zu winken.“

Gespannt hielt Mario nach dem Lebensgefährten seines Onkels Ausschau und entdeckte ihn nach einer Weile. Er nahm sein Whiskey-Glas und prostete ihm zu. Marc erwiderte diese Geste mit seinem Champagner-Glas.

„Weshalb ist ein Star wie Angel neugierig auf mich?“, wunderte sich Mario.

„Na bist du etwa nicht der aufstrebende Hengst in der Schwulenporno-Branche?“

Wieder errötete Mario.

„Bitte erzähle es meinen Eltern nicht.“

„Du wirst es ihnen selbst erzählen, zumindest deinem Vater. Das bist du ihm schuldig, schließlich überweist er dir Monat für Monat sein hart erarbeitetes Geld für dein Studium.“

„Aber ich studiere wirklich, nur nicht dort, wo mein Vater glaubt.“

„Ich glaube kaum, dass die Studiengebühren an einer Universität in LA auch nur annähernd so hoch sind wie in Harvard.“

„Ich investiere das überschüssige Geld in Produktionen. Bisher war ich immer nur Co-Produzent. Aber bald habe ich mit meinen Filmen so viel Geld verdient, dass ich meine eigene Firma aufmachen oder mich in eine Partnerschaft einkaufen kann. Wenn du willst, zeige ich dir meine Bücher."

„Du willst Pornofilmproduzent werden?"

„Warum denn nicht? Die Pornographie ist ein ziemlich großer Geschäftszweig in Hollywood. Es gibt sehr stabile Firmen, die hunderte von Arbeitsplätzen in ganz unterschiedlichen Bereichen geschaffen haben ...

„Du musst mir jetzt keinen Vortrag über die Pornoindustrie halten. Ich lebe schon länger in LA, und Anwalt in der Filmbranche bin ich auch nicht erst seit gestern. Da bekommt man Einiges mit."

„Hast du etwa Mandanten aus der Pornobranche?"

„Nein, nur wenige Produzenten aus dieser Ecke können sich meinen Stundensatz leisten, und die Darsteller schon gar nicht."

„Zio, ich bitte dich ..."

„Weißt du eigentlich, wie sehr dein Vater sich bemüht, dich zu verstehen? Er hatte schon lange den Verdacht, dass du schwul bist, aber er traut sich einfach nicht, dich zu fragen, weil er nicht weiß, wie er es anstellen soll. Zu seinem Geburtstag wollte er dir die Wahl lassen, ob du mit einer Frau oder lieber mit einem Mann kommst. Das ist eine ganz schöne Leistung für einen Mann wie Frank, der konservativ-katholisch erzogen worden ist. Er bemüht sich deinetwillen wirklich um Toleranz."

„Und gerade, weil ich weiß, wie Vater ist, will ich ihm die Schande ersparen."

Vincent runzelte die Stirn. „So etwas lässt sich auf Dauer nicht geheim halten. Wir sind eine große Familie. Was ist, wenn irgendein anderes Familienmitglied einen deiner Filme sieht? Meinst du, ich bin der einzige Mann aus unserer Sippe, der Schwulenpornos schaut? Und selbst wenn, heutzutage bestellen sich auch Frauen solche Filme und schauen sie sich bei Damenkränzchen an. Und diese Kundinnen sind bestimmt nicht alle lesbisch."

„Aber doch nicht die guten, katholischen Frauen aus unserer Familie!"

„So viel Naivität steht einem Pornodarsteller nicht", sagte Vincent ernst. „Ich gebe dir einen Monat Zeit, mit deinem Vater zu reden. Wenn du es bis dahin nicht geschafft hast, rede ich mit Frank, verstanden?"

„Jawohl, Zio!"

„Und melde dich in den nächsten Tagen bei mir, damit wir einen Termin zum Abendessen vereinbaren können. Marc ist schon sehr gespannt auf dich."

Vincent zog eine Karte aus seinem Jackett, schrieb zwei Nummern darauf, die Nummer seines Büros und seine Handynummer, und gab sie seinem Neffen. Nachdem er sein Whiskey-Glas geleert hatte, ging er.

Ein wenig überfahren starrte Mario hinter seinem Onkel her. Er freute sich irgendwie, dass so ein hochkarätiger Star wie Angel ihn kennenlernen wollte. Wenn nur die dazugehörigen Umstände nicht wären. Da saß Mario ganz schön in der Klemme.

Vincent und Marc blieben noch eine ganze Weile im Club. Marc hätte seinen Lebensgefährten zu gerne auf die Tanzfläche gezogen und mit ihm getanzt, doch Vincent redete sich mit seinem verletzten Bein heraus. Zur Tarnung ihrer eigentlichen Absichten hätte ohnehin jeder von ihnen mit einer Partnerin auf die Tanzfläche gehen müssen.

Giny und Bruce gaben sich da ungezwungener. Nachdem Absolvierung ihrer *‚offiziellen'* Verpflichtungen feierte sie nun mit Bruce. Trotz seiner Leibesfülle wirkte er auf dem Parket beweglich und bot überraschend ansehnliche Moves. Verstecken musste er sich wahrlich nicht mit seinem Können und Marc applaudierte ihm sogar das eine oder andere Mal. Marc sah nicht auf übergewichtige Menschen herab, erkannte Vincent. Die Fehleinschätzung seiner eigenen Körperwahrnehmung übertrug sich nicht auf andere Personen. Im Gegenteil – Marc liebte es, wenn Genussmenschen um ihn herum waren, als wenn er ihre Freude an geschmacklichen Erlebnissen teilte, indem er sie beobachtete. Vincent nahm sich vor, diese Erkenntnis mit Marcs Therapeuten zu besprechen, und sei es auch nur, damit er sich einmal selbst die Sorgen von der Seele reden konnte. Er wurde aus seinen Gedanken gerissen, als ihn jemand ansprach und ein Autogramm von ihm auf der Seite eines Wirtschaftsmagazins haben wollte, in dem ein Bericht über

Hollywoodanwälte stand und in dem ihm ein kleiner Absatz gewidmet wurde. Na sowas! Wer brachte schon Lesestoff in einen Club mit? Vincent kritzelte sein Autogramm über sein Foto in dem Artikel und sein Fan lächelte glücklich.

Marc signalisierte Vincent ein Daumen hoch und strahlte über das ganze Gesicht, als wenn er gerade darüber nachdachte, was für einen guten Fang er mit Vincent gemacht hatte. Okay – Vincent litt nicht an Bescheidenheit und hielt sich durchaus auch selbst für eine gute Partie. Dennoch fand er die Situation eher schräg.

Ansonsten kamen die Leute für ein Autogramm von Marc. Sie waren aber höflich genug, um danach wieder abzuziehen.

Später setzten sich drei Musikerkollegen mit an den Tisch, die Marc und Jamie bei ihrer letzten Tournee begleitet hatten. Sie erkundigten sich, wie es Jamie ging und fragten, wann Marc seine nächste Platte auf den Markt bringen würde. Höflich ignorierten sie, wie ihr ehemaliger Arbeitgeber während des Gesprächs immer wieder seinen Begleiter Vincent am Bein oder an der Hand berührte. Sie hatten schon oft für Marc als Hintergrundmusiker gearbeitet und wunderten sich deshalb nicht.

Als Giny und Bruce vom Tanzen zurückkehrten, rückten sie etwas zusammen, damit alle um den Tisch herum Platz fanden. Vincent legte seinen Arm auf Marcs Stuhllehne und begann, mit dessen langen Haaren zu spielen. Es war eher eine unterbewusste Geste. Außerdem hatte Vincent schon zwei Scotch und jede Menge Champagner getrunken. Er war nicht betrunken, aber doch ein wenig leichtsinniger als sonst.

Marc genoss diese zärtliche Geste. Er liebte Vincent und wollte es am liebsten in die Welt hinaus schreien, in aller Öffentlichkeit mit ihm herumknutschen, mit ihm in schwule Saunen und Sportstudios gehen und dort Sex mit ihm haben. Gerade stellte er sich vor, wie er mit Vincent in einer der Kabinen der Herrentoilette dieses Clubs verschwand und ihm einen blies. Vorhin, als Marc auf der Toilette gewesen war, hatte er die Geräusche derartiger Aktivitäten mitbekommen. Warum konnte er so etwas nicht auch machen? Weil man zu leicht erwischt werden konnte, deshalb! Er wollte nicht wie George Michael von irgendeinem übereifrigen Bullen aus der Toilette und vor Gericht gezerrt werden, nur weil solche Handlungen auf öffentlichen Toiletten idiotischerweise einen Straftatbestand erfüllten. War doch seine Sache, was er mit Vincent in einer abgeschlossenen Kabine tat.

Die Beiden vorhin in der Kabine würden nie vor Gericht landen. Sie waren sicher zu unbedeutend. Für sie interessierte sich bestimmt kein Bulle, die konnten es treiben, wie es ihnen gefiel. Aber wehe, wenn Angel so etwas tat. Dann hatten die Geier endlich einen Aufhänger und konnten sein Privatleben auseinandernehmen, ohne juristische Konsequenzen befürchten zu müssen.

Marc flüsterte Vincent ins Ohr, welche Fantasien ihm gerade durch den Kopf gingen. Vincent schaute seinem Freund tief in die Augen. Für einen Moment schien er zu überlegen, ob sie es wagen konnten. Dann schüttelte er resolut den Kopf.

„Eine verführerische Idee, aber viel zu gefährlich."

„Ich weiß", seufzte Marc frustriert.

Zwölf

Unter anderen Umständen hätte Mario sich bestimmt über das offensichtliche sexuelle Interesse des Popstars Angel gefreut. Nur war Angel, besser gesagt Marc, der Freund seines Onkels, was natürlich an sich auch noch kein Hinderungsgrund war. Aber eines wollte Mario bestimmt nicht, nämlich seinen Onkel verletzen.

Das Abendessen zu dritt in Vincents Wohnung verlief in netter Atmosphäre. Vincent und Marc kochten selbst. Die beiden harmonierten wunderbar miteinander und schienen sich sehr zu lieben. Wann immer Marc seinen Liebhaber ansah, glänzten seine Augen vor Glück, und auch Vincent stand die Zuneigung zu seinem jungen Gefährten ins Gesicht geschrieben. Nebenbei flirtete Marc mit Mario, der ihnen freiwillig beim Kochen half.

Obwohl Vincent dieses Treffen selbst eingefädelt hatte, verfinsterte sich sein Blick, wann immer Marc seinen Neffen berührte. Er versuchte, seine Eifersucht zu verbergen, doch Mario war selbst ein Gable und konnte daher die verräterischen Zeichen erkennen.

Ob Vincent und Marc wohl eine auf Treue basierende Beziehung führten? Als sein Onkel einmal auf der Toilette war, sprach Mario Marc darauf an.

„Darüber haben wir eigentlich nie gesprochen, aber warum sollten wir nicht Sex mit anderen Männer haben? So ein One Night Stand hat nichts mit Liebe zu tun. Vince wird schon nichts dagegen haben, er ist ein sehr großzügiger Mensch."

„Jedenfalls sieht er es gar nicht gerne, dass du so viel an mir herumfummelst. Pass ein bisschen auf, ich will meinen Onkel nicht verärgern."

Marcs Gesicht nahm auf einmal einen betretenen Ausdruck an. „Tut mir leid, wenn ich dich belästigt habe."

Mario lächelte ihn an. „Hat mir gefallen, von dir *‚belästigt'* zu werden, aber Zio Vincent wirkt eher angepisst."

Marc bekam vor Verblüffung große Augen. „Meinst du etwa, er ist eifersüchtig?"

„Sieht so aus ... Pst, er kommt zurück!"

In den nächsten zwanzig Minuten streunte Marc erst recht um den Pornodarsteller herum. Es schien, als wollte er etwas ausprobieren. Als das Essen fertig war, trugen sie es gemeinsam ins Esszimmer.

Mit dem Wechsel des Raumes wirkte auch Marc wie ausgewechselt. Er bemühte sich nun verstärkt um seinen Liebhaber und stellte seinen heißen Flirt mit Mario ein. Es wurde ein entspanntes Essen. Allerdings fiel Mario auf, wie unglaublich wenig Marc aß und das Wenige musste ihm Vincent schon fast aufdrängen. Dabei schmeckten die Speisen wirklich köstlich. Marc und Vincent waren tolle Köche. Der sorgfältig zum Menü ausgewählte Wein mundete auch großartig. Vincent ließ sich da nicht lumpen. Dabei war Mario nur einer seiner vielen Neffen, ein missratener noch dazu, dachte Mario ein wenig verbittert. Trotzdem behandelte ihn Vincent wie einen willkommenen, lieben Gast, für den das Beste gerade gut genug war.

Nach dem Essen steckten sich Vincent und Mario im Wohnzimmer zwei Zigarren an, Marc wollte keine, störte sich jedoch nicht an dem Rauch. Er behauptete, es toll zu finden, seinem Liebhaber beim Rauchen zuzusehen. Zunächst aber kümmerte sich Marc in der Küche um den Cappuccino, während Vincent den Grappa aus der Bar nahm und in zwei kleine Gläser einschenkte.

„Wann wirst du mit deinem Vater sprechen?“, fragte Vincent seinen Neffen.

„Bald, Zio, bald!“

„Warte damit nicht zu lange.“

„Du hattest mir einen Monat Zeit gegeben.“

„Wie du willst“, lenkte Vincent ein und beendete damit dieses unangenehme Thema, weil auch schon Marc mit dem Tablett, auf dem der Zucker und drei Cappuccino-Tassen standen, aus der Küche kam. Marc servierte und schmiegte sich danach an seinen Liebhaber auf die Couch.

♫♫♫

Mario machte sich gegen drei Uhr Nachts auf den Heimweg. Vincent schenkte ihm noch eine Flasche Wein, steckte ihm Geld für das Taxi zu und wollte nichts davon hören, dass sein Neffe genug eigenes Geld hätte.

„Nur ein kleiner Beitrag zu deiner Produktion“, sagte Vincent.

Als er die Wohnungstür abgeschlossen hatte und wieder ins Wohnzimmer zurückkehrte, räkelte sich sein Freund nackt auf der Couch. Marc war aber auch unersättlich. Vincent setzte sich zu ihm und zog ihn in die Arme.

Später, nachdem sie befriedigt waren, ins Schlafzimmer wechselten und es sich dort im Bett bequem machten, fragte Marc plötzlich:

„Möchtest du nicht, dass ich Sex mit anderen Männern habe?“

„Solange du es immer safe machst, habe ich nichts dagegen. Ich bin nicht engherzig.“

„Und darf ich dann auch mit Mario schlafen?“

Vincent versteifte sich.

„Du bist eifersüchtig auf Mario“, neckte Marc seinen Liebhaber mit fröhlich klingender Stimme. Vincent drehte ihm den Rücken zu. Über dieses Thema wollte er nicht reden.

„Ist es, weil er dein Neffe ist?“

„Ich bin müde.“

Marc schmiegte sich an Vincents breiten Rücken. „Ich lasse die Finger von Mario, okay?“, versprach er seinem Liebhaber.

Eine Weile war Stille und Marc glaubte schon, Vincent sei eingeschlafen, als dieser bemerkte: „Ich liebe dich, Katerchen.“

„Ich dich auch, Vince!“

♫♫♫

Wie erzählte man seinem Vater, dass man nicht nur schwul war, sondern gleich auch noch ein Pornostar, der vor laufender Kamera Sex mit anderen Männern hatte? Vielleicht ein Paket mit Videofilmen nach Hause schicken, nach dem Motto:

Lieber Vater, so sieht meine berufliche Zukunft aus. Schau dir einfach einen dieser Filme an. Wenn du noch irgendwelche Fragen dazu hast, stehe ich dir gerne zur Verfügung. P.S.: Ich mache das sehr gerne und meine Diplomarbeit an der Uni schreibe ich über das Thema: „Wie ziehe ich eine Pornofilmproduktion auf? Von den besonderen Einschränkungen, denen Pornofilmer im Vergleich zu anderen Filmproduktionen ausgesetzt sind und ihre betriebswirtschaftliche und steuerrechtliche Behandlung."

Nein, so etwas sollte wohl besser von Angesicht zu Angesicht besprochen werden, entschied Mario. Nach langem Zögern buchte er endlich einen Flug nach Hause. Zum Glück war seine Mutter nicht in Chicago. Sie besuchte gerade eine Freundin in New York.

Frank holte seinen Sohn am Samstag vom Flughafen ab. Er schien schon zu ahnen, dass Mario etwas auf dem Herzen hatte. Vielleicht glaubte er, sein Sohn würde ihm heute gestehen, dass er schwul war. Wenn es nur so einfach wäre ...

Den Mittag verbrachten sie in der Stadt und kauften sich etwas Schönes zum Kochen. Am Abend stellten sie sich zusammen in die Küche und bereiteten eine pikante Spaghettisoße mit gebratenen Fleischklößchen zu, dazu gab es die tolle Flasche Rotwein, die Mario von seinem Onkel Vincent geschenkt bekommen hatte.

Sie waren schon mit dem Essen fertig, als Frank sich bei Mario erkundigte, wie sich der als Student eine Flasche Wein leisten konnte, die mindestens 50 Dollar gekostet haben musste.

„Die hat mir Zio Vincent geschenkt", erklärte Mario.

„Wann hast du denn deinen Onkel besucht?"

„Vor zwei Wochen zum Abendessen."

„Wie meinst du das, zum Abendessen?", fragte Frank irritiert. „Du studierst doch in Harvard."

„Ich lebe in LA, Vater." So, jetzt war es raus, jedenfalls der erste Teil davon. Bang wartete Mario auf die Reaktion Franks. Der wurde blass.

„Wann bist du nach LA umgezogen und weshalb?"

„Vor etwa einem Jahr. Damals bekam ich das erste Filmangebot. Aber ich habe vorher schon als Fotomodell gearbeitet."

„Film? Fotos? Was ist mit dem Geld, das ich dir für dein Studium überweise?"

„Ich studiere ja auch, aber eben in LA."

„Und Vincent weiß davon?", grollte Frank.

„Noch nicht sehr lange. Er hat mich in einem meiner Filme entdeckt, Kontakt mit mir aufgenommen und mir befohlen, mir dir zu reden."

„Weshalb ziehst du denn heimlich nach LA? Wenn du Schauspieler werden willst, hättest du mir das doch sagen können. Niemand zwingt dich zu studieren."

„Ich bin kein normaler Schauspieler." Marios Kopf war mittlerweile knallrot wie eine Tomate.

„Na was denn sonst? Dio mio, nun rede doch endlich!"

„Ich bin ein Pornodarsteller. Mein Künstlername lautet Mario, the Italian Stallion."

„Aber, aber ...!", stotterte Frank. Sein Gesicht wurde weiß wie ein Laken, fast befürchtete Mario, sein Vater würde gleich vom Stuhl fallen.

„Du spielst in Pornofilmen, die sich ein Mann wie Vincent anschaut, also solche, in denen nur ... Männer ... vorkommen?"

Mario nickte stumm. Plötzlich kam Bewegung in Frank. Er sprang von seinem Stuhl auf, der krachend nach hinten fiel. Sein Gesicht lief rot an und verzerrte sich vor Wut. Er holte weit aus und knallte seinem Sohn mit aller Kraft die Hand ins Gesicht. Dann drehte sich Frank auf dem Absatz um und verließ seine Küche.

Mario blieb eine Ewigkeit auf seinem Stuhl sitzen und horchte nach Geräuschen. Sein rasend schlechtes Gewissen überdeckte das schmerzhafte Glühen in seiner Wange. Hatte er jetzt die Liebe seines Vaters verloren? Die Angst davor ließ ihn praktisch erstarren. Nachdem Frank aus der Küche gelaufen und in den ersten Stock seines Hauses gegangen war, tat sich nichts mehr. Im Haus war es gespenstisch ruhig.

Mario sah, wie kleine Tropfen auf seinen Tellerrand fielen. Komisch! Er hob seine Hand und tastete über die Nässe auf seinen Wangen. Fuck! Er fühlte sich einsam, wie noch nie in seinem Leben. Immer hatte er gewusst, dass sein Vater im Hintergrund über ihn wachte.

Seufzend erhob sich Mario von seinem Stuhl, riss sich Papier von der Küchenrolle und tupfte sich die Tränen ab. Er schnaubte sich die Nase so leise wie möglich, weil er das beklemmende Gefühl hatte, die Stille nicht stören zu dürfen. Da er kein nichtsnutziger Sohn sein wollte, begann er, den Tisch abzuräumen und das gebrauchte Geschirr in die Spülmaschine zu stellen. Er ließ sich viel Zeit damit, die Küche aufzuräumen und tat es sehr gründlich. Als er beim besten Willen nichts mehr zu tun hatte, goss er sich noch den Rest aus der Weinflasche in sein Glas und schlich sich in sein Zimmer. Er traute sich nicht, nach seinem Vater zu sehen. Er hatte mit Wut gerechnet, vielleicht sogar mit Schlägen, aber nicht mit diesem schwarzen Loch, was sich jäh vor ihm auftat. Ob sein Vater jemals wieder mit ihm reden würde?

Am nächsten Morgen verlief das Frühstück in gedrückter Atmosphäre. Frank wirkte übernächtigt und hatte rote, geschwollene Augen. Hatte er geweint? Mario hatte seinen großen, starken Vater noch nie weinen sehen. Er fühlte sich unsäglich schuldig, ihn so sehr enttäuscht zu haben. Er wollte etwas sagen, aber Frank unterband das mit einer knappen Handbewegung. Jeglicher Dialog zwischen Vater und Sohn war zum Erliegen gekommen. So entschloss Mario sich fröstelnd, einen Flug früher zu nehmen. Er wollte ein Taxi zum Flughafen nehmen, womit Frank überraschenderweise nicht einverstanden war. „Ich bringe dich schon."

Immer ganz der pflichtbewusste, treusorgende Vater, egal, wie missraten sein Sohn auch war, im Stich lassen würde er ihn nie, dachte Mario, konnte daraus derzeit aber keinerlei Trost ziehen. Am Flughafen wartete Frank nicht. Er ließ Mario bei laufendem Motor aussteigen und fuhr los, kaum dass sein Sohn die Reisetasche aus dem Kofferraum genommen hatte.

xxx

Nachdem er Mario abgesetzt hatte, fuhr Frank ziellos durch die Gegend. Er war wie betäubt. Irgendwann entschied er, sich in irgendeiner Kneipe vollaufen zu lassen. Da er sich gerade in der Innenstadt befand, parkte er seinen Wagen im nächsten Parkhaus. Auf dem Weg zur Kneipe kam er an einem Sex-Shop vorbei. Ausgerechnet ein Sex-Shop für Schwule.

Frank ging hinein, weshalb, das wusste er selbst nicht. Verwirrt schaute er sich um. Bücher, Zeitschriften, Videos, Toys, alles, was das schwule Herz begehrte.

„Kann ich etwas für Sie tun?“, sprach ihn ein junger Verkäufer in einem knappen rosa T-Shirt an.

„Ich, ... ich weiß nicht.“

„Das erste Mal in einem Laden wie diesem, was, mein starker Held? Schauen Sie sich nur in Ruhe um, ich beiße nicht.“ Der Verkäufer warf Frank noch einen anzüglich, flirtenden Blick zu, dann drehte er sich um und schlenderte hüftschwingend davon.

„Warten Sie! Haben Sie ein Video eines gewissen Stallions?“

„Stallion nennen sich viele Darsteller“, meinte der Verkäufer. „Soll es ein bestimmter sein, oder geht es Ihnen nur um die Penisgröße?“

„M Mario“, stotterte Frank peinlich berührt.

„Mario, the Italian Stallion, ein toller Stecher, der aufstrebende Star am Pornohimmel. Der soll nicht nur ordentlich was in der Hose haben, sondern auch im Kopf. Angeblich studiert der Betriebswirtschaft, habe ich mal in einer Zeitschrift gelesen. Ist aber vielleicht nur 'ne Werbeente. Seine Filme liegen da hinten in der Ecke.“ Mit einer übertrieben eleganten Bewegung zeigte der Verkäufer in eine ganz bestimmte Richtung.

„Können Sie mir bitte diese Zeitschrift heraussuchen?“

„Klar, mal sehen, ob ich noch ein Exemplar habe.“

Frank ging zu den Filmen und stand starr davor, ohne sich für einen entscheiden zu können. Schließlich nahm er sich den nächsten besten und ging damit zur Kasse. Dort hatte der Verkäufer schon die Zeitschrift für ihn bereitgelegt.

„Möchten Sie bar bezahlen oder mit Kreditkarte, Schatz?“

„Bar!“, sagte Frank.

Der Verkäufer zeigte auf den Ehering an Franks Finger. „Damit die Angetraute nichts merkt, was?“, kicherte er.

Frank betete um Geduld. Endlich hatte der Verkäufer kassiert und die Ware in eine neutrale Tüte gepackt. „Vielen Dank für Ihren Einkauf und beehren Sie uns bald wieder“, sagte er augenzwinkernd.

Statt in die Kneipe zu gehen, kehrte Frank zu seinem Wagen zurück und fuhr nach Hause.

Dreizehn

„Mr. Gable, Ihr Bruder Frank ist am Telefon. Darf ich durchstellen?"

Seufzend blickte Vincent auf den dicken, aufgeschlagenen Kommentar neben sich. Seine Sekretärin hatte ihn gerade aus einer wichtigen Recherche gerissen, die seine ganze Konzentration erforderte.

„Stellen Sie ihn durch, Helen!" Nachdem es im Telefonhörer leise geklickt hatte, meinte Vincent: „Hallo Frank, was kann ich für dich tun?"

„Ich bin hier in LA auf dem Flughafen, kannst du mich abholen?"

„Was machst du denn in LA?", wunderte sich Vincent.

„Ich will mir anschauen, wie ein Schwulenporno gedreht wird."

„Also du kommst vielleicht auf Ideen." Vincent war wirklich verblüfft.

„Holst du mich nun ab oder nicht?"

„Ich schicke einen Angestellten der Firma. Komm erst einmal in die Kanzlei. Wir können dann nachher miteinander essen gehen. Ich muss erst noch einen wichtigen Schriftsatz beenden und habe noch ein Mandantengespräch."

„Ich warte dann hier an einem von den Kaffeeausschänken des Flughafens."

„Mein Angestellter wird dich schon finden, schließlich sehen wir uns ziemlich ähnlich", meinte Vincent und beendete das Gespräch.

Eine Stunde später wurde Frank in das Büro seines Bruders geführt. Vincent schaute zerstreut von seinen juristischen Kommentaren auf. Als er Frank sah, stand er auf und begrüßte ihn mit einer herzlichen, familiären Umarmung.

„Mario hat es dir also gesagt?"

„Ja!" Frank strahlte so viel Müdigkeit und Resignation aus, dass Vincent ihn am liebsten sofort ins Bett gesteckt hätte, was wahrscheinlich nicht viel half, denn dort grübelte er bestimmt über seinen Sohn.

„Wie geht es dir jetzt?", fragte Vincent sanft und erntete ein Stirnrunzeln.

„Na was glaubst du wohl, wie es mir geht? Ich fühle mich entsetzlich. Ich weiß noch gar nicht, wie ich das meiner Frau beibringen soll."

„Tut mir leid, Frank! Ich habe gleich noch ein Mandantengespräch, das wird etwa eine Stunde dauern. Reden wir dann später beim Essen über die Sache, ja?" Das stimmte sogar und war keine Ausflucht, sich der grummeligen Laune seines Bruders zu entziehen, der nun merkte, wie patzig seine Antwort geklungen hatte.

„Entschuldige, wenn ich dich mit meinen Angelegenheiten behellige."

„Aber ich bitte dich, du bist mein Bruder. Du warst auch für mich da, als ich angeschossen worden bin. Ich muss nur ein wenig meinen Terminplan umorganisieren, kein Problem."

Frank ließ sich von der Beteuerung nicht täuschen und seine verkrampfte Haltung zeigte, dass er seinen Überraschungsbesuch nun bedauerte. Als Vincent den Mund öffnete, um ihm eilig zu versichern, wie willkommen er trotz des Arbeitsstresses war, in dem Vincent steckte, trat Helen in das Büro und teilte ihrem Chef mit, dass die Mandantin eingetroffen war. Daher führte Vincent seinen Bruder aus dem Büro hinaus. Draußen trafen sie auf eine bekannte Sängerin.

„Cheryl, schön Sie zu sehen. Darf ich Ihnen meinen älteren Bruder Frank vorstellen?"

Franks gesamte Haltung änderte sich zu Vincents Erstaunen. Die Sorgenfalten auf seiner Stirn verschwanden und sein strahlendes Lächeln ließ ihn so unwiderstehlich wirken wie früher als junger Mann vor seiner Hochzeit mit Silvia. Er errötete ein wenig und nahm die Hand der Sängerin, die diese ihm lächelnd hinhielt.

„Frank, wie geht es Ihnen?" Und zu Vincent gewandt: „Sind alle Männer in Ihrer Familie so gut aussehend und kräftig gebaut wie Sie und Ihr Bruder?"

„Natürlich!" Vincent zwinkerte ihr zu.

„Sind Sie Junggeselle, Frank?"

„Leider nicht", meinte Frank und küsste Cheryl die Hand.

„Die besten Männer sind immer schon verheiratet. Und wenn sie es nicht sind, sind sie anderweitig vergeben. War schön, Sie kennenzulernen, Frank." Cheryl und Frank schauten sich tief in die Augen und standen wie angewurzelt voreinander, bis der amüsierte Vincent sich räusperte. Also entzog Cheryl Frank sanft ihre Hand mit einem bedauernden Lächeln und folgte Vincent in sein zweites Büro. Frank starrte ihr hinterher.

„Soll ich Ihnen ein Mineralwasser zum Abkühlen bringen, Mr. Gable?", fragte Helen mit einem Schmunzeln.

„J… Ja!", stotterte Frank.

Endlich hatte Vincent Zeit für seinen Bruder. Er führte ihn in ein luxuriöses Restaurant, das trotz der vielen Gäste eine ruhige Atmosphäre ausstrahlte.

„Wie hast du hier noch einen Tisch bekommen?", fragte Frank erstaunt.

„Keine Ahnung, Helen hat die Reservierung veranlasst."

„Aber das Restaurant sieht aus, als wäre es monatelang im Voraus ausgebucht."

„Kann schon sein", meinte Vincent schulterzuckend.

„Du bist mittlerweile ganz schön bedeutend in Hollywood, was?"

„Nicht wirklich! Die Bosse der großen Studios, die sind bedeutend. Ich bin nur ein Anwalt."

„Immerhin ein Anwalt, der keinerlei Schwierigkeiten hat, sofort einen Tisch in den gefragtesten Restaurants zu bekommen."

„Behagliche Vorteile des Erfolgs, ich bewerte das nicht über", erklärte Vincent mit einem Lächeln. „Heute bist du oben, morgen kann das alles schon wieder vorbei sein."

„Bist du eigentlich Millionär?", fragte Frank nach einem kurzen Schweigen.

„Ich habe in den letzten Jahren nicht schlecht verdient", gab Vincent zu.

„Wow, ich habe mir nie Gedanken darüber gemacht, wie erfolgreich du hier wirklich in Hollywood bist."

„Wollen wir bestellen, Frank?", wechselte Vincent das Thema.

„Ja!"

Vincent winkte der Kellnerin zu. Nachdem sie wieder gegangen war, fragte er:

„Und du willst wirklich bei einer Pornoproduktion dabei sein?"

„Ja!"

„Aber doch nicht bei einer Produktion, in der Mario mitspielt?"

„Dreht er denn gerade?"

„Keine Ahnung! Möchtest du, dass ich das für dich herausfinde?"

„Ja!"

„Du kannst ihn auch selbst fragen."

Franks Gesicht verschloss sich und nahm einen abweisenden Ausdruck an.

„Schon gut, ich kümmere mich um alles", meinte Vincent. „Weshalb willst du bei einer Pornoproduktion zuschauen?"

„Wie soll ich das erklären?", überlegte Frank mit einem Schulterzucken. „Als Mario mir von seiner ... Tätigkeit ... erzählt hat, wollte ich ihn am liebsten totschlagen. Ich habe ihm dann nur eine Ohrfeige verpasst und bin weg, bevor ich mich vergessen konnte. Es war furchtbar, ich habe Mario noch nie geschlagen. Was soll ich jetzt tun, ihn verstoßen, nie wieder mit ihm sprechen? Ich weiß es nicht. Ich versuche, ihn zu verstehen oder wenigstens nachvollziehen zu können, weshalb er Pornos dreht. Und deshalb habe ich mir einen seiner Filme angesehen. Jetzt will ich wissen, wie ein solcher Film gedreht wird."

„Du hättest nicht ausgerechnet einen Film von Mario anschauen müssen, nicht einmal ich habe mir das länger zugemutet, und ich bin nur sein Onkel."

„Ich musste da durch, weil ich sonst keinen Weg sehe, seine Entscheidungen nachzuvollziehen."

„Wie fandest du den Film denn?"

„Ziemlich ekelhaft! Schwule Liebe ist nicht mein Fall, wie du weißt. Aber davon abgesehen war der Film recht gut gemacht. Die Darsteller sahen gut aus, und das Ambiente drum herum war ansprechend."

„Ja, solche Produktionen finden oft in Villen statt, die etwas außerhalb liegen. Die Eigentümer vermieten sie für ein oder zwei Tage."

„Was du so alles weißt", staunte Frank, aber er wirkte immer noch angespannt.

Vincent zuckte mit den Schultern. „Wenn man Anwalt in Hollywood ist, schnappt man so einiges auf.

Die Männer redeten das ganze Essen über dieses Thema. Danach musste Vincent in seine Kanzlei zurück und Frank fuhr mit dem Taxi zu dessen Wohnung.

♫♫♫

Eigentlich wollte Vincent die Nacht ohne Marc in seiner Wohnung verbringen, um seinem Bruder Gesellschaft zu leisten. Aber natürlich nörgelte Marc so lange herum, bis Vincent sich breitschlagen ließ. Marc durfte kommen.

Frank behauptete, es mache ihm nichts aus, wenn sein Bruder und dessen Freund nur drei Schritte weiter gemeinsam in einem Bett übernachteten. Er wüsste ja, dass die beiden ein Paar seien. Außerdem hätte er ein eigenes Bad und ein wunderschönes Gästezimmer. Also sollte Vincent sich keine Gedanken machen. Der glaubte seinem Bruder nicht so recht, ließ die Sache aber auf sich beruhen.

Und Frank und Marc verstanden sich dann richtig gut. Nach dem Abendessen pokerten die drei Männer noch. Vincent wurde von seinem Bruder und seinem Geliebten ganz schön ausgenommen. Die beiden schienen sich heimlich gegen ihn verbündet zu haben.

Später, im Bett, war Vincent froh, dass Marc ausnahmsweise keinen Sex wollte. Mit seinem ältesten Bruder in der gleichen Wohnung hätte er wohl keinen hoch bekommen.

Natürlich spielte Marc seine Zurückhaltung nur. Am nächsten Morgen weckte er seinen Liebhaber, indem er unter die Decke kroch und dessen Schwanz in den Mund nahm. Noch verschlafen, machte sich Vincent wenig Gedanken um die Befindlichkeiten seines Bruders und gab sich ganz dem Genuss hin. Marc lutschte ausgiebig an Vincents Erektion, bevor er dessen Beine spreizte und sich dazwischenschob. Nach vollendeter Tat gab er Vincent noch einen Kuss auf die Wange und zog sich fröhlich pfeifend ins Bad zurück.

Dieser kleine geile Kater bekam eben doch immer irgendwie das, was er wollte. Milde lächelnd drehte sich Vincent auf die Seite und schlief noch eine halbe Stunde, bis das Bad frei war.

Beim Frühstück bemerkte Frank: „Dein Freund ist sehr zeitig gegangen. Die Filmerei beginnt aber ganz schön früh."

„Das kommt immer auf die Produktion an", erklärte Vincent. „Marc hat vor Drehbeginn noch einen anderen Termin."

„Was denn für einen?"

„Darüber möchte ich nicht sprechen."

„Schon gut", meinte Frank. „Wann gehst du denn immer so ins Büro?"

„Das kommt darauf an. Meistens bin ich um Zehn da. Wenn ich Gerichtstermine habe, muss ich natürlich früher raus."

„Ja, du hast schon als Kind gerne ausgeschlafen", erinnerte sich Frank.

„Was wirst du heute tun?", erkundigte sich Vincent.

„Ach, ich schaue mir Hollywood an. Vielleicht nehme ich an einer dieser Bustouren teil, an den Villen der Stars vorbei und so weiter."

„Keine schlechte Idee", meinte Vincent. „Derweil organisiere ich eine ganz spezielle, private Tour für dich."

Selbstverständlich delegierte Vincent diese Aufgabe an Helen weiter. Sie fand bei Marios Agentur heraus, dass dieser am nächsten Tag einen Dreh in einer etwas außerhalb gelegenen Villa hatte. Von der Agentur ließ sich Helen die Nummer des Produzenten geben. Vincent sprach selbst mit dem Mann. Er hieß Bill Pulverman.

„Vincent Gable, der Anwalt der Stars? Was verschafft mir die hohe Ehre Ihres Anrufes?"

„Ich möchte von Ihnen einen Gefallen erbitten."

„Ach was? Aber gerne! Was kann ich denn für Sie tun, Mr. Gable?"

„Eigentlich ist es ein Gefallen für meinen Bruder, aber ich werde mich natürlich erkenntlich zeigen. Mein Bruder Frank möchte gerne einmal bei den Dreharbeiten zu einer schwulen Pornoproduktion zusehen. Keine Sorge, er hat kein lüsternes Interesse an der Sache."

„Warum nicht? Wenn er nicht im Weg herumsteht. Darf ich fragen, was seine Motive sind?"

„Frank hat gerade erfahren, dass sein Sohn ein schwuler Pornodarsteller ist."

„Ach ja, ich verstehe. So ein Wunsch ist schon einige Male an mich herangetragen worden. Manche Eltern versuchen mit so einer Aktion, ihre Söhne oder Töchter besser zu verstehen. Wer ist denn der Sohn Ihres Bruders?"

Vincent seufzte. „Mario, the Italian Stallion."

Bill schnalzte mit der Zunge. „Sie sind der Onkel von Mario?"

„Sieht so aus, was!"

„Ihr Bruder will aber nicht bei den Dreharbeiten morgen zugegen sein?"

„Genau da!"

„Und wenn Mario sich im Beisein seines Vaters schämt und keinen Ständer bekommt? So eine Produktion ist teuer. Außerdem hat Mario eigenes Geld in den Film investiert. Wir können es uns nicht leisten, dass er versagt."

„Das ist mir klar. Deshalb bürge ich für das Geld, sollte etwas schief gehen. Wie viel würden Sie verlieren?"

„Das muss ich erst ausrechnen. Da ist die Miete für die Villa, die Gage für die Darsteller und die Filmleute und natürlich müsste man auch die Verzögerung beim Filmschnitt und im Kopierwerk mit einrechnen. Zwanzig, dreißigtausend Dollar dürften das dann schon sein."

„Sagen wir dreißigtausend Dollar. Soll ich Ihnen unsere Vereinbarung mit einem Fax bestätigen?"

„Ich bitte Sie, Mr. Gable. Natürlich vertraue ich Ihnen. Sie müssen Ihren Bruder sehr lieben. Aber ich mache es nur, wenn Mario zustimmt."

„Ich werde meinen Neffen selbst fragen, Mr. Pulverman."

„Vielleicht wollen Sie selbst einmal Geld in einen von meinen Filmen investieren? Im Pornogeschäft verdient man gutes Geld."

„Das kann ich mir vorstellen, doch als Anwalt in meiner Position kann ich es mir nicht leisten, in eine solche Geschäftssparte zu investieren."

„Ich führe mein Geschäft seriös, Mr. Gable."

„Daran hege ich keinen Zweifel."

„Sie könnten das Geld Mario geben, als stiller Teilhaber sozusagen."

„Ich überlege es mir, Mr. Pulverman."

„Jederzeit!"

Nach Bill Pulverman rief Vincent Mario an. Im Hintergrund hörte Vincent Geräusche, die sich ganz nach Uni-Mensa anhörten. Also studierte sein Neffe wirklich.

„Kannst du offen reden?", fragte Vincent.

„Nicht so gut", meinte Mario.

„Wie lange hast du noch an der Uni zu tun?"

„Bis 18.00 Uhr etwa."

„Ich muss nachmittags einen Mandanten zu Hause besuchen. Er wohnt nicht weit von der Universität. Können wir uns gegen 15.00 Uhr irgendwo auf dem Universitätsgelände treffen?"

„Ja, es gibt da eine Cafeteria ..." Mario beschrieb seinem Onkel ausführlich, wie man dorthin kam.

♫♫♫

Mario traf erst um zehn nach Drei in der Cafeteria ein. Sein Onkel saß schon mit einer Tasse Kaffee an einem Tisch und las in irgendeiner Akte. Er war so beschäftigt, dass er die bewundernden Blicke, die ihm von vielen Studentinnen und auch von einigen Studenten zugeworfen wurden, gar nicht mitbekam. Ja, Zio Vincent war ein wirklich gutaussehender Mann, stellte Mario wieder einmal fest. Kein Wunder, dass sich Marc in ihn verliebt hatte. Vielleicht hätte sich Mario selbst ein kleines Abenteuer mit seinem Onkel gewünscht, aber dafür ähnelte jener dann doch zu sehr seinem Bruder Frank. Und hinter seinem Onkel her zu sein, gehörte sich einfach nicht.

Mario trat an den Tisch. „Ciao Zio! Tut mir leid, dass ich mich verspätet habe. Mein Professor wollte noch mit mir reden."

„Kein Problem! Hol dir einen Kaffee und setz dich zu mir."

Glücklicherweise musste Mario am Ausschank nicht lange anstehen und kehrte bald wieder zu Vincent zurück. „Was gibt es denn so Wichtiges, dass du mich an der Uni besuchen kommst?"

„Frank ist hier in LA."

Mario zuckte zusammen. „Mein Vater? Warum hat er sich nicht bei mir gemeldet?" Ein verletzter Ausdruck erschien auf seinem Gesicht.

„Er will nicht mit dir reden, noch nicht."

„Weshalb ist er dann hierher geflogen?"

„Ich denke, er wollte mit mir reden, mit jemandem der schwul ist, wie du."

„Habt ihr denn miteinander gesprochen?"

„Allerdings! Und dabei habe ich erfahren, dass Frank einen deiner Filme angesehen hat."

Mario wurde rot. „Porko Dio!"

„Die italienischen Flüche hast du aber nicht von deiner Mutter", amüsierte sich Vincent.

„Nein, von Vater. Was hat er zu dem Film gesagt?", fragte er mit einem betretenen Gesichtsausdruck.

„Na was wohl?"

„Er fand ihn widerlich", beantwortete sich Mario seine Frage selbst.

„Immerhin hat er die Qualität und das Setting gelobt. Er möchte bei den Dreharbeiten eines solchen Filmes dabei sein."

„Mein Vater als Zuschauer bei einem Pornodreh?", keuchte Mario.

„Es kommt noch dicker. Ich habe mit Bill Pulverman verabredet, dass Frank morgen bei deinem Dreh zusehen darf."

„Bei mir?", rief Mario und sprang von seinem Stuhl. Die Studenten an den anderen Tischen drehten sich zu ihm um. Schnell setzte sich Mario auf seinen Stuhl zurück.

„Seid ihr wahnsinnig?", zischte er leise.

„Es ist deine Entscheidung, Mario", beschwichtigte Vincent seinen Neffen. „Wenn ich dir einen Rat geben darf, lass Frank dabei sein. Zeig ihm deine Professionalität."

„Er ist mein Vater!"

„Es geht hier nicht um Sex. Frank macht sich Sorgen, er versucht, dich und deine Berufswahl zu verstehen. Das kann er nur, wenn er mit eigenen Augen sieht, wie du arbeitest."

„Ich weiß nicht, ob ich dazu fähig bin."

„Überlege es dir! Ich muss jetzt wirklich los. Meine Handy-Nummer hast du. Ruf mich heute Abend an, ja?"

Vierzehn

Leicht wurde der Dreh nicht für Mario. Er hatte schlecht geschlafen, und die Anwesenheit seines Vaters auf dem Set war nicht gerade anregend. Glücklicherweise vertrug er sich mit den anderen beiden Darstellern, Dennis und ein schlanker, blonder Neunzehnjähriger mit dem Namen Kyle. Mit beiden hatte er schon zusammengearbeitet, und es gab eine gewisse Anziehungskraft zwischen ihnen. Mario war professionell genug, um auch mit Darstellern zu arbeiten, die ihm nicht behagten, aber heute hätte er so einen Dreh wohl nicht durchgestanden.

Am Morgen auf dem Set duschten Mario, Dennis und Kyle gemeinsam, um Mario schon einmal ein wenig auf den Dreh einzustimmen. Üblich war es nicht, dass die Darsteller zusammen ins Bad gingen, aber wenn sie sich sympathisch waren, umso besser. Und da die Dusche der Villa groß genug war, stand dem nichts entgegen.

Leider zeigten die Bemühungen der anderen beiden nur kurzzeitigen Erfolg. Mario, dessen Schwanz normalerweise auf Befehl stand, hatte Flaute. Deshalb entschloss sich Bill Pulverman, der gleichzeitig Produzent und Kameramann war, zuerst die Szenen zu drehen, in denen die drei Darsteller bekleidet waren.

Wie versprochen stand Frank nicht im Weg herum. Er blieb im Hintergrund und hatte bald heraus, wie er zusehen konnte und trotzdem nicht den Beleuchter, den Kameramann und den Toningenieur störte. Selbstverständlich blieben ihm die Potenzprobleme seines Sohnes nicht verborgen. Als nun wirklich alle Szenen mit Bekleidung abgedreht und die Nacktszenen an der Reihe waren, zog sich Frank erst einmal mit der Visagistin in die Küche zurück. Er bekam noch mit, wie Kyle sich vor Mario kniete und ihm einen blies.

„Ist das normal?“, fragte Frank.

„Jeder Darsteller hat eigene Tricks, für einen Steifen zu sorgen. Mario lässt sich ganz gerne einen blasen.“ Sie verschwieg ihm wohlweislich, dass hin und wieder auch mit Viagra nachgeholfen wurde.

„Macht es Ihnen nichts aus, als Frau für eine Schwulenpornoproduktion zu arbeiten?“

Die Visagistin lachte. „Es bringt Geld. Außerdem sind die Jungs doch attraktiv und nett anzusehen. Bill und Mario haben hohe Ansprüche. In den letzten Jahren ist die Kundenerwartung gestiegen. Für bessere Filme geben die Leute auch schon mal etwas mehr Geld aus. Bill und Mario spekulieren auf diesen Markt.“

„Mario?“

„Wussten Sie nicht, dass er eigenes Geld in seine Filme investiert? Eigentlich gibt er das Geld, was er als Darsteller verdient, gleich wieder aus. Noch zwei, drei Filme und er ist wahrscheinlich Bills Partner.“

„Könnte Mario damit geschäftlichen Erfolg haben?“

„Als Partner von Bill allemal. Bill hat einen guten Ruf in der Branche. Bei ihm läuft alles sauber und nach dem Gesetz ab. Und er zahlt fair. Früher hat er gemeinsam mit einem Partner Heteropornos produziert, doch irgendwann ist er allein ins Schwulenpornogeschäft umgeschwenkt. Hin und wieder dreht er noch Bi-Filme.“

„Mario auch?“ Eine kleine Hoffnung keimte in Frank auf, die seine Gesprächspartnerin allerdings sofort wieder zerstörte. Die Visagistin lachte. „Der will sich mit solchen Filmen seinen Ruf als schwuler Pornohengst nicht verderben. Ich glaube auch nicht, dass Frauen nach seinem Geschmack sind. Hoffen Sie, er könnte doch noch anfangen, sich für Frauen zu interessieren?“

„Vielleicht …“

„Na ich glaube es nicht.“

„Lisa, wir brauchen Kondome!“, rief der Beleuchter in die Küche hinein.

„Ich komme schon!“

Zurück am Set übersah Lisa, die Verwalterin der Kondome, sofort die Situation. Sie griff sich eine Übergröße aus der Tasche und neckte Mario:

„Darf ich ihn dir überziehen?“

„Sehr witzig“, fauchte der und nahm ihr den Präser aus der Hand. Er ließ sich jetzt nicht ablenken, schaute nicht nach links und rechts, schon gar nicht in die Richtung seines Vaters. Geübt rollte er den Präser über seinen Steifen, während Dennis Kyle etwas Gleitcreme auf den Anus schmierte.

„Willst du aufnehmen, wie ich mich in ihn hineinschiebe, Bill?", fragte Mario.

„Ja! Weiter geht es", sagte Bill. Der Beleuchter knipste den Spot wieder an.

Kyle drehte sich in eine ziemlich unbequeme Position, die aber der Kamera einen guten Blickwinkel gewährleistete.

„Action", sagte Bill und hielt die Kamera drauf.

Mario näherte sich seinem Partner und begann den Akt. Während Mario und Kyle ziemlich beschwerlichen, kameraoptimierten Geschlechtsverkehr ausübten, setzte sich Dennis breitbeinig auf Kyles Brust und schob ihm sein Glied in den Mund. So ging es eine zeitlang. Bill ließ seine Darsteller erst einmal machen.

Frank bekam schon vom Zusehen Halsschmerzen. Kyle gehörte zu den Darstellern, die einen Schwanz tief abblasen konnten, und das tat er auch. Bis Dennis sich aus ihm zurückzog und stöhnte: „Ich komme gleich."

„Schnitt!", rief Bill und nahm seine Kamera herunter.

„Tut mir leid", entschuldigte sich Dennis. „Kyle ist in dieser Position immer so anregend."

„Dann geben wir ihm jetzt richtig was zu tun. Kyle bläst Mario und du fickst Mario."

„Aua, du willst doch nicht etwa, dass ich Marios Prügel so blase, wie ich das bei Dennis gemacht habe?", beschwerte sich Kyle.

„Ich weiß, du es kannst es."

„Nichts für ungut, Mario, du weißt, wie sehr mir dein Schwanz gefällt, aber dafür ist er mir dann doch zu groß", wandte sich Kyle an seinen Kollegen.

„Kein Problem", entgegnete Mario mit einem Schmunzeln.

„Du bekommst einen Bonus", lockte Pulverman.

„Ich bin vertraglich nicht verpflichtet, mir Marios Teil in den Rachen zu schieben."

„50 Dollar!", bot Pulverman.

„Nach so einem Schwanz wie dem von Mario bin ich tagelang heiser."

„100 Dollar!“

„Okay, aber nicht im Liegen und nur, wenn er mir danach die gleiche Ehre erweist.“

„Aber gerne, mein Hübscher.“ Mario grinste.

„Wir machen es so: Mario liegt auf dem Bett, und Kyle und Dennis blasen ihn gemeinsam. Später zieht Dennis sich ein wenig zurück und überlässt Kyle das Feld. Und dann legst du richtig los, Okay, Kyle?“, ordnete Bill an.

Kyle nickte und stieß dabei einen kleinen Seufzer aus.

„Ich verschwinde eben im Bad und mache mich für dich frisch, Süßer“, meinte Mario. Schon im Gehen zog er sich den Präser herunter. Kurze Zeit später hörte man Wasser im Bad fließen. Derweil machte sich Lisa daran, das Make-Up der Darsteller aufzufrischen. Währenddessen wischte sich Kyle mit mehreren Kosmetiktüchern die Gleitcreme fort. Als Mario zurückkam, sagte er: „Schön seifenrein.“

Weiter ging es. Die Darsteller legten sich auf dem Bett zurecht, der Beleuchter aktivierte die Spots und der Toningenieur überprüfte sein Mikro.

Frank ging in die Küche zurück. Er wollte nicht zusehen, wie zwei Männer an dem Penis seines Sohnes herumsaugten. Als diese Szene im Kasten war, machten die Darsteller erst einmal Pause. Lisa verwaltete drei große Thermoskannen, eine mit Kaffee, eine mit heißem und eine mit kaltem Wasser. Dazu hatte sie eine Packung mit Beuteln aus den verschiedenen Teesorten. Kyle nahm ihr Kamillenteeangebot gerne an. Da ein warmer Tag war, hatte er sich nur ein Handtuch um die Hüften geschwungen. Dennis trug einen dünnen, seidenen Bademantel, Mario war nirgends zu sehen.

„Hab ich einen Hunger“, meinte Dennis und schnappte sich aus der Kühltasche ein Sandwich.

„Gib mir auch eines“, sagte Kyle.

Frank konnte nicht verstehen, wie die beiden Männer nach so ekelerregenden sexuellen Handlungen etwas essen konnten, aber sie fanden so etwas offenbar nicht widerlich, höchstens anstrengend.

„Haben Sie sich die hundert Dollar verdient?“, fragte Frank. Warum er das tat, wusste er selbst nicht.

„Klar! Ich mag Ihren Sohn. Für den strenge ich mich gerne an. Sind Sie auch interessiert? Die nächsten drei Tage kann ich allerdings nicht ..."

„Kyle! Ich glaube nicht, dass Mr. Gable an Männern interessiert ist", unterbrach Dennis ihn eilig.

„Nicht? Ich dachte nur, weil er zuschaut."

„Du hast eine ziemlich dreckige Fantasie, Kyle."

„Warum schauen Sie denn zu?", erkundigte sich Kyle bei Frank.

„Ich wollte meinen Sohn auf Arbeit besuchen, sehen, was er so treibt."

„Das ist dir natürlich zu hoch, was?", frotzelte Dennis. Und an Frank gewandt: „Sie müssen ihn schon entschuldigen, Kyle ist in einem Heim aufgewachsen. Von Familie versteht der nichts."

„Ich bin zwar eine Waise, aber kein Holzkopf", fauchte Kyle.

„Sind Sie ein ...", fing Frank an, beendete seinen Satz aber nicht.

„Stricher?", half Kyle ihm. „Nein, nicht mehr. Fragen Sie, weil ich Ihnen angeboten habe, Ihnen einen zu blasen? Ich war nur neugierig, ob Sie auch so prächtig gebaut sind wie Mario. Ich wollte kein Geld dafür nehmen."

„Haben Sie alle keine Angst vor Aids?"

„Wir Pornodarsteller müssen uns jeden Monat testen lassen. Außerdem ficken wir in den Pornos immer mit Gummi. Es gibt eine Liste im Internet, in der alle Darsteller und deren Testergebnisse erfasst werden. Wer einmal positiv getestet worden ist, landet auf der Wartebank, beim zweiten positiven Test wird er nicht mehr engagiert, jedenfalls nicht von den seriösen Produktionen", erklärte Dennis.

„Aber oral machen Sie es ohne Schutz."

„Ein Restrisiko bleibt natürlich", gab Kyle zu. „Ich geh mal zu Mario, bringe ihm ein Sandwich und etwas zu trinken. Er scheint im Augenblick nicht in die Küche zu wollen."

„Ist ja auch kein Wunder ...", nuschelte Dennis.

Kyle erhob sich, kramte in der Kühltasche ein Sandwich heraus und zapfte einen Becher Wasser. Dann ging er.

Nach der Pause sah Frank dann doch kurz bei der Szene zu, in der Mario sich bei Kyle revanchierte. Marios Fertigkeiten faszinierten Frank auf eine bizarre Art und Weise, die wenig mit Sex zu tun hatte. Bill Pulverman erklärte, dass nicht viele Darsteller so etwas konnten und er froh war, heute gleich zwei von ihnen am Set zu haben. Die Szene lief sehr gut. Daher brauchte Bill nur eine Einstellung, um sie im Kasten zu haben. Mario brachte Kyle absprachegemäß zum Abspritzen. Zu dem Zeitpunkt saß Frank allerdings wieder in der Küche. Er sah nicht hin, hörte aber, was vor sich ging und reimte sich das andere zusammen. Entsprechend angeekelt verzog er das Gesicht.

„Im Kasten!“, rief Bill wenige Augenblicke später.

„Ich finde es auch ekelig, aber den Jungs scheint es zu schmecken“, meinte Lisa verständnisvoll.

Mario schaute unsicher in Richtung Küche, in der er seinen Vater vermutete und erhaschte durch die halboffene Küchentür einen Blick auf Franks angewiderte Miene.

Liebevoll wuschelte ihm Kyle durch das Haar. „Du warst gut. Das müssen wir wiederholen, wenn wir unter uns sind.“

„Trefft euch lieber nicht privat. Zwischen euch beiden gibt es immer so ein tolles Knistern am Set. Wenn ihr was miteinander anfangt, ist das bald vorbei. Also spart es euch für die Kamera auf“, meinte Bill. „Weiter Leute, Zeit ist Geld!“

„Kann ich erst einmal was trinken?“, beschwerte sich Mario.

„Na gut, fünf Minuten! Danach drehen wir die Fickszene im Wohnzimmer zwischen dir und Dennis, Kyle kann sich so lange erholen.“

Lisa brachte Mario einen Becher Wasser, Dennis lehnte ab.

Derweil räumten der Beleuchter und der Tontechniker ihre Geräte in das Wohnzimmer. Sie brauchten dann doch eine Viertelstunde, bis sie alles aufgebaut hatten. Lisa tupfte den Schauspielern den Schweiß vom Körper und erneuerte deren Make-Up. Und plötzlich war wieder Flaute bei Mario. Er zog sich in eine stille Ecke zurück und versuchte, seinen Schwanz selbst wieder hochzubringen. Nach einer Weile gesellte sich Kyle zu ihm. „Was ist los?“, fragte er leise.

„Ich habe ein schlechtes Gewissen, weil sich mein Vater vor mir und meiner Arbeit ekelt.“

„Heten ekeln sich eben vor solchen Szenen. Ist doch nur natürlich, wenn ein Vater Schwierigkeiten damit hat, seinen Sohn beim Sex zu wissen. Wenn du 'ne Frau geleckt hättest, hätte er sich wahrscheinlich auch geekelt. Oder würdest du deinen Vater in einer vergleichbaren Situation anregend finden?“

„Dio mio, nein!“

„Na siehst du.“ Kyle steckte Mario unauffällig eine Viagra in den Mund, der sie schnell mit einem Schluck Wasser herunterschluckte, ließ sich auf die Knie nieder und bemühte sich erneut um dessen Glied. Es dauerte aber weitere fünfzehn Minuten, bis es wieder einsatzbereit war.

Als Mario und Dennis den Dreh beginnen konnten, war Kyle sehr stolz auf sich.

Weitere Hänger hatte Mario nicht mehr.

Die nun anstehende Fisting-Szene war Mario furchtbar peinlich. Dabei agierte er doch als der aktive und nicht der passiver Part. Außerdem war es gar keine richtige Hardcore-Szene, nichts für die Hartgesottenen, nicht viel mehr als ein nettes Fingerspiel. Dennis und Kyle losten, wer hinhalten würde. Es traf Kyle. Obwohl Frank sich wieder einmal in die Küche zurückgezogen hatte, war Mario so nervös und fahrig, dass sie die Szene immer wieder abbrechen mussten.

„Du tust mir weh“, beschwerte sich Kyle, nachdem er zum vierten Mal die Gleitcreme von seinem Po gewischt hatte und Mario sich einen frischen Gummihandschuh überzog.

„Tut mir leid, ich mache es wieder gut.“

„Mach es einfach jetzt gut, ja?“

„Vielleicht sollte Dennis Marios Rolle übernehmen“, meinte Lisa zu Bill.

„Aber die Zuschauer wollen Mario als aktiven Part. Kann es weitergehen?“

„Ja!“, meinte Mario.

Kyle kniete sich wieder hin. Endlich gelang die Szene. Bill gab ein Zeichen, dass Mario sich wieder entfernen sollte. Vorsichtig zog Mario seine fünf Finger aus Kyle heraus.

Bill machte noch eine Kamerafahrt über Kyles Hinterteil. Manche Leute standen auf den Anblick. Da Mario vor der Handwurzel gestoppt hatte, hielt sich die Weitung in Grenzen. Aber alles andere fand Bill unappetitlich. Außerdem drehten sie hier keinen SM-Streifen. Das überließ Bill anderen.

„Cut“, sagte er und beendet damit die Szene.

„Alles klar?“, fragte Mario und streichelte Kyle zärtlich mit der linken, nicht behandschuhten Hand über den Hintern.

„Ja!“, antwortete der, erhob sich und streckte sich wie eine Katze.

Mario riss sich den Handschuh von der Hand und schmiss ihn in den bereitliegenden Müllbeutel. In diesem Moment betrat Frank gemeinsam mit Dennis das Set wieder.

„Zehn Minuten Pause, dann drehen wir die Cum-Shots und zwar in Kyles Gesicht“, verkündete Bill.

„Immer ich“, beschwerte sich Kyle. Er verbrauchte gerade Unmengen von Lisas feuchten Kosmetiktüchern.

„Selbst schuld, dass du so süß aussiehst“, neckte Mario ihn.

„Beim nächsten Mal möchte ich Mario anspritzen“, brummte Kyle.

„Das geht nicht. Mario ist der Hengst, dem wird nicht ins Gesicht gespritzt“, erklärte Bill.

„Du darfst es privat machen“, versprach Mario grinsend.

Franks Miene, welche auch schon vorher nicht sehr froh ausgesehen hatte, verfinsterte sich, als er das hörte. Mario benahm sich absolut unmännlich. Wie konnte er so etwas nur wollen? Es war ja schon schlimm genug, dass er schwul war. Jetzt benahm er sich auch noch wie eine Tunte.

Mit stolz gerecktem Kinn warf Mario seinem Vater einen herausfordernden Blick zu. Vater und Sohn hatten den ganzen Tag kaum zwei Worte miteinander gewechselt. Jetzt wollte Mario etwas sagen, kam aber nicht dazu, weil Vincent in diesem Augenblick im Wohnzimmer auftauchte.

„Darf ich stören?“, fragte er. „Ihr Beleuchter meinte, ich dürfte ruhig eintreten.“

Bill Pulverman strahlte ihn an, fast erleichtert. „Sie sind Vincent Gable, richtig? Ich freue mich, Sie kennenzulernen.“

„Mr. Pulverman!“

Die Männer schüttelten sich die Hände.

„Wir sind etwas im Zeitverzug. Glücklicherweise müssen wir nur noch die Cum-Shots drehen. So etwas geht normalerweise schnell, denn die Darsteller und das Team wollen nach Hause. Wenn Sie wollen, können Sie zusehen."

„Lieber nicht!", sagte Vincent.

„Ich habe auch genug gesehen, gehen wir in die Küche", erklärte Frank mit grollender Stimme. In der Küche angekommen, zog Frank für sich und Vincent Kaffee. „Nett, dass du uns abholen kommst."

„Ich dachte, wir fahren zu mir nach Hause und kochen alle etwas gemeinsam."

„Ich weiß nicht, ob ich den Anblick meines Sohnes heute Abend noch ertragen kann."

„Aber warum denn nicht? War der Dreh so schrecklich?", fragte Vincent mitfühlend.

„Das Team und die Darsteller sind sehr professionell, aber ich komme einfach nicht damit zurecht, dass sich Mario so ... hm ... wie soll ich das ausdrücken ... unmännlich ... verhält. Ich habe ihn zu einem Mann erzogen, nicht zu jemandem, der andere Männer bedient."

„Du sprichst von bestimmten Liebespraktiken, oder?", versuchte Vincent, seinen Bruder zu verstehen.

„Irgendwie schon!"

„Und du glaubst, Männer die anderen Männern die Schwänze blasen, sich vögeln lassen und hin und wieder Sperma ins Gesicht gespritzt bekommen, sind keine ganzen Kerle?"

„Na was soll ich denn sonst denken?", zischte Frank.

„Ich kann dir dabei nicht helfen, Frank. Für mich gibt es in der Liebe keine festgefügten Rollen. Mal übernimmt der eine die Führung, mal der andere. Hauptsache ist doch, man hat gemeinsam Spaß. Wenn du mit fast fünfzig immer noch glaubst, du müsstest jederzeit die Zügel in der Hand halten, dann tust du mir leid."

„Ich bin so erzogen worden", grollte Frank. „Für mich waren diese Ansichten immer richtig."

„Dann halte nur schön an ihnen fest, und du verlierst deinen einzigen Sohn."

„Ich muss hier raus!", fauchte Frank, riss die Tür zum Garten auf und stapfte davon.

♫♫♫

Endlich beendete Bill die Dreharbeiten. Das Team schleppte die Geräte in den Kleintransporter zurück, während sich die Darsteller schnell noch einmal duschten. In der Miete für das Haus waren die Kosten der Endreinigung mitenthalten. Dennoch huschte Lisa durch die Räume, die sie hatten benutzen dürfen und sah nach, ob sie auch keine Kondome, Tücher und anderen Müll vergessen hatten. Sie verknotete die Mülltüten und tat sie in einen großen, blickdichten, neutralen Sack, den sie in den Laster stellte. Sie ließen ihren Müll nie in den Tonnen der Vermieter zurück, schon wegen der eventuell allzu neugierigen Nachbarn. Sie würden den Sack auf dem Weg zurück in die Stadt in den Container einer großen Wohnsiedlung werfen, sogar ganz legal. Bill bezahlte den Verwalter dafür und hatte einen Schlüssel zum Müllplatz.

Dennis war mit seinem eigenen Auto gekommen und fragte Kyle, ob er ihn in die Stadt mitnehmen konnte. Der wollte sich aber lieber Mario anschließen.

Also fuhr Dennis schulterzuckend ohne ihn ab.

Vincent hatte nichts dagegen, Kyle mitzunehmen. Die beiden jungen Männer saßen hinten, Frank auf dem Beifahrersitz. Die Stimmung im Wagen war gedrückt. Tröstend legte Kyle seine Hand auf Marios Schenkel, der ihn daraufhin dankbar anlächelte. Eigentlich wäre Mario lieber mit Kyle gegangen, doch Vincent hatte seinen Neffen in seine Wohnung zum Essen eingeladen. Für einen Moment dachte Mario daran zu fragen, ob Kyle auch mitkommen durfte. Aber wenn man bedachte, mit wem sein Onkel zusammen war, wollte der wohl kaum einen für ihn unbekannten Pornodarsteller beim Essen dabei haben.

Kyle ließ sich vor einem schwulen Sportclub absetzen. Hatte er denn heute noch nicht genug Sex bekommen?

„Ich arbeite hier", lachte er, als er Marios verblüfften Gesichtsausdruck sah. „Und außerdem gibt es Leute, die wirklich nur in einen Sportclub gehen, um Sport zu treiben."

„Wer's glaubt."

Die Männer küssten sich auf beide Wangen, dann stieg Kyle aus.

„Ruf mich an, Mario."

„Wenn ich es schaffe. Ich habe viel zu tun."

Kyle warf die Autotür zu und Vincent fuhr an.

„Da hast du aber eine Eroberung gemacht", bemerkte Vincent.

„Ja, mit Kyle habe ich jetzt schon zum dritten Mal zusammengearbeitet. Bill meint, wir sollten uns besser nicht privat miteinander treffen, damit wir vor der Kamera in die Vollen gehen."

„Aus seiner Sicht wohl ein guter Rat", meinte Vincent und warf Frank einen kurzen, prüfenden Seitenblick zu.

„Was?", hörte Mario seinen Vater blaffen.

„Ich überlege, ob ich zum Dessert Limonecello-Creme zubereite. Dein zitroniges Gesicht inspiriert mich dazu", antwortete Vincent trocken und Mario musste trotz aller Anspannung grinsen. Sein Onkel zwinkerte ihm im Rückspiegel zu. Ein warmes Gefühl durchflutete ihn. In Vincent hatte er einen Verbündeten, jemanden, der Frank nicht einfach so mit seiner schlechten Laune davonkommen lassen würde.

In der Wohnung wartete schon Marc auf sie. Er hatte seine beiden Katzen aus der Villa geholt, weil er sie nicht allein lassen wollte. Diese Begründung für die Anwesenheit der Katzen wirkte etwas weit hergeholt, immerhin hatte er Bruno, der die Tiere sehr gerne betreute. Aber Marc wollte seine beiden Samtpfoten einfach um sich haben. Die Anwesenheit der Katzen lockerte die Stimmung. Sie waren einfach zu drollig, wie sie vorsichtig durch die Wohnung schlichen und alles erkundeten.

Entgegen Vincents ursprünglicher Befürchtungen wurde es ein angenehmes Essen, auch wenn Vater und Sohn wenig miteinander sprachen. Immerhin schwiegen sie sich nicht an und waren höflich zueinander.

Fünfzehn

Am nächsten Tag flog Frank nach Chicago zurück. Er hatte nicht mit seinem Sohn gebrochen, war aber noch weit davon entfernt, sich mit dessen Lebensweg arrangieren zu können. Wie es weitergehen würde, wusste Frank nicht. Seine monatlichen Zahlungen stellte er vorerst nicht ein. Immerhin studierte Mario wirklich, wie Vincent seinem Bruder bestätigt hatte. Vielleicht kam Mario eines Tages zur Vernunft. Und dann war es besser, wenn er einen akademischen Abschluss in der Tasche hatte. Seiner Frau erzählte Frank nichts. Er musste erst selbst sehen, wie er mit der Situation zurechtkam. Zum ersten Mal in seinem Leben hatte Frank ein Geheimnis vor Silvia.

In LA pendelte sich das Leben wieder ein. Marc freute sich auf das baldige Ende der Dreharbeiten und seine bevorstehende Abreise nach Spanien. Die Tatsache, dass er Vincent ein halbes Jahr nicht sehen würde, trübte allerdings seine Reiselust etwas. Aber wozu gab es denn Telefon und Internet? Sie konnten miteinander telefonieren und chatten. Irgendwie würde er die räumliche Trennung schon durchstehen. Jamie konnte ihn ja auch trösten.

Wie jeden Abend fuhr Tom Zaine seinen Schützling nach Hause zurück.

„Warte Mal, Tom! Da ist jemand, den ich kenne."

Wunschgemäß hielt Tom vor einem Geschäft.

„Mario!", rief Marc aus dem Sportwagen heraus.

Der trat heran. „Ciao Marc."

„Was machst du hier?"

„Gemüse für das Abendessen einkaufen."

„Willst du nicht bei mir essen? Vince freut sich bestimmt, dich zu sehen."

„Warum nicht", meinte Mario. Er stieg in den Wagenfond. Dort war es zwar ein wenig eng, doch wenn er sich etwas zusammenfaltete, ging es.

Tom fuhr die beiden zu Marcs Villa. Bruno empfing sie an der Tür.

„Das ist mein Butler, Fahrer und Leibwächter Bruno; Mario Gable, der Neffe von Vincent“, stellte Marc die beiden Männer einander vor.“

„Es freut mich, Sie kennenzulernen, Mr. Gable. Master Vincent lässt ausrichten, dass er heute vielleicht etwas später kommt. Er weiß noch nicht, wie lange seine Besprechung mit seinem letzten Mandanten sein wird.“

Marc hob seinen Kater Leo, der um seine Beine streifte, vom Boden auf, drückte ihn zur Begrüßung an seine Brust und kraulte ihm über das Köpfchen. Mario nahm sich der Katzendame Mel an. Die beiden Katzen schnurrten um die Wette.

„Wollen Sie mit dem Essen noch warten?“

„Ja, danke Bruno!“

Der Butler ging wieder.

„Komm, ich zeige dir mein Haus!“, meinte Marc zu Mario, der die Einladung gerne annahm.

Marc führte seinen Gast überall herum. Zum Abschluss gingen sie ins Schlafzimmer. Die Anlage faszinierte Mario. So legte Marc für ihn eine DVD ein, eine Komödie. Die Männer machten es sich gemeinsam auf dem Bett gemütlich. Sie dachten wirklich nicht an Sex. Bis Mario Marc aus einer Laune heraus auf den Mund küsste. Sie hatten gerade herzlich über eine Szene des Filmes gelacht, und Mario wollte sich eigentlich nur für den netten Abend bedanken. Plötzlich ging es Marc durch und durch. Mario duftete so toll und so männlich. Sein Rasierwasser war schon verflogen, aber sein natürlicher Duft darunter berauschte Marc geradezu und erinnerte ihn an Vincent.

„Riechen alle Gables so gut?“, raunte er. Wie von selbst schlangen sich seine Arme um Marios Hals und der gerade noch freundschaftliche Kuss wandelte sich in pure Sinnlichkeit.

Marios Schreck dauerte nur einen Moment. Diesem anschmiegsamen, willigen Körper konnte er nicht widerstehen und bald zerrten sie einander die Kleidung vom Leib.

Müde betrat Vincent die Villa seines Lebensgefährten. Endlich hatte er sich von seinem Mandanten loseisen können. Bruno empfing ihn wie jeden Tag und auch die Katzen begrüßten ihn maunzend. Obwohl er immer noch etwas Probleme mit seinem Bein hatte, kniete sich Vincent zu ihnen und streichelte sie. Er hatte sich schon als Kind Katzen gewünscht, doch seine Eltern waren dagegen gewesen. Vielleicht wäre es auch zu viel gewesen, bei sieben Kindern im Haus noch Tiere zu halten. Aber so ganz verstanden hatte Vincent es eigentlich nie. Hätte er selbst Kinder, würde er ihnen ihre Haustiere nicht verbieten.

„Die beiden jungen Herren sind oben im Schlafzimmer und schauen sich einen Film an", vermeldete Bruno.

„Zwei junge Herren?"

„Ihr Neffe Mario ist zu Besuch."

Für einen Moment wurde Vincent misstrauisch, doch weshalb sollten Mario und Marc nicht im Schlafzimmer sitzen und Filme schauen? Dort stand nun einmal die größte, tollste Anlage des Hauses.

„Soll ich dann das Essen auftragen?"

„Ja, danke Bruno!"

Als er die Treppe in den ersten Stock hochging, hatte Vincent seinen Argwohn schon wieder vergessen. Er ging nur nach oben, um sich nach der Arbeit umzuziehen. Marc sah ihn immer so gerne in Jeans.

Vincent öffnete die Tür zum Schlafzimmer, sah die beiden nackten Männer auf dem Bett und prallte regelrecht zurück.

„Marc?", rief er und er zuckte selbst zusammen, wie verletzt und fast panisch seine Stimme klang.

Marc kniete nackt auf seinem Bett, halb weggetreten vor Ekstase. Mario besorgte es ihm gründlich. Er war ein verdammt geiler Hengst, fast so gut wie sein Onkel, aber nur fast. Jemand rief Marcs Namen, nein, nicht irgendjemand, er hörte Vincents Stimme. Fraugend hob er den Kopf und blickte zur Tür.

Das schiere Entsetzen zeichnete sich auf Vincents Gesicht ab. Marc hatte seinen Liebhaber noch nie so aufgelöst, so völlig fassungslos gesehen. In diesem Moment wurde ihm bewusst, dass er gerade den vielleicht größten Fehler seines Lebens beging. Bevor er etwas sagen konnte, drehte sich sein Lebensgefährte auf dem Absatz um und stürzte davon.

„VINCE!", schrie Marc. Er wollte aufstehen, hinter dem Flüchtenden her, aber da war noch dieser schwere Körper auf ihm, der ihn daran hinderte. Während Mario eine Salve von italienischen Flüchen ausstieß, zog er sich auch schon aus Marc zurück, leider nicht schnell genug. Endlich befreit, rannte Marc in den Flur. Von der Empore der Treppe sah er nur noch, wie die Eingangstür hinter Vincent zufiel.

„Nein! Vincent!" Wie ein Häufchen Elend brach Marc zusammen. Er krallte seine Hände an die Streben des Treppengeländers und schluchzte.

Mario, der ihm gefolgt war, hob ihn auf und führte ihn in das Schlafzimmer zurück. Oh Gott, er war ein mieses Schwein, mit dem Freund seines Onkels zu schlafen, obwohl er genau gewusst hatte, dass Vincent total eifersüchtig auf ihn war. Mario fühlte sich im Augenblick wie ein Stück Dreck. Und dass Marc so völlig aufgelöst war, machte es noch schwerer. Vielleicht reagierte er ein wenig zu hysterisch auf den Vorfall. Doch wenn man den Stolz der Gables bedachte, konnte es gut sein, dass er allen Grund hatte zu heulen. Mario nahm Marc in die Arme und wiegte ihn wie ein Kind.

Aufgewühlt setzte sich Vincent in seinen BMW und fuhr mit überhöhter Geschwindigkeit los. Was er immer befürchtet hatte, war eingetreten. Sein Katerchen hatte sich einen Jüngeren gesucht. Ausgerechnet Mario! Jeder Blinde konnte die auffallende Familienähnlichkeit zwischen Vincent und Mario erkennen. Gegen andere Männer hätte sich Vincent noch Chancen ausgerechnet, aber gegen Mario? Sein Neffe war wie er, nur jünger und knackiger. Außerdem hatte er einen spannenden Beruf, der Marc geradezu magnetisch anzuziehen schien. Mit einem Pornodarsteller zusammen zu sein, musste für einen Mann wie Marc geradezu abenteuerlich berauschend sein. Was konnte ein langweiliger Anwalt einem Popstar schon bieten? Nichts als Zuverlässigkeit und Stabilität, ... Eintönigkeit. Marc und Vincent gingen nicht oft aus. Wahrscheinlich hatte sich Marc in den letzten Wochen zunehmend gelangweilt.

So ging es weiter. Die Gedanken kreisten in Vincent, er achtete gar nicht so recht, wo er hinfuhr, einfach nur drauflos. Auf der Auffahrt der Stadtautobahn passierte es dann. In der Kurve verlor

Vincent die Kontrolle über sein Auto und krachte gegen die Leitplanke. Eine Zeitlang saß er einfach nur da, vielleicht fünf oder zehn Minuten. Dann zückte er sein Handy und rief die Polizei an. Glücklicherweise stand er nicht sonderlich im Weg, so dass die anderen Autofahrer um ihn herumfahren konnten und er nicht auch noch die Ursache für weitere Unfälle wurde.

Die beiden Streifenbeamten waren zuvorkommend. Sie kannten Vincent aus seiner Zeit, als er noch Strafrecht gemacht hatte. Da er sie damals als Anwalt immer fair behandelt hatte, sahen sie von einer Anzeige aufgrund Fahrens mit überhöhter Geschwindigkeit ab. Dass Vincent zu schnell gefahren war, konnten sie wegen der Bremsspur deutlich erkennen. Natürlich äußerte sich Vincent wohlweislich nicht zu dem Unfall, denn als Jurist wusste er, wann er besser zu schweigen hatte. Einer der Beamten orderte Verstärkung, um die Auffahrt sperren zu lassen, bis der BMW abgeschleppt werden konnte. Der andere sagte mitfühlend zu Vincent:

„Kein guter Tag heute für Sie, was Mr. Gable?"

Vincent lächelte schwach. „Sieht so aus."

„Ein schicker BMW. Das Modell hat mir immer sehr gefallen. Schade, jetzt ist er wohl nur noch Schrott", plauderte der Polizist.

„Hab ihn mir von meinem ersten großen Geld gekauft."

„Das ist doppeltes Pech."

„Ja", stimmte Vincent zu. Es dauerte eine ganze Weile, bis der Abschleppdienst kam und alles erledigt war. Die beiden netten Polizisten brachten Vincent noch im Streifenwagen nach Hause.

Dort ließ er sich erst einmal auf seine Couch fallen und starrte eine Weile ins Leere. Sein Telefon klingelte. „Vince, bist du da?", fragte Marc, als der Anrufbeantworter ansprang.

„Vince!"

...

„Geh doch bitte ans Telefon!"

...

„VINCE!"

Marcs Stimme klang hysterisch.

Aufseufzend stand Vincent von der Couch auf, ging zum Telefontisch und meldete sich mit kalter Stimme. „Was ist?"

„Oh Vince, Gott sei Dank! Endlich erreiche ich dich. Verzeih mir, bitte verzeih mir. Es war nur Sex, wirklich. Mario bedeutet mir nichts, absolut nichts. Ich mache es auch nie wieder. Ich liebe nur dich ... und Jamie natürlich."

„Ich bin müde", sagte Vincent erschöpft.

„Darf ich zu dir kommen? Ich schlafe auch auf der Couch, oder besser noch, auf dem Fußboden. Ich werde vor dir auf den Knien rutschen, bis du mich wieder in dein Bett lässt."

„Du musst dich nicht vor mir erniedrigen, Marc. Aber ich will jetzt allein sein. Ich brauche Zeit zum Nachdenken."

„Worüber willst du denn nachdenken?" Marcs Stimme wurde schrill.

„Lass mich einfach zufrieden, ja? Wenn du nicht allein sein willst, kann ich Tom bitten, die Nacht bei dir im Haus zu verbringen. Mehr kann ich jetzt wirklich nicht für dich tun."

„Bruno ist doch da", wisperte Marc mit zittriger Stimme.

„Ruf mich nicht wieder an! Ich melde mich bei dir." Vincent legte auf. Er löschte die vielen Anrufe von Marc und Mario, die zwischenzeitlich auf seinem Anrufbeantworter eingegangen waren. Dasselbe tat er mit seiner Handy-Mailbox.

Danach ging er an seine Bar und goss sich einen doppelten Whiskey ein. Damit ging er in die Küche und sah in seinem Eisschrank nach, was er sich zum Essen machen konnte. Am liebsten hätte er sich richtig volllaufen lassen, doch er hatte morgen einen wichtigen Gerichtstermin, den er nicht vergeigen durfte. Seine Mandanten hatten Anspruch darauf, dass er zu hundert Prozent da war, egal, wie schlecht es ihm auch ging, schließlich bezahlten sie ihn fürstlich. Also musste Vincent das Saufen auf einen anderen Tag verschieben.

♫♫♫

Nach drei Tagen Funkstille meldete Vincent sich wieder bei Marc. Er erkundigte sich, wie die Dreharbeiten liefen, ob Marc auch genug aß und ob er schon seine Koffer für Europa gepackt hätte. Vincent nahm seine Pflichten als von C. L. Ifford bezahlter Betreuer wirklich sehr ernst. Über die Beziehung wollte er nicht sprechen und er schnitt seinem Freund das Wort ab, wann immer dieser einen Versuch in diese Richtung startete.

Marc war verzweifelt. Er kam einfach nicht an Vincent heran. Einige Zeit dachte er daran, einfach mit dem Essen aufzuhören, bis Vincent gar nicht anders konnte und ihn wieder in die Arme schloss. Aber bestimmt ließ sich dieser nicht so leicht erpressen. Außerdem hatte Marc Angst, dass er ihn mit einer solchen Aktion noch mehr gegen sich aufbrachte.

Mit Jamie wagte er nicht, über das Vorgefallene zu sprechen, obwohl die beiden Cousins täglich miteinander telefonierten. Marc behauptete, Vincent sei wegen eines schweren Prozesses so im Stress, dass er viele Überstunden machen müsse und deshalb nicht ans Telefon kommen könne, was nicht einmal gelogen war. Immerhin machte der Urheberrechtstreit, mit dem Vincent sich gerade befasste, Schlagzeilen in der Zeitung.

Endlich war der letzte Drehtag vorbei. Morgen würde Marc für ein halbes Jahr nach Europa verschwinden. Ob Vincent wenigstens an den Flughafen kam, um ihn zu verabschieden? In der Nacht heulte sich Marc in den Schlaf. Auch seine Katzen, die sich zu ihm gekuschelt hatten, boten ihm nur einen kleinen Trost.

♫♫♫

Wie ein Häufchen Elend saß Marc zusammengesunken in der VIP-Lounge und starrte vor sich hin. Bruno hatte ihn zum Flughafen gefahren und sich um die Formalitäten gekümmert. Und dann waren auch noch Tom Zaine und seine Frau gekommen, um ihn zu verabschieden, eine nette Geste. Die beiden hatten nicht viel Zeit gehabt, weil Tom wieder als Tourmanager engagiert worden war und zu einer Besprechung musste. Aber es war schön, die beiden vor seinem Abflug noch einmal zu sehen.

Seitdem wartete Marc alleine. Lange würde es nicht mehr dauern, bis sie in das Flugzeug konnten. Andere Mitreisende, die ebenfalls Erste Klasse gebucht hatten, ließen ihn zufrieden. Er hätte es jetzt nicht ertragen, auf ein Autogramm angesprochen zu werden.

Eine weitere Person betrat die Lounge. Marc blickte müde zum Eingang. Er hatte schon längst die Hoffnung aufgegeben, dass Vincent noch kommen würde. Daher zuckte er überrascht zusammen, als er seinen Liebhaber endlich wiedersah. Sein Herz begann vor Freude zu rasen und rutschte ihm dann in die Hose, als er Vincents verschlossene Miene sah. Vince kam wohl nur aus Pflichtbewusstsein. Er setzte sich neben Marc und sagte:

„Wie ich hörte, hast du die Dreharbeiten erfolgreich abschließen können."

„Ja!", erwiderte Marc mit zittriger Stimme.

„Schön, das freut mich. Ich bin nur hier, um mich von dir zu verabschieden und dir einen guten Flug zu wünschen. Bitte grüße Jamie ganz herzlich von mir."

„Vince!" Marcs Stimme flehte Vincent geradezu an, es nicht so enden zu lassen, aber der schnitt seinem Freund mit einer Geste jedes weitere Wort ab.

Zwischen den beiden Männern herrschte eine spannungsgeladene Stille.

„Bist du noch mein Anwalt?", wisperte Marc.

„Brauchst du denn gerade meine anwaltliche Hilfe?"

„Nein, aber kümmerst du dich bitte um die Katzen?"

„Bruno kann für die Katzen sorgen."

„Aber es sind auch irgendwie deine Katzen."

„Wenn Du möchtest, nehme ich Leo und Mel zu mir."

„Ja, bitte!", seufzte Marc. Vielleicht hätte er Vincents kalte Mauer durchbrechen können, wenn sie alleine gewesen wären und Marc ihn hätte berühren, umarmen und küssen können. Aber hier, mit den anderen Passagieren im Raum, hatte Marc keine Chance. Vielleicht hatte es Vincent absichtlich so abgepasst.

Der Flug wurde aufgerufen. Marc nahm seinen Rucksack und stand auf. Auch Vincent erhob sich.

„Danke, dass du dich immer so gut um mich gekümmert hast, Vince", sagte er und schluckte. Er konnte seinem Freund nicht ins Gesicht sehen, weil er dann sofort losgeheult hätte. Deshalb starrte er auf dessen Krawatte.

„Keine Ursache!", hörte er die kühle, distanzierte Stimme von Vincent. „Und gute Reise!"

Marc drehte sich auf dem Absatz um und rannte fast zu der Stewardess, die die Bordkarten überprüfte. Die Passagiere wurden in einen Raum geschleust, zu dem die Angehörigen keinen Zutritt mehr hatten.

Vincent starrte seinem Freund lange hinterher und verließ die VIP-Lounge erst, nachdem er Marc hinter den Glastüren nicht mehr sah. „Mach's gut, mein Katerchen", murmelte er. Er fühlte sich leer und taub, so, als sei alle Freude aus seinem Leben mit der Abreise von Marc verschwunden.

Sechzehn

Der Teufel war los, als Jamie erfuhr, was sein Cousin angestellt hatte. Marc hatte ihn noch nie so wütend erlebt.

„Du schläfst ausgerechnet mit dem einzigen Mann, auf den Vincent eifersüchtig ist, mit seinem Neffen?", schrie Jamie. „WARUM?"

„Ich weiß nicht. Ich ... ich wollte es nicht. M ... Mario hat mich so sehr an Vince erinnert. A ... außerdem ist Mario ein P ... Pornostar", stotterte Marc.

„Und nur, weil er Pornos dreht, setzt du alles aufs Spiel? Unsere gemeinsame Beziehung zu Vincent, dem besten, leidenschaftlichsten, zärtlichsten und verständnisvollsten Lover, der uns jemals über den Weg gelaufen ist?"

„Ich wollte es nicht", schluchzte Marc. Er vergrub das Gesicht in seinen Händen.

„Wieso, hat dieser Mario dich etwa vergewaltigt?"

„Natürlich nicht!"

Jamie packte seinen Cousin an den Schultern und schüttelte ihn. „Warum, warum, warum?", schrie er.

„Es war nur Sex", heulte Marc.

„Du hättest Sex mit anderen haben können, solchen, die Vincent egal gewesen wären. In Hollywood gibt es bestimmt hunderte attraktiver Pornodarsteller."

„Aber die anderen haben nicht so eine Ähnlichkeit mit Vincent."

„Du hast mit Mario geschlafen, weil er Vincent ähnlich sieht?", fragte Jamie ungläubig.

„Ich glaube schon", schniefte Marc.

„Du bist ein verdammter Idiot."

„Ich weiß! Meinst du, wir können Vincent zurückerobern?"

Jamie ließ sich neben Marc auf die Couch ihrer gemieteten Penthousewohnung fallen, nahm ein Taschentuch aus seiner Jeans und wischte seinem Cousin mit groben Bewegungen die Tränen aus dem Gesicht.

„Hör auf zu heulen, das bringt auch nichts!"

„Rufst du Vince an?", jammerte Marc. Er sah wirklich elend aus.

„Natürlich rufe ich ihn an. Was glaubst du denn, Dummkopf? Aber nicht jetzt, sondern später, wenn er bequem abends zu Hause sitzt. Dann ist er entspannt und eher geneigt, mir zuzuhören."

„Bist du mir sehr böse?", wisperte Marc und schaute Jamie ängstlich an.

Der zog seinen Cousin in die Arme und küsste ihn zärtlich tröstend auf den Mund.

„Und ob ich dir böse bin! Aber es hilft nichts, dich zu bestrafen. Und eigentlich bist du auch schon bestraft genug, oder?"

„Ja!", schniefte Marc. Er war so froh, dass Jamie ihn wegen seines Ärgers nicht zurückstieß. „Das ist übrigens eine tolle Wohnung, die du uns ausgesucht hast."

♫♫♫

„Ja?", meldete sich Vincent kurz angebunden am Telefon. Es war kurz nach elf Uhr Abends und er war gerade mit dem Essen fertig. Vincent wollte sich irgendeine DVD ansehen und dabei ein oder zwei Whiskey trinken. Die beiden Katzen turnten zu seinen Füßen.

„Ich bin es, Jamie."

„Wie geht es dir, Engel?" Vincents Stimme wurde etwas wärmer.

„Ganz gut!"

„Ist Marc gut bei dir angekommen?"

„Der Flug war ruhig. Trotzdem ist er ein Nervenbündel, weil er von zu Hause Probleme mitgebracht hat."

„Das tut mir leid für ihn, aber ich kann ihm dabei nicht helfen."

„Du könntest ihm verzeihen", säuselte Jamie mit liebreizender, sanfter Stimme.

„Darum geht es nicht", meinte Vincent ernst. Er nahm einen Schluck aus seinem Whiskeyglas.

„Worum geht es dann?", wunderte sich Jamie.

„Dieser Vorfall hat mir vor Augen geführt, dass ich zu alt für Marc bin."

„Das ist doch Quatsch. Du bist genau richtig für ihn ... für uns."

„Jetzt mag unser Altersunterschied noch nicht so sehr ins Gewicht fallen, doch wenn ich erst einmal sechzig bin, seid ihr erst vierzig."

„Dreiundvierzig und vierundvierzig", verbesserte Jamie. „Ich bin ein Jahr älter als Marc ..."

Vincent unterbrach ihn. „Es ist für alle Beteiligten besser, die Sache frühzeitig zu beenden."

„Willst du dich denn auch von mir trennen?", fragte Jamie mit betroffener Stimme. „Ich habe gar nichts verbrochen."

„Es tut mir leid, mein Engel."

„Ist doch egal, wie groß der Altersunterschied ist. Es zählt einzig und allein, ob man sich liebt. Und du liebst uns doch noch, oder?"

„In einigen Jahren bringe ich es vielleicht nicht mehr. Wenn ich euch keinen Sex mehr bieten kann, glaubst du dann immer noch, dass nur die Liebe zählt?", fragte Vincent und seine Stimme troff mehr vor Sarkasmus, als er eigentlich wollte.

„Ich hatte beim letzten Mal nicht das Gefühl, dass du Potenzprobleme hattest", wandte Jamie ein.

„Hatte ich auch nicht. Aber woher soll ich wissen, ob das so bleibt? Ich habe als Anwalt einen stressigen Zwölf-Stunden-Tag und werde nicht jünger."

„Unsere Beziehung basiert nicht nur auf Sex."

„Deine und meine vielleicht nicht, Jamie, aber Marc kann immer und will immer. Er sucht sich jetzt schon einen Jüngeren, wo ich noch voll im Saft stehe."

Am anderen Ende riss Marc seinem Cousin den Hörer aus der Hand. „So war es gar nicht, Vince!", rief er in den Hörer hinein. „Es ist nicht deshalb passiert, weil Mario jünger ist."

„Ich habe mir schon gedacht, dass du mithörst, Marc", seufzte Vincent. „Vielleicht ist dir gar nicht bewusst, weshalb du mit Mario geschlafen hast."

„Es war nur ein One Night Stand, die Neugier auf einen Pornostar, weiter nichts."

„Ich kann nicht darüber hinweg und zur Tagesordnung übergehen", erwiderte Vincent. Nun wurde er zum ersten Mal etwas lauter. „Gib mir bitte wieder Jamie!"

„Vince!“, flehte Marc. Da keine Antwort kam, gab Marc den Hörer zurück an seinen Cousin. Er hatte Tränen in den Augen.

„Vincent?“, fragte Jamie unsicher ins Telefon.

„Bitte ruft mich nicht mehr an, Engel. Ihr habt euch beide und braucht mich nicht. Wenn Marc erst einmal eine Weile in Spanien ist und seine Tanzkurse macht, wird er das auch einsehen.“

„Ich bin schon ein halbes Jahr hier und weiß genau, wie wichtig du mir bist. Ich liebe dich!“, widersprach Jamie.

„Im Augenblick sehe ich aber keine Zukunft für uns.“

„Wenn du *‚im Augenblick‘* sagst, meinst du dann, du könntest deine Meinung eventuell noch ändern?“, fragte Jamie und legte dabei seinen ganzen Liebreiz in seine Stimme.

„Ich muss in Ruhe darüber nachdenken, Engel. Ruft mich bitte bis dahin nicht an, ich melde mich bei euch.“

„Wir lieben dich sehr“, sagte Jamie.

„Habt eine schöne Zeit in Spanien“, entgegnete Vincent noch, dann legte er auf. Er kippte den Whiskey in seinem Glas in einem Zug und goss sich großzügig ein zweites Glas ein. Dann ging er zum DVD-Player und legte die nächstbeste DVD ein. Er wollte jetzt einfach nicht über Marc und Jamie nachdenken. Es tat so furchtbar weh, dass Marc mit Mario geschlafen hatte. Diese Sache wühlte und rumorte in Vincent mehr, als er sich selbst gegenüber zugeben wollte.

♫♫♫

Zwei Wochen später an einem Sonntagnachmittag stand ein neuer BMW vor der Tür. Dasselbe Modell mit derselben Farbe wie das, welches Vincent zu Schrott gefahren hatte. Daneben stand Bruno und strahlte über das ganze Gesicht. Matt vom Empfang hatte bei Vincent in der Wohnung angerufen und ihn nach unten gebeten, es würde dort eine Überraschung auf ihn warten, die man schlecht nach oben tragen könne.

„Ich hoffe, Sie nehmen den BMW an, Master Vincent“, meinte Bruno, während Vincent mit strahlenden Augen um den Wagen herumlief und sich jedes Detail ansah.

„Ein Geschenk von Marc und Jamie?“, fragte Vincent, dabei erriet er die Antwort schon.

„Ja, Sir!“

„Aber woher wissen die beiden denn, dass ich mit meinem alten BMW einen Unfall hatte?“

„Von Mr. Scionti, Sir.“

„Haben Sie diesen Wagen hier ausfindig gemacht?“

„So ist es!“

„Dann danke ich Ihnen sehr für Ihre Mühe. Natürlich nehme ich das Auto an.“

„Da wird Master Marc froh sein. Er hatte Angst, Sie würden das Geschenk zurückweisen.“

„So etwas weist man nicht zurück“, meinte Vincent ernst.

„Möchten Sie eine Spritztour machen?“, fragte Bruno und übergab ihm den Autoschlüssel.

„Ich habe leider schon zu viel getrunken. Fahren Sie den Wagen für mich in die Tiefgarage?“

„Gerne! Darf ich noch eine Bitte äußern?“

„Natürlich!“

„Seit die beiden jungen Herren fort sind, ist es etwas langweilig für mich geworden. Als Housesitter gibt es nicht viel zu tun. Vielleicht darf ich mich etwas um Sie kümmern, Master Vincent?“

„Marc und ich sind nicht mehr zusammen“, wandte Vincent ein.

„Ein Umstand, den beide jungen Herren sehr bedauern. Ich könnte trotzdem jeden Morgen in Ihre Wohnung kommen und Ihnen das Frühstück machen. Oder Ihnen das Abendessen servieren, wenn Ihnen das lieber ist.“

„Sie müssten dafür früh aufstehen.“

„Für Master Marc musste ich noch früher aufstehen.“

Vincent lächelte. „Es hat mir schon gefallen, wenn Sie sich morgens um mein Frühstück gekümmert haben, Bruno.“

„Gut! Dann werde ich das auch weiterhin tun, Master Vincent. Wenn es Ihnen recht ist, komme ich morgen früh in Ihre Wohnung und bringe Ihnen das Frühstück ans Bett. Den Schlüssel habe ich noch von Master Marc.“

„Wenn Sie es unbedingt wollen“, gab Vincent ein bisschen widerwillig nach, hatte aber nicht wirklich etwas dagegen.

„Ich bestehe darauf. Und um die Katzen kann ich mich dann auch kümmern."

„Die kleinen Racker sind Ihnen wohl ans Herz gewachsen, was?"

„Dem kann ich nicht widersprechen", meinte Bruno. Er nahm den Autoschlüssel wieder an sich, verabschiedete sich von Vincent und fuhr den BMW in die Tiefgarage. Und so hatte Vincent nicht nur ein neues Auto geschenkt bekommen, sondern lieh sich auch den Butler von Marc und Jamie aus.

Vincent ging wieder nach oben und setzte sich gleich an den Computer, um eine E-Mail an die beiden zu schreiben. Er brachte es einfach nicht über sich, mit ihnen zu telefonieren, vielleicht wäre er dann schwach geworden. Aber auch der Inhalt der Mail wurde fast schon liebevoll. Zum ersten Mal seit Marcs Seitensprung mit Mario sprach Vincent seinen ehemaligen Lebensgefährten wieder mit Katerchen an.

Als Marc die E-Mail später in Spanien las, tanzte er vor Glück durch das Zimmer. Jamie warnte ihn vor verfrühtem Optimismus. Und es sollte tatsächlich noch eine ganze Zeit dauern, bis Vincent seine beiden Freunde wieder anrief und ihnen das Ergebnis seiner Überlegungen mitteilte.

Siebzehn

Frank Gables fünfzigster Geburtstag fand in einem großen Chicagoer Hotel statt. Er ließ sich dieses Ereignis etwas kosten und lud über zweihundert Personen ein, alle seine Freunde und Verwandten. Viele hatten gleich ein Zimmer im Hotel gebucht, so auch Vincent. Auf dem Flughafen in LA stellte er fest, dass er und Mario denselben Flug nahmen. Endlich hatte Vincent die letzten Tage mal nicht an seinen Neffen gedacht. Nun trafen sie sich ausgerechnet hier! Auf der Feier wäre immer noch früh genug gewesen.

Unsicher trat Mario zu ihm heran. „Zio!"

„Ciao Mario", sagte Vincent mit kühler Stimme.

„Du hast nie einen meiner Anrufe beantwortet."

„Kannst du mir das verdenken?", fragte Vincent und runzelte die Stirn.

„Es tut mir leid, Zio."

„Wirklich?", höhnte Vincent, atmete einmal tief durch, um die Bitterkeit in sich in den Griff zu bekommen, weil er Mario keine Szene in der Öffentlichkeit machen wollte. Irgendwie musste es ihm gelingen, Mario anzusehen, ohne ihm sofort an die Kehle zu gehen, sonst verdarb er seinem Bruder in Chicago noch seinen Festtag. Daher versuchte er es mit einem etwas weniger aufbrausenden Verhalten und fragte einigermaßen freundlich: „Wie ich sehe, hast du nicht auf deinen Produzenten gehört und bist eine private Beziehung zu deinem Kollegen eingegangen." Vincent neigte seinen Kopf in Richtung Kyle, der einige Schritte entfernt stand und offensichtlich gemeinsam mit Mario nach Chicago fliegen würde.

„Ja!", meinte Mario. Er trat von einem Fuß auf den anderen.

„Dein Vater weiß, dass du Kyle mitbringst?"

„Selbstverständlich!"

„Dann ist mein Bruder ganz schön über sich hinausgewachsen."

„Ist mit dir und Marc wieder alles in Ordnung?", fragte Mario vorsichtig.

Vincents Gesicht erstarrte zu einer eisigen Maske. Absolut falsche Frage! „Er ist in Europa. Wenn du mich jetzt bitte entschuldigst." Mit eiligen Schritten verschwand Vincent in der VIP-

Lounge, zu der nur die Erste Klasse Passagiere und ihre Angehörigen Zutritt hatten. Unter anderen Umständen hätte Vincent sicher dafür gesorgt, dass auch sein Neffe und dessen Begleitung den Luxus der Lounge genießen konnten. Aber Komfort war im Augenblick das Letzte, was er für Mario wünschte.

„Dein Onkel scheint ganz schön sauer auf dich zu sein“, sprach Kyle seinen Freund an.

„Dazu hat er auch allen Grund.“ Ihm wurde erst jetzt wirklich klar, wie sehr er seinen Onkel verletzt hatte.

„Was ist denn passiert?“

Mario winkte ab. „Darüber möchte ich nicht sprechen.“

Kyle zuckte mit den Schultern.

‚Angel ist in Europa', wurde zu Vincents Standardspruch, wann immer einer seiner Familienangehörigen sich nach dem Popstar erkundigte. Auf dem Jahresfest der Gables hatte Marc Eindruck hinterlassen. Natürlich wussten die wenigsten Verwandten, dass Vincent mit ihm liiert war.

Beim Essen trank Vincent ziemlich viel Wein, später dann einen Grappa nach dem anderen. Ein Mann von seiner Statur konnte reichlich Alkohol trinken, bevor er sturzbetrunken war. Aber an diesem Abend gab sich Vincent alle Mühe, diesen Zustand zu erreichen. Seine Leute waren es gar nicht gewöhnt, dass der jüngste Gable-Sohn derartig viel soff.

„Willst du nicht etwas langsamer trinken?“, ermahnte Maria ihren Sohn.

„Wieso, ist der Alkohol rationiert, trinke ich anderen etwas weg?“, erwiderte Vincent patzig. Er ließ seine Mutter einfach stehen und ging an die Bar des großen Festsaales. Dort traf er auf seinen Cousin Nicolas, derjenige, mit dem er in seiner Jugend ein kleines Techtelmechtel gehabt hatte. Wie Vincent war auch Nicolas unverheiratet und so das schwarze Schaf seiner Eltern.

„Vinni!“ Nicolas nannte seinen Cousin immer Vinni. Schon vor Jahren hatte Vincent aufgegeben, ihn dafür zurechtzuweisen. „Setz dich zu mir und lass uns was miteinander trinken!“

Das ließ sich Vincent nicht zweimal sagen. Er ergatterte an der voll besetzten Bar noch einen Barhocker und gesellte sich zu Nicolas.

„Ciao Nicki!" Damit revanchierte sich Vincent immer bei Nicolas, denn so wenig wie er es mochte, Vinni genannt zu werden, verabscheute sein Cousin die Kurzform Nicki.

„Grappa?", fragte Nicolas.

„Na klar!"

Während Nicolas den Schnaps bestellte, steckte sich Vincent eine dicke Zigarre an. Das Familienfest der Gables war eine geschlossene Veranstaltung und das Hotelpersonal übersah die Raucher geflissentlich, solange sie mit ihren Zigarren und Zigaretten im Festsaal blieben und sich niemand beschwerte. Die Klimaanlage des Saals leistete hervorragende Arbeit und kein Rauch drang nach draußen. Einige männliche Gables, darunter auch Vincent, verhielten sich heute, als seien jahrzehntelange Anti-Raucher-Kampagnen wirkungslos an ihnen abgeprallt, und nahmen das Rauchverbot für öffentliche Räume einfach nicht zur Kenntnis.

„Das ist pure Folter, weißt du das?", raunte Nicolas seinem Cousin ins Ohr. „Wenn ich dich diese Dinger rauchen sehe, bekomme ich einen Steifen."

„Kannst es dir ja nachher auf dem Zimmer von deinem Lover besorgen lassen", antwortete Vincent ironisch lächelnd und zeigte auf Nicolas' langjährigen Lebensgefährten, der gerade mit einer der vielen Gable-Frauen über die Tanzfläche rauschte. Offiziell war John, so hieß Nicolas' Freund, sein Geschäftspartner. Die beiden betrieben gemeinsam und sehr erfolgreich ein italienisches Restaurant. Seit Jahren brachte Nicolas seinen Lebensgefährten zu jeder Familienfeier mit und niemand wunderte sich darüber oder stellte Fragen. John gehörte einfach irgendwie mit dazu.

„John mir?", amüsierte sich Nicolas. „Das wäre etwas ganz Neues."

Der Grappa kam und die beiden Männer stießen an. „Auf Franks Wohl, den edlen Spender", sagte Vincent und kippte den Grappa herunter.

„Unser Franky ist heute wirklich gut aufgelegt. Ob er immer noch so gut gelaunt wäre, wenn er wüsste, dass dieser angebliche

Studienfreund seines Sohnes, Kyle, ein Darsteller in Schwulenpornos ist?"

„Pst, nicht so laut!", ermahnte Vincent seinen Cousin und sah sich rasch um, ob jemand zugehört hatte. „Woher weißt du das?"

„Na ich habe den Süßen schon in mehreren Pornos gesehen. Kyle ist ganz schön hart im Nehmen, der spielt sogar in SM-Streifen mit. Vielleicht sollte ich mir ein Autogramm von ihm besorgen." Nicolas lachte leise.

„Untersteh dich und behalte dein Wissen gefälligst für dich."

„Keine Angst, ich werde Franky schon nicht den Fünfzigsten ruinieren. Ich will ihm nicht die Illusionen über seinen heißgeliebten Sohn nehmen, über den er sich vorhin in seiner Rede noch so stolz geäußert hat."

„Frank hat bestimmt keine Illusionen, was Mario angeht", klärte Vincent seinen Cousin auf.

„Ach was, er weiß, dass sein Sohn schwul ist?" Nicolas wirkte überrascht.

„Er weiß noch viel mehr über Mario", raunte Vincent.

„Was denn noch?"

„Na woher glaubst du, kennt Mario diesen Kyle?"

„Nein! Mario spielt in ...."

„Nicht so laut!", fauchte Vincent.

„ ... Schwulenpornos mit?", flüsterte Nicolas und seine Augen weiteten sich vor Verblüffung.

„Er ist der aufstrebende Hengst der Branche", erklärte Vincent mit gedämpfter Stimme.

„Mann, ich geh gleich Montag in die Videothek."

„Behalte es für dich, Silvia weiß nichts davon."

„Weshalb hast du es mir erzählt?"

„War doch nur eine Frage der Zeit, bis du selbst dahintergekommen wärst, oder?"

Nicolas grinste. „Stimmt! Was ist eigentlich mit dir und diesem Angel? Ich war ja leider nicht auf der Familienjahresfeier. Ist er wirklich nur ein Mandant?"

„Ich will nicht über ihn sprechen", antwortete Vincent mit eisiger Miene.

„Schon gut! Minenfeld was? Komm, lass uns noch Einen trinken!“

Dagegen hatte Vincent nichts einzuwenden. Später, als er auf die Toilette musste, passte ihn sein Neffe Tomaso ab.

„Onkel Vince! Hast du Giny kennengelernt?“

Vincent stellte sich an eines der Pinkelbecken, zog die Hose auf, nestelte seinen Schwanz heraus und legte los. Weil er schon einmal da war, stellte sich Tomaso neben ihn und verrichtete ebenfalls sein Geschäft. Berührungsängste mit Schwulen hatte er jedenfalls nicht, obwohl er selbst ein Hetero war.

„Ja, habe ich. Sie ist eine nette junge Frau, die sehr in ihren Freund Bruce verliebt ist, einen sympathischen Tontechniker.“

„Och!“ Tomaso Enttäuschung war deutlich zu hören und zeichnete sich auf seinem Gesicht ab.

„Vielleicht freut es dich zu hören, dass Bruce ziemlich dick ist. Giny steht also durchaus auf ganz normale, durchschnittliche Männer.“

„Nicht besonders tröstend, da sie bereits vergeben ist“, maulte Tomaso.

„Wenn ich sie irgendwann wiedersehen sollte, kann ich sie für dich fragen, ob sie noch eine Schwester hat.“

In Tomasos Gesicht zeichnete sich eine kleine Hoffnung ab. „Würdest du das für mich tun?“

„Aber sicher!“

Nachdem die beiden Männer alles erledigt hatten, wuschen sie sich die Hände und gingen wieder in den Festsaal zurück. Langsam begann der Alkohol in Vincent zu wirken und ihm wurde etwas schwindelig. Aber vor seinem Neffen wollte er sich natürlich keine Blöße geben und er riss sich zusammen. Im Festsaal zurück setzte sich Vincent an einen der leeren Tische, viele Familienangehörige tanzten gerade nach einer fröhlichen italienischen Volksweise, schnappte sich die fast volle Rotweinflasche auf dem Tisch, goss sich das nächstbeste Glas ein und trank es in einem Zug aus. Danach folgte gleich das zweite. Das dritte trank er dann etwas langsamer. Er bemerkte gar nicht, dass Mario sich zu ihm setzte.

„Zio, darf ich dich sprechen?“

Vincent zuckte zusammen. „Verschwinde!“, sagte er mit schwerer Zunge.

„Bitte Zio! Marc liebt nur dich. Als ich an jenem Tag in seiner Villa zu Besuch war, hat er die ganze Zeit nur von dir gesprochen, Vince hier, Vince da, Vince dort. Ich war nur ein kleiner Zeitvertreib, ein billige Kopie des edlen Originals. Ich könnte es niemals mit dir aufnehmen und das will ich auch gar nicht ...“

Während Mario die Vorzüge seines Onkels pries, sprang dieser plötzlich von seinem Stuhl, stürzte sich in wilder Wut auf seinen überraschten Neffen und schlug ihm seine Faust ins Gesicht. Unter der Wucht des Angriffs kippte Mario von seinem Stuhl, Vincent konnte sich gerade noch so an der Tischkante festhalten. Sein Gehirn schien wie in Watte gepackt zu sein. Mit einem Mal wuselten zahlreiche Gables um sie herum und redeten durcheinander. Kyle, total erschrocken, kniete sich neben Mario. Die besorgte Silvia half ihrem Sohn vom Boden auf und redete auf ihn ein.

Frank packte seinen Bruder am Arm. „Kannst du mir bitte erklären, weshalb du meinen Sohn niederschlägst?“

Vincent schüttelte benommen den Kopf.

„Ist schon gut Papa“, rief Mario. Blut lief ihm aus der Nase und Kyle reichte ihm schnell ein Taschentuch.

„Gar nichts ist gut!“, giftete Frank und funkelte Vincent angriffslustig an. Sein Bruder Michael eilte herbei und stützte Vincents anderen Arm. „Der ist sternhagelvoll. Bringen wir ihn auf sein Zimmer.“

Für einen Moment sah Frank so aus, als wollte er sich weigern, dann hakte er Vincent auf der einen Seite unter, während Michael ihn auf der anderen Seite packte. An der Tür zum Festsaal schickte jedoch Frank senior seinen Ältesten zurück.

„Kümmere dich um deine Gäste, ich kümmere mich um meinen Sohn.“

„Wie du meinst, Vater!“

Widerstandslos ließ sich Vincent von seinem Vater und seinem Bruder Michael in sein Zimmer führen.

„Was ist nur los mit dir, mio figlio? So habe ich dich nicht erzogen!“, kritisierte Frank seinen Jüngsten. Mit strengem Blick musterte er ihn.

„Sut mir leid, Paapaa“, lallte Vincent. Die beiden anderen Gables setzten ihn auf das Bett, zogen ihm Sakko und Weste aus, banden ihm die Krawatte ab und streiften ihm zuguterletzt die Schuhe von den Füßen.

„M ... Michaeel, gib mir mein Handy, iich will delefoniern“, nuschelte Vincent.

„Also wirklich, du solltest jetzt besser schlafen“, entgegnete der Arzt.

Vincent wurde laut: „Das Handy!“, brüllte er.

„Schon gut, hier hast du dein Spielzeug. Ist dir schlecht, musst du kotzen?“

„Sss neiin!“, antwortete Vincent.

Zur Sicherheit stellte ihm Michael noch den Papierkorb ans Bett. „Ich werde später noch Mal nach dir sehen.“

„Geehht jezz!“, befahl Vincent. „Ich will aallein zzein.“

Frank senior und Michael verließen kopfschüttelnd das Zimmer. Sie konnten sich Vincents Verhalten überhaupt nicht erklären. Endlich allein, nahm sich Vincent das zweite Kissen des großen Doppelbettes und legte es über das, welches auf seiner Bettseite lag. Dann ließ er sich darauffallen. Mühsam hantierte er mit den Tasten seines Handys. Mussten die immer so klein sein? Dabei war die Nummer, die er anwählen wollte, im Speicher und er musste sie nur mit wenigen Handgriffen abrufen. Endlich, nach mehreren Fehlversuchen, hörte er, wie sich eine Verbindung aufbaute. Es dauerte ewig, bis er ein Freizeichen vernahm. Nach einer Weile meldete sich eine atemlose Stimme.

„Vince! Mein Liebster!“ Freude und Unsicherheit vibrierte in der Stimme seines Gesprächspartners.

„W ... Woher wei su, dass ich ez bin, Gadderchen?“

„Deine Nummer ist doch in meinem Handy gespeichert und du hast einen eigenen Klingelton.“

„Ach ssooo!“ Vincent rollte sich stöhnend auf die Seite.

„Bist du betrunken?“

Vincent kicherte. „Un wie! Dodal abgefüll bin ich. Wazz mach su gerade?“

„Ich habe Tanzunterricht.“

„Jezz, mitten in der Nach?“

„Hier in Spanien ist doch Tag, verschiedene Zeitzonen."

„Ach jaaa!"

„Was möchtest du denn, Vince?", fragte Marc mit sanfter Stimme, hoffnungsvoll.

„Ich vermizz dich gaaans schrecklich und Jamie auch. Ich liebe dich, Gader, ich liebe dich zo wahnsinnig, das mir daz Herz faz zerspring vor Gummer."

„Wir lieben dich auch, mehr als du dir vorstellen kannst. Sollen wir zu dir kommen?"

„Nnnein, ihr brauchs doch euren Urlaub. Ich komm ssu euch, ssobal ich mich hier freimachen kann."

„Vince, mein Liebster, ist jetzt alles wieder gut zwischen uns? Und hast du diesen Anruf morgen auch nicht vergessen, sobald du wieder nüchtern bist?" Marcs Stimme erstickte fast unter den Tränen, die er zurückhielt.

„Allezz wieder gud", lallte Vincent. „Vergess ich bestimm nich. Muss jez schlafen. Liebe euch!"

„Wir dich auch", schluchzte Marc.

Vincent drückte mit letzter Kraft den Aus-Knopf seines Handys und schlief ein.

Später sah Michael noch einmal nach seinem Bruder, aber es war alles in Ordnung. Auf Vincents Gesicht lag ein seliges Lächeln. Seine Hand krampfte sich um sein Handy. Michael nahm es ihm ab und legte es auf den Nachttisch. Bevor er ging, deckte er Vincent noch zu.

♫♫♫

Vincent erwachte relativ früh um sieben Uhr morgens. Zu viel Alkohol hatte ihn noch nie gut schlafen lassen. Er hatte einen pelzigen Belag auf der Zunge, er fühlte sich kaputt, und sein Gehirn arbeitete nur mit gedämpfter Kraft. Kopfschmerzen hatte er glücklicherweise nicht.

Mühsam stemmte er sich aus dem Bett, ging an die Mini-Bar des Zimmers und trank das Mineralwasser und dann noch den Orangensaft aus. Danach ging er auf die Toilette, da er dringend musste. Beim Händewaschen betrachtete er sein Spiegelbild lieber nicht so genau. Anschließend zog er sich noch die Hose aus, kroch zurück in sein Bett und schlief sofort wieder ein. Als er das nächste Mal erwachte, war es zehn.

Vincent schlüpfte in den Hotelbademantel und bestellte sich beim Zimmerservice ein Frühstück. Er hatte am Vortag im Erdgeschoss des Hotels ein Juweliergeschäft gesehen. Obwohl sein Neffe den Faustschlag eigentlich verdient hatte, rief Vincent am Empfang des Hotels an und erkundigte sich, ob der Juwelier schon geöffnet hatte. Der freundliche Mann am anderen Ende stellte ihn an das Geschäft durch. Dort orderte Vincent zur Ansicht eine Auswahl teurer Armbanduhren, die er auf seinem Zimmer in Ruhe betrachten wollte. Kurz nach dem Frühstück traf der Bote des Juweliers ein. Vincent brauchte nicht lange, um eine Armbanduhr auszuwählen. Er zahlte mit seiner Platin-Kreditkarte. Auf dem Hotelbriefpapier schrieb Vincent einige entschuldigende Worte an Mario. Den Brief händigte er dem Boten aus. Die Uhr sollte als Geschenk verpackt und schnellstmöglich in Marios Zimmer gebracht werden. Es war schon sehr praktisch, das nötige Kleingeld zu haben, um das schlechte Gewissen mit einem generösen Geschenk beschwichtigen zu können.

Himmel! Hatte er wirklich seinen Neffen niedergeschlagen?

Gegen Elf klopfte jemand an die Tür zu Marios Zimmer.

„Hoffentlich nicht deine Mutter“, stöhnte Kyle auf und brachte schnell das zweite Bett im Zimmer durcheinander, damit es so aussah, als hätten sie getrennt geschlafen. Aber es war nur ein Bote, der Mario eine dekorative, kleine Tüte aus Lackpapier überreichte. Mario setzte sich an den Servierwagen zurück, auch er und Kyle frühstückten im Zimmer, und blickte neugierig in die Tüte. Zuerst machte er den beiliegenden Brief auf.

„Mein Onkel! Er entschuldigt sich für gestern“, stellte er erstaunt fest.

„Was ist denn in der Tüte drin?“, fragte Kyle neugierig.

Mario nahm das verpackte Uhrenetui und riss das Geschenkpapier ab. Als er das Etui öffnete, pfiff Kyle bewundernd.

„Die ist doch mindestens Zwanzigtausend wert! Und gut sieht die Uhr auch aus, dein Onkel hat Geschmack. Wenn der sich immer so entschuldigt, lasse ich mich auch gerne von ihm niederschlagen."

Mario legte die Uhr gleich um sein Handgelenk. Sie sah wirklich toll aus.

„Die solltest du besser nicht in der Szene herumzeigen, die anderen kommen sonst auf dumme Gedanken", meinte Kyle.

„Da hast du sicher recht. Die Uhr passt zu mir, nicht wahr?"

„Ja!" Kyle freute sich ehrlich für seinen Freund. Er war kein missgünstiger Mensch. Später durfte er die Uhr dann selbst einmal um sein Handgelenk legen.

Achtzehn

Es dauerte noch fast einen Monat, bis Vincent es endlich so einrichten konnte, dass er sich eine Woche Urlaub gönnen durfte. Sieben Tage war nicht viel Zeit für drei Liebende, die sich nacheinander verzehrten, aber immerhin besser als gar nichts.

Sie trafen sich in Madrid, wo Marc und Jamie in einem Luxushotel für ihr Treffen mit Vincent eine Suite gebucht hatten. Sie reisten mit dem Auto aus der andalusischen Kleinstadt an, in der sie derzeit lebten. Marc hatte zwar keinen Führerschein, aber Jamie fuhr recht gerne. Ihr Auto war ein unauffälliger Mittelklassewagen. Sie wollten in Spanien Urlaub machen und nicht angeben. Und je auffälliger ihr Auto war, desto eher bestand auch die Gefahr, von Fans entdeckt zu werden.

Die beiden jungen Männer holten Vincent vom Flughafen ab. Sein Flug hatte Verspätung.

Marc wurde während der zweistündigen Wartezeit fast verrückt vor Nervosität. Als endlich ein ziemlich übermüdeter Vincent mit seinem Koffer in der einen und einer Tasche in der anderen Hand aus der Schleuse trat, stieß Marc einen Jubelschrei aus. Er rannte auf Vincent zu, sprang ihn an und presste ihm die Lippen auf den Mund. Die meisten Mitreisenden schüttelten über so viel offen zur Schau gestellte gleichgeschlechtliche Zuneigung den Kopf, einige lächelten aber auch über die Wiedersehensfreude dieses männlichen Paares. Niemand zückte den Fotoapparat oder sein Fotohandy, was Vincent im Nachhinein immer noch wunderte. Da klammerte sich gerade der international bekannte Popstar Angel in aller Öffentlichkeit an einen Mann und knutschte mit ihm herum. Vielleicht erkannten ihn die Passanten aber auch nicht, denn Marc trug seine Haare zurückgebunden unter einer Kappe und auf der Nase eine Sonnenbrille. Von der Begeisterung seines Freundes mitgerissen, ließ auch Vincent alle Vorsicht fahren. Ihre Zungen fanden sich und umschlängelten einander gierig, bis Jamie an Vincents Ärmel zupfte. Vincent hob den Kopf und lächelte ihn an.

„Hallo Engel!“

Sanft machte sich Vincent von Marc frei und nahm Jamie zur Begrüßung in die Arme. Jamie schmiegte sich an seinen Liebhaber, anders als sein Cousin hielt er sich mit dem Küssen aber zurück.

Endlich schlossen sie die Begrüßung ab und Vincent konnte seinen Koffer auf den von seinen Freunden reservierten Gepäckwagen stellen.

„Der Wagen steht im Parkhaus", erklärte Jamie.

„Ihr habt hier ein eigenes Auto?"

„Klar, ich hab' es mir damals gleich gekauft, als ich hier angekommen bin", meinte Jamie und schob den Gepäckwagen in Richtung Ausgang.

„Wenn du den Wagen siehst, würdest du nicht glauben, dass er einem Popstar gehört." Marc lachte aufgekratzt.

„Ich bin kein Popstar", wehrte Jamie ab.

„Bist du doch!

„Bin ich nicht."

„Und weshalb trägst du die Sonnenbrille?"

„Damit mich niemand erkennt", erklärte Jamie.

„Na siehst du!" Marc lächelte zufrieden.

„Ich bin nur *‚The Shadow'*, der Star bist du."

„Ihr seid beide Stars!", beendete Vincent das liebevolle Gezänk der Cousins. Die beiden hatten ihm so unendlich gefehlt.

Im Wagen setzten sich Marc und Vincent nach hinten, weil sich Marc keine Minute von Vincent trennen wollte. Gutmütig fuhr Jamie seine beiden Gefährten in die Stadt zurück. Auf der Rückbank knutschten und fummelten Marc und Vincent wie zwei liebeskranke Teenager. Kurz, bevor Jamie das Auto in die Tiefgarage des Hotels fuhr, ermahnte er die beiden, voneinander abzulassen und ihre ziemlich zerwühlte Kleidung zu richten. Glücklicherweise hatten sie so viel Anstand, auf ihn zu hören. Als sie das Auto verließen, waren sie wieder ordentlich gekleidet und alle Reißverschlüsse zugezogen.

Seinen Koffer überließ Vincent einem Kofferträger, die Tasche trug er selbst. Die Suite war prachtvoll und geräumig, genau richtig für einen Urlaub. Überall standen frische Schnittblumen, die einen angenehmen, nicht zu aufdringlichen Geruch verströmten. Sobald der Kofferträger wieder gegangen war, stürzte sich nun auch Jamie in Vincents Arme und holte sich seine noch ausstehenden Küsse ab. Er hatte lange genug gewartet. Marc stellte sich hinter Vincent und rieb seine Erektion an dessen muskulösem Hinterteil.

„Ich möchte erst duschen, Katerchen. Meine letzte Dusche ist schon zu lange her."

„Ich will aber sofort mit dir schlafen. Ist mir egal, ob du verschwitzt bist oder so."

„Baden wir zusammen", schlug Jamie vor und lächelte dabei unternehmungslustig.

Damit war Marc sofort einverstanden. Er eilte ins Bad, um Wasser in den Whirlpool zu lassen. Vincent eroberte ein weiteres Mal Jamies Mund. Die beiden küssten sich, bis sie Marc aus dem Bad ungeduldig rufen hörten: „Kommt ihr?"

Natürlich folgten sie diesem Ruf. Marc war schon nackt und Vincent musterte ihn aufmerksam. Er war immer noch untergewichtig, schien aber nicht noch mehr abgenommen zu haben. Als er Vincents ernsten Blick auf sich spürte, sagte er schnell: „Ich kotze nicht mehr, ganz bestimmt nicht. Jamie passt gut auf mich auf. Er achtet darauf, dass ich regelmäßig esse und meine Vitamintabletten zu mir nehme. Ich halte mein Gewicht!"

Vincent lag auf der Zunge, dass es für Marcs Gesundheit besser war, wenn er wieder etwas zunahm, doch ihre gemeinsame Zeit war zu kurz, um sie mit Diskussionen über Marcs Essstörung zu verschwenden.

„Ich freue mich, dass du dein Gewicht hältst", entgegnete Vincent stattdessen liebevoll.

Marc strahlte ihn an. Er und Jamie halfen Vincent beim Ausziehen wie zwei süße, römische Badesklaven. Endlich nackt, tauchten sie nacheinander in den Whirlpool. Mit Schwämmen und einem halbwegs schaumarmen Duschgel seiften die diensteifrigen jungen Männer ihren Liebhaber überall gründlich ein. Bald fühlte sich Vincent wieder sauber. Jamie fummelte interessiert an seiner Spalte herum.

„Ist da etwas, was dir gefällt?", amüsierte sich Vincent.

„Darf ich?", fragte Jamie. Seine Augen funkelten eroberungslustig.

Vincent rückte sich etwas zurecht, um den Fingern seines Freundes Zugang zu gewähren. Jamie war sehr geschickt darin, den inneren Lustpunkt zu finden und massierte ihn erst mit einem, dann mit zwei Fingern gekonnt. Vincent lag mit geschlossenen Augen da und genoss einfach nur. Er wollte protestieren, als Jamie seine Hand zurückzog, doch schon fühlte Vincent etwas anderes. Er brummte zufrieden. Sein Engel wollte also auch einmal der dominante Part sein. Wer hätte das gedacht! Jamie bewegte sich langsam in Vincent, genießerisch, als wollte er seine derzeitige Position so richtig auskosten. Dabei hatte Vincent gar nichts dagegen, sich hinzugeben. Noch vor zehn Jahren war das anders gewesen. Wie sein Bruder Frank hegte Vincent damals die Meinung, ein richtiger Mann müsse immer die Zügel in der Hand halten. So hatte er bei seinen Freunden stets den Macho gespielt. Bedürfnisse ließen sich aber nicht auf Dauer unterdrücken und mit der Zeit war Vincents Verlangen danach, sich nehmen zu lassen, immer größer geworden. Irgendwann hatte in der schmuddeligen Anonymität von Dark Rooms hingehalten. Sein Umdenken passierte nicht von heute auf morgen. Bis er sich komfortabel damit fühlte, versatile zu sein, verging einige Zeit. Mittlerweile folgte er dem Motto, dass es beim Sex nicht darauf ankam, wer oben lag, sondern dass man miteinander Spaß hatte.

Jamie wurde nun doch schneller. Er ließ sich richtig gehen und hämmerte seine schmalen Hüften wieder und wieder gegen Vincents Hinterteil. Das Wasser geriet ganz schön in Bewegung und floss über den Wannenrand. Niemand kümmerte sich darum. Hitze breitete sich in Vincents Unterleib aus. Noch ein bisschen, nur noch ein kleines bisschen Mehr und er würde kommen. Da spürte er aber schon, wie der Höhepunkt seinen süßen Engel überrollte. Um ihm Freude zu schenken, zog Vincent mehrmals seinen Anus um Jamies zuckenden Schwanz zusammen.

„Uh, uh, ich war zu schnell, bin zu früh gekommen“, keuchte Jamie und schmiegte sich erschöpft an Vincents Brust.

„Kein Problem, es war toll!“

„Ich vollende es“, meldete sich Marc zu Wort. Seine Stimme klang ganz heiser vor Lust. Das Zusehen hatte ihm sehr gut gefallen, jetzt wollte er auch endlich.

Jamie rutschte zur Seite. Sofort schlüpfte Marc in Vincents Arme.

„Hm! Was für ein wunderbares Willkommen ihr mir beschert", sagte Vincent mit dunkler, erotischer Stimme, als sich Marc mit ihm vereinigte. Jener legte sofort Tempo vor. Er wollte Vincent in Besitz nehmen, ihn ganz und gar vereinnahmen, ihm zeigen, wie sehr er ihn liebte und begehrte. Niemals wieder sollte irgendjemand zwischen sie drei treten, sollte Vincent Grund zur Eifersucht haben.

Dieser ließ sich von Marcs leidenschaftlichem Ausbruch mitreißen. Jamies schmale Hand stahl sich zwischen ihre Bäuche und legte sich fest um Vincents Geschlecht. Dies gab den Ausschlag und Vincent pumpte sein Sperma in das sprudelnde Wasser. Gleich darauf kam Marc mit einem kleinen Jubelschrei. Einen Moment zeigte sein Gesicht Triumph, im nächsten Augenblick strömten Tränen über seine Wangen. Trostsuchend klammerte er sich an Vincent.

„Was ist denn, Katerchen?" Vincent versuchte, Marc die Tränen fortzuküssen, was angesichts des stetigen Stroms wenig erfolgversprechend war.

„Die Zeit unserer Trennung war so schrecklich."

„Nun sind wir ja wieder zusammen", tröstete Vincent.

Jamie schob sich von hinten an Marc heran und schmiegte sich an dessen Rücken. Geborgen zwischen den beiden Körpern seiner Liebsten beruhigte Marc sich.

Irgendwann angelte Vincent einen Spermafaden aus dem Wasser, hielt ihn hoch und meinte: „Wird Zeit, den Glibber abzuduschen, was, meine Süßen?"

Zuerst rückte Jamie ab. Er deaktivierte die Sprudelfunktion und drehte an dem Rad für den Abfluss. Langsam leerte sich der Whirlpool. Jamie nahm die Brause, stellte die Temperatur richtig ein und begann, Marcs lange Haare abzuspülen.

„Du hast vergessen, sie hochzustecken, jetzt klebt Sperma drin."

Marc seufzte in Vincents Armen. Er wollte sich einfach nicht von ihm lösen. Da man sich aber in dieser Haltung schlecht die Haare waschen lassen konnte, setzte er sich schließlich doch auf. So lange Haare wie die von Marc richtig zu pflegen, war immer ein ziemlicher Akt. Shampoonieren, ausspülen, dann Haarkur einmassieren, einwirken lassen, wieder spülen. Während sich Jamie um Marcs Haare bemühte, griff sich Vincent zwischendurch die Brause, spülte sich ab und stieg aus der Wanne. Nach dem Abtrocknen schlüpfte er in einen der drei Hotelbademäntel und setzte sich dann auf den gepolsterten Stuhl des luxuriösen Bads. Von dort aus beobachtete er seine beiden Freunde. Trotz langer Flugreise und Zeitzonendifferenzen spürte Vincent wieder sehr schnell ein angenehmes Ziehen in seinem Unterleib. Er legte seine Hand auf die Stelle des Bademantels, unter der sich sein halbsteifer Penis neuen Freuden entgegenstreckte.

Gerade wartete Marc mit eingeschmierten Haaren darauf, dass die Haarkur wirkte. Jamie spülte sich derweil ab. Er bemerkte Vincents lüsternen Blick und lächelte ihn an. Es dauerte nicht lange und auch Jamies Schwanz stand wieder stramm.

„Willst du etwas Bestimmtes sehen?“, fragte Jamie neugierig und mit Abenteuerlust in der Stimme.

„Mach es Marc!“, raunte Vincent.

„Jetzt?“, beschwerte sich der. „Wo ich einen total verschmierten Kopf habe?“

„Na komm schon!“, forderte ihn Jamie süß lächelnd auf.

Mit einem Gesicht, welches ausdrückte, diese Unbequemlichkeit nehme ich aber nur für euch in Kauf, beugte sich Marc über den Rand der Wanne, stützte sich auf die großzügig bemessene, geflieste Fläche, wo Badesalz, Seife und Shampoo standen und präsentierte seinem Cousin sein Hinterteil. Sofort rückte Jamie heran.

Vincent hatte eine sehr schöne Aussicht darauf, wie Jamies steife Pracht in einem stetigen Rhythmus in Marcs süßen, feuchtglänzenden Po hineinglitt und wieder hervorkam. Hin und wieder gab er Anweisungen, die Jamie sofort umsetzte. Immer noch lag Vincents Hand in seinem Schoß. Er verstärkte etwas den Druck, griff aber nicht um seine Erektion herum. Jetzt wollte er noch nicht kommen. Das hob er sich für später auf, wenn Marc in seinen Armen lag und vor Lust wimmerte, so wie jetzt gerade, da ihn sein Cousin liebte. Für einen Mann, der zwei Geliebte hatte, war es besser, etwas mit seinen Kräften zu haushalten, auch, wenn er so potent wie Vincent war.

Seine beiden Freunde kamen fast gleichzeitig. Der Anblick ihrer zuckenden, nackten, schlanken Leiber versuchte Vincent fast, es sich doch selbst zu machen, aber nur fast. Er seufzte und entfernte seine Hand aus seinem Schoß.

Jamie richtete sich wieder auf und grinste seinen Liebhaber an. Dann nahm er die Brause auf und fuhr fort, sich abzuspülen. Auch Marc wollte sich in die Wanne zurücksetzen, doch ein knapper Befehl Vincents hielt ihn davon ab. Vincent erhob sich, trat an die Wanne heran und betrachtete genüsslich Marcs deutlich signiertes Hinterteil. Als Jamie mit seiner eigenen Dusche fertig war, durfte er seine Samenspuren von Marc abspülen. Endlich wurde es Marc erlaubt, sich in die Wanne zurückzusetzen.

„Ich glaube, deine Haarkur hat jetzt lange genug eingewirkt. Wir haben dir die Wartezeit nett versüßt, oder?“, fragte Vincent ihn.

Marc streckte ihm die Zunge heraus, grinste aber dabei. Mittlerweile war Jamie aus der Wanne gestiegen und hatte sich abgetrocknet. Nun stellte er sich hinter seinen Cousin und spülte ihm endlich die Haarkur aus. Vincent zog sich ins Schlafzimmer zurück, wo er gemütlich im Bett auf seine beiden Süßen warten wollte. Die Haare von Marc nahmen eine ganze Zeit in Anspruch. Er föhnte sie zwar nicht, doch bis sie trocken genug waren, dass sie nicht mehr tropften, musste man sie ziemlich lange mit einem Handtuch reiben und kneten. Außerdem dauerte das Kämmen eine kleine Ewigkeit. Endlich folgten Marc und Jamie ihrem Liebhaber und stellten fest, dass er eingeschlafen war. Sie deckten ihn fürsorglich zu, küssten ihn und gingen in ihr Wohnzimmer. Von dort aus rief Jamie an der Rezeption an und bestellte ein Zimmermädchen, das frische Handtücher bringen und den See beseitigen sollte, den die drei Männer im Bad hinterlassen hatten. Dies war schließlich eine wahnsinnig kostspielige Suite, da konnte man auch erwarten, dass die Reinigungskräfte kamen, wann immer den Bewohnern der Sinn danach stand.

Derweil schnappte sich Marc eine der Gitarren seines Cousins und zupfte ein wenig darauf herum. Na ja, für Marc war es nur ein lässiges Zupfen, das Zimmermädchen, das bald darauf kam, blieb stehen und hörte dem jungen Mann im Bademantel fasziniert zu.

„Ihr Freund kann toll Flamencogitarre spielen“, sagte sie auf Spanisch zu Jamie.

Er lächelte sie freundlich an und führte sie ins Bad, wo er sich wortreich in ihrer Sprache für die Überschwemmung entschuldigte.

„Kein Problem, Señor. Es ist mir eine Freude, hier sauber zu machen und der Musik zuzuhören.“

Jamie ließ sie allein. Im Wohnzimmer zurück nahm er sich seine zweite Gitarre und fiel in das Spiel seines Cousins mitein. Ganz automatisch gingen die beiden Musiker dazu über, dass Jamie seinem Cousin etwas vorspielte, der die Passagen zum Lernen kopierte und mitunter variierte. Diese Modifikationen nahm dann wiederum Jamie auf und erweiterte sie mit seiner Spielkunst. Dann gab er Marc die nächste Lektion. Alles, was mit Musik zu tun hatte, lernten beide Stones schnell, in den Augen normaler Menschen geradezu rasend schnell. Sie brauchten Melodien nur einmal zu hören und konnten sie nachspielen. Natürlich war Marc auf der Gitarre noch nicht so fingerfertig wie sein Cousin, etwas, das man nur durch viel Üben erreichen konnte, auch, wenn man ein Musikgenie war. Aber das Grundsätzliche an der Flamencogitarre hatte Marc längst begriffen. So richtig ins Zeug legte er sich mit ihr nicht, denn er interessierte sich eher für den Flamencotanz. Die Gitarre war für ihn nur ein Zeitvertreib. Schließlich musste er aufhören, da den Fingerkuppen seiner linken Hand die Hornhaut fehlte. Die Saiten der Gitarre hatten ihre deutlichen Spuren hinterlassen und es schmerzte. Bevor seine Finger anfingen zu bluten, hörte Marc lieber auf.

„Bravo, bravo!“, applaudierte das Zimmermädchen. „Sie könnten damit auftreten!“

„Sind Sie fertig mit dem Bad?“, fragte Jamie verlegen.

„Ja, ich konnte mich nicht von Ihrer Darbietung losreißen. Entschuldigen Sie bitte.“

Die Frau nahm Eimer und Wischmopp und eilte zur Tür. „So tolle Musiker! Und dabei sind die beiden nur Americanos. Da können sich unsere Leute eine Scheibe von abschneiden“, redete sie auf Spanisch mit sich selbst.

Marc und Jamie grinsten sich an. Fast so schnell wie sie Musik lernten, fassten sie auch Sprachen auf. Außerdem kam an fünf

Tagen in der Woche ein Sprachlehrer zu ihnen in die Wohnung und unterrichtete sie für eine Stunde. Die Sprache selbst hätten sie auch ohne Lehrer gelernt. Der Unterricht bezog sich hauptsächlich auf die Schriftsprache. Aber zu mehr als einer Stunde hatten die beiden Cousins nie Lust. Doch wenn man ihre Fähigkeiten bedachte, genügte diese Stunde auch völlig, um ihnen einen guten Überblick über die Landessprache zu bieten.

„Wollen wir ein paar von den Sachen aufschreiben, die wir gerade gespielt haben?“, fragte Jamie.

„Wenn du meinst“, entgegnete Marc nicht gerade begeistert. Von ihnen beiden war Jamie der fleißigere und ehrgeizigere Komponist. Da sie gerade keinen Computer parat hatten, der ihnen das Notenaufschreiben erleichterte, mussten sie das per Hand auf Notenpapier erledigen. Da Jamie die Gitarre in der Hand hielt, kam diese Aufgabe Marc zu. Jamie zupfte einige poppig angehauchte Flamencovariationen, während Marc Stift und Notenpapier hervorkramte. Marc hörte eine Weile der Musik zu, dann kritzelte er zügig seine Noten auf das Papier. Hin und wieder machte er Vorschläge und kommentierte Jamies Spiel, der es dann entsprechend veränderte. Irgendwann nahm Marc doch wieder die Gitarre in die Hand, weil es einfacher war, seinem Cousin seine Vorschläge vorzuspielen, statt sie mit Worten erklären zu müssen.

„Warte, ich klebe dir Leukoplast auf deine Fingerkuppen“, meinte Jamie.

„Damit kann ich die Saiten aber nicht schnell genug abgreifen“, wehrte sich Marc.

„Wir sind unter uns. Es geht jetzt nicht um Schnelligkeit.“

„Na gut“, gab Marc nach und ließ sich die Finger der linken Hand verkleben. So ging es dann einigermaßen. Nach vier Stunden tat Marc die Hand dann aber so weh, dass die beiden Musiker aufhören mussten.

„Ist sowieso längst Essenszeit“, meinte Jamie.

„Sollen wir Vince wecken?“, fragte Marc.

„Lassen wir ihn besser bis morgen früh schlafen. Du kannst ihn dann auf eine ganz besondere Weise wecken. Und wenn du es heute Nacht nicht ohne Sex aushältst, hast du noch mich.“

Marc stand von seinem Platz auf und drückte Jamie einen Kuss auf die Wange.

„Ich liebe dich."

„Ich dich auch", erwiderte Jamie.

„Und wenn ich mit dir schlafe, bist du nicht nur ein Ersatz für Vince."

„Ich weiß!"

Die Cousins lächelten einander liebevoll an.

Neunzehn

Hand in Hand bummelten Vincent und Marc durch das sommerliche Madrid. Bei angenehmen 25 Grad kam man nicht ins Schwitzen. Man konnte ohne Jacke im T-Shirt gehen, Vincent trug natürlich ein Polo-Shirt.

Jamie hakte sich mal bei dem einen, mal bei dem anderen ein. Die meiste Zeit lief er sowieso vor und drückte sich an den Schaufenstern der teuren Geschäfte die Nase platt. Ganz unbeschwert fühlte sich Vincent nicht. Jeden Moment erwartete er, von irgendeinem Paparazzo abgeschossen zu werden. Das Foto von Angel, der händchenhaltend mit einem Mann durch die Gegend lief, wäre sicher das Bild des Jahres. Damit konnte man eine Menge Geld verdienen. Dennoch ließ Vincent seinen Kater gewähren. Marc war nicht dumm. Er wusste, was er riskierte.

Hin und wieder warfen ihnen Passanten seltsame oder kritische Blicke zu. Ob sie Marc als Popstar erkannten oder es sie einfach nur irritierte, dass zwei Männer ihre Zuneigung zueinander zur Schau stellten, wusste Vincent natürlich nicht. Marc hatte seine langen Haare zu einem Zopf geflochten und trug eine Brille aus einem schwarzen, dicken Gestell, die sein Gesicht nicht gerade vorteilhaft kleidete, was allerdings Absicht war. Das Glas wies keinerlei korrigierende Eigenschaften auf. Marc brauchte keine Brille. Diese hier verwendete er nur zur Tarnung. In der Sonne dunkelten die Gläser automatisch. So konnte Marc die Brille auch als Sonnenbrille benutzen. Er hatte viele teure Designersonnenbrillen und benutzte sie auch gerne. Heute war ihm aber mehr nach seiner *‚Allerweltsbrille'* gewesen. Meistens wählte er sie aus, wenn er keine Lust hatte, seine Haare im T-Shirt oder unter einer Kappe zu verstecken.

Jamie und Vincent trugen Designerbrillen, nicht so sehr zu Tarnzwecken, sondern wegen ihres eigentlichen Zwecks, die Sonne abzuhalten. Jamie geriet bald in einen richtigen Kaufrausch. Er konnte kein Geschäft auslassen, ohne irgendetwas für sich, Marc oder Vincent zu erwerben. Meistens kaufte er etwas für Vincent, seidene Krawatten, edle Krawattennadeln und schicke Manschettenknöpfe, Hemden und sogar Unterwäsche. In einem Zigarrengeschäft erstand Jamie einen ganzen Kasten teurer Havannas, von denen Vincent noch nicht wusste, wie er sie in die USA schmuggeln sollte. Jamie wollte seinem Liebhaber sogar einen Humidor schenken, doch Vincent wandte ein, dass er so etwas schon hatte, eher würde ein richtiger Klimaschrank Sinn machen, und ein solches Gerät müsse mit Bedacht gewählt werden.

Bei all den guten Geschäften, die sie betraten, war Vincent froh, dass er statt seiner Jeans, wie Marc es lieber gesehen hätte, eine elegante schwarze Freizeithose aus leichter Sommerwolle gewählt hatte. Vincent fühlte sich unwohl, wenn er unpassend gekleidet war. Dabei hatte er weniger Probleme damit, wenn er einmal overdressed war, also förmlicher gekleidet als der Rest der jeweiligen Gesellschaft. Nur schlechter angezogen wollte er wirklich nicht sein. Kam er doch einmal in eine solche Situation, überspielte Vincent sie mit seinem stabilen Selbstbewusstsein. Niemand sah ihm dann an, wie unwohl er sich in seiner Haut fühlte. Vincent war der Jüngste von vier Brüdern. Er hatte nur selten etwas Neues zum Anziehen bekommen. Zu oft hatte er auftragen müssen, gute Kleidung zwar, aber solche, die schon lange nicht mehr modern gewesen war, als er sie bekommen hatte. Während Vincents Oberschulzeit hatte die Jugend, ja die ganze Gesellschaft, gerade angefangen, sich an Marken zu orientieren. Heutzutage konnte die soziale Ausgrenzung grausam sein, wenn man modisch nicht Schritt hielt. Aber damals war es für einen Jungen in der Pubertät auch nicht einfach gewesen, der noch dazu sehr früh gewusst hatte, dass er sich auch in sexueller Hinsicht von seinen gleichaltrigen Kameraden unterschied. Vincent war in der Schule kein einsamer Junge gewesen. Schon immer selbstbewusst und durchsetzungsfähig, konnte er andere für sich begeistern. Außerdem hatte er als guter Sportler im Football-Team mitgespielt - und den Teamkapitän nicht nur einmal vernascht. Niemand hatte ihn je auf seine Kleidung angesprochen oder ihn gehänselt. Dennoch hatte er natürlich Augen im Kopf gehabt und die anderen heimlich um ihre Markenklamotten beneidet.

Diese Zeit lag lange zurück. Mittlerweile wurde er um seine exquisite Kleidung beneidet. Schon vor seinem ganz großen Erfolg hatte sich Vincent seine Anzüge maßschneidern lassen. Es gab Konfektionsschneider, die so etwas auch schon für den kleineren Geldbeutel machten. Ein von einem solchen Schneider gefertigter Anzug kostete nicht viel mehr als einer von der Stange. Mittlerweile ließ Vincent natürlich bei einem der teuersten Schneider von LA fertigen. Dort stand sogar seine eigene Schneiderpuppe mit seinen Maßen. Kindheitserinnerungen ließen sich nicht immer einfach so wegschieben. Gute wie böse verfolgten einen oft sein ganzes Leben lang.

Jamie komplimentierte seine beiden Begleiter in ein edles Juweliergeschäft. Dort wollte er Vincent unbedingt ein Geschenk machen, vielleicht einen Ring, ein Armband oder eine Uhr, brillantenbesetzte Manschettenknöpfe. Vincent wollte seinen Engel nicht enttäuschen, nur trug er keine Ringe und Armbänder, wertvolle Uhren hatte er im Überfluss und funkelnde Manschettenknöpfe waren für einen Anwalt viel zu auffällig. Jamie durfte ihm dann aber doch eine mit Smaragden besetzte Krawattennadel schenken.

Eher zufällig blieb Vincent an einer Auslage für Kettenanhänger stehen. Ein wunderbar gearbeiteter Engel aus Silber stach ihm ins Auge. Neugierig traten Marc und Jamie zu ihm heran. Die Verkäuferin erkundigte sich nach Vincents Wünschen. Er ließ sich den Engel vorlegen.

„Gefällt er dir?", fragte er Jamie.

„Wunderbar!", hauchte der und schmiegte sich an ihn.

„Haben Sie auch Katzen als Anhänger?", fragte Vincent.

Die Verkäuferin zog eine andere Schublade heraus und präsentierte ihm aus derselben Kollektion eine Reihe verschiedener Katzen. Entzückt seufzte Marc auf.

„Such dir einen Anhänger aus", flüsterte ihm Vincent ins Ohr.

Sofort zeigte Marc auf ein besonders schönes Stück.

„Was meinst du, Jamie?", fragte Vincent seinen zweiten Geliebten.

„Oh ja, dieser Anhänger ist absolut passend."

„Und du, sollen wir noch weiter suchen?"

„Nein!", wehrte Jamie ab. Der Engel, den Vincent für ihn ausgesucht hatte, war großartig.

Es dauerte noch eine Weile, bis sich Jamie und Marc für eine zu den Anhängern passenden Kette entschieden hatten.

Vincent ließ die Geschenke einpacken. Noch durften seine beiden Gefährten sie nicht umlegen. Der Moment der Übergabe sollte ein besonderer sein. Nach diesem Einkauf waren sie alle aufgekratzt und bester Stimmung.

Mit einem Taxi ließ Vincent all die Tüten, die sich mittlerweile mit sich herumschleppten, ins Hotel fahren. Natürlich schrieb er sich für alle Fälle die Auto- und Registrierungsnummer des Taxis auf. Er entlohnte den Fahrer fürstlich, damit der ja nicht auf dumme Gedanken kam.

In der Innenstadt fanden die drei Männer ein gutes Restaurant. Es lag etwas versteckt. Im Gastraum sahen sie nur Spanier, keine Touristen, ein gutes Zeichen. Jamie und Marc begannen auf Spanisch ein Palaver mit dem Kellner über das Essen. Vincent ließ sie gewähren und war dann sehr zufrieden über deren Auswahl, verschiedene Tapas.

So leidenschaftlich, wie Marc das Essen ausgewählt hatte, so zaghaft aß er dann. Ihm schien der Anblick und der Duft der Speisen vollauf zu genügen. Wieder einmal musste Vicent ihn füttern. Sie saßen in einer kaum einsehbaren Ecke und konnten sich deshalb ein derart privates Verhalten leisten. Jamie und Vincent gönnten sich zusammen eine große Karaffe Wein, von der Marc kaum mehr als einen Fingerhut trank. Zum Dessert bestellten sie sich dann noch einen Früchteteller, von dem auch Marc unbeschwert zugriff. Obst schien ihn nicht mehr so zu schrecken wie früher, wenigstens ein kleiner Fortschritt, dachte Vincent.

Auf dem Rückweg ins Hotel kamen sie an einem Kino vorbei. Marc und Jamie wollten unbedingt die Nachmittagsvorstellung besuchen. Sie waren mit zehn beziehungsweise elf Jahren das letzte Mal im Kino gewesen, kurz bevor sie den ersten Star-Contest besucht hatten und in die Maschinerie der Talentwettbewerbe geraten waren. Das Kino war um diese Zeit kaum besucht. Sie saßen ziemlich weit hinten und fummelten dann mehr miteinander rum, als den Film zu verfolgen. Bevor es ernst wurde, komplimentierte Vincent seine Freunde doch lieber nach draußen, weil er nicht wusste, welche Strafen in Spanien auf Sex in der Öffentlichkeit standen. So schnell wie möglich kehrten sie ins Hotel zurück. In ihrer Suite kontrollierten Marc und Jamie sofort ihre Einkaufstaschen, aber alles war ordnungsgemäß abgeliefert worden. Die Tüte mit den Kettenanhängern stellten sie demonstrativ auf den Kaminsims. Sie konnten es kaum erwarten, ihre Geschenke offiziell ausgehändigt zu bekommen. Doch Vincent ließ seine Jungs noch ein wenig zappeln. Erst einmal legte er sich ein wenig hin. Der Jetlag saß ihm in den Knochen. Da Jamie und Marc ihn ein wenig schonen wollten, knobelten sie, wer sich zu ihm legen durfte. Marc gewann. Mit einem dunklen Stöhnen schob er sich über Vincents Erektion, während Jamie ihnen dabei zusah und sich selbst befriedigte.

Erschöpft, wie er war, schlief Vincent nach dem Akt sofort ein. Auf Zehenspitzen schlichen die beiden Jungs aus dem Raum und setzten sich ins Wohnzimmer, wo sie sich die Gitarren schnappten und eine weitere Kompositionsrunde einlegten.

Später durfte Jamie dann ins Schlafzimmer und sein Weckdienst gestaltete sich genauso lustvoll wie Marcs Einschlummerservice.

Sie aßen in der Suite zur Nacht, Marc nur unter Protest, die anderen beiden mit gutem Appetit. Danach wollten sie in einen Jazz-Club, den die beiden Musiker für ihren Freund ausfindig gemacht hatten. Endlich streifte sich Vincent die von Marc so geliebte Jeans über. Dazu trug er ein dunkelrotes Seidenhemd, dessen oberste drei Knöpfe er offen ließ, was sein Brusthaar wunderbar zur Geltung brachte.

„Du bist der pure Sex“, schnurrte Marc. Auch Jamie konnte sich kaum satt sehen.

„Freut mich, dass ich euch gefalle“, amüsierte sich Vincent. Seine beiden Freunde sahen ebenfalls alles andere als schlecht aus. Marc hatte eine weite, schwarze Hose angezogen, die ihm tief auf den Hüften saß. Sein hautenges weißes Shirt zeigte viel Bauch. Darüber trug er ein weißes, offenes Hemd aus einem weichen Mikrofaserstoff, das ihn locker umschmeichelte. Seine Haare hatte er wieder zu einem festen Zopf geflochten und er trug auch wieder seine *‚Allerweltsbrille'*.

Dieser Junge sah einfach atemberaubend aus, egal ob mit oder ohne Brille.

Jamie hatte seine kurzen blonden Haare zu einem Igel gegelt. Seine ausgewaschene, hellblaue, fast weiße Jeans war an den Knien und an einer Pobacke zerrissen, Retro-Look. Sein schwarzes T-Shirt zeigte das Logo einer Hard-Rock-Band. Es hing Jamie locker über den Hosenbund. Er musste seinen Bauch nicht vorzeigen. Viel nackte Haut zeigte er ja schon in geradezu gewagter Weise mit seiner rechten Pobacke.

„Ihr beide seid zum Anbeißen." Vincent grinste und ließ seinen Blick lüstern über seine beiden Begleiter wandern.

Im Hotellift schob er auf der Fahrt nach unten seine Hand in den Riss von Jamies Hose und tätschelte ihm den Po, woraufhin der sich leicht an Vincents Oberschenkel rieb.

Den Club konnten sie bequem zu Fuß erreichen. Die Nacht war lau. Immer wieder machten die drei Männer in dunklen Hauseingängen halt und küssten sich. Vincent zog mal den einen, mal den anderen seiner zwei Gefährten in die Arme, dann wieder alle beide gemeinsam. Es gab keinen Streit um seine Gunst. Warum auch? Jamie und Marc verstanden es sehr gut, sich Vincent zu teilen. Marc stürmte immer ein wenig forscher vorne weg, doch auf die eine oder andere Weise machte Jamie das wieder wett. Um Marc musste man sich eben am meisten kümmern, er benötigte die meiste Aufmerksamkeit. Er war wie eine kleine Sonne, um den sich die anderen beiden drehten. Aber Vincent und Jamie drehten sich auch umeinander.

Endlich trafen sie mit einiger Verspätung im Club ein, gerade noch rechtzeitig, bevor ihr reservierter Tisch in der Nähe der Band anderweitig vergeben wurde. Vincent bestellte eine Flasche Champagner.

Die Band spielte recht gut, wenn auch nicht hervorragend, und hatte ein reichhaltiges Repertoire aus verschiedenen Jazz-Epochen. In der zweiten Spielpause fragten Jamie und Marc ihren Liebhaber, ob sie für ihn spielen sollten. Vincent lächelte geschmeichelt, wusste aber nicht, ob die Band zwei ihnen unbekannte Mitspieler akzeptieren würde. Er fragte die Kellnerin, die das Anliegen an den Bandleader weitergab. Dieser trat dann an den Tisch und erkundigte sich bei den beiden Jungen nach ihren Erfahrungen im Musikbereich.

„Och, wir können ein wenig Klavier spielen und sind auch schon ein paar Mal in unserer Heimat aufgetreten“, meinte Jamie vage.

„In Amerika?“

„Ja!“

„Haben Sie schon einmal Jazz gespielt?“

„Kein Problem, improvisieren ist doch nicht schwer“, erklärte Jamie und lächelte verhalten.

Der Bandleader sah ihn zweifelnd an. Ein Hunderteuroschein von Vincent überzeugte ihn dann. Die beiden Jungen durften sich ans Klavier setzen. Wahrscheinlich dachte der Bandleader, dass die Band zur Not auch allein spielen konnte, wenn diese Möchtegernmusiker es nicht brachten. Er leitete eine neue Runde mit den Worten ein:

„Wir freuen uns, Ihnen zwei Mitspieler aus dem Publikum ankündigen zu dürfen ...“

Er beugte sich zum Klavier und ließ sich die Namen der Gäste geben.

„... Marc und Jamie wollen ihr Glück versuchen. Applaus für unsere beiden Freunde aus Amerika.“

Höflicher, eher zweifelnder Applaus kam auf. Marc und Jamie warteten nicht ab, bis er verklungen war, sondern griffen in die Tasten. Sie überraschten damit die anderen Musiker, die sich jedoch einer nach dem anderen fassten und in ihr Spiel einfielen.

Von Anfang an bestimmten die beiden Stones das Geschehen. Sie brachten die Band ganz schön ins Schwitzen, forderten ihre Mitspieler heraus, trieben sie an den Rand ihres Könnens und darüber hinaus. Was vorher nur Durchschnitt gewesen war, wurde nun hochkarätig, durch die Stones auf wundersame Weise veredelt. Bald bemerkte das Publikum, dass dieser kleine Club zum Schauplatz eines ganz besonderen Ereignisses wurde. Es kam richtig Schwung in den Laden. Immer wieder gab es Zwischenapplaus, begeisterte Pfiffe erklangen. Jamie, der zur dem Publikum zugewandten Seite des Klaviers saß, grinste zum Tisch seines Liebhabers. Er wusste, Marc und er hatten gewonnen.

Vincent lächelte zurück. Er war so stolz auf seine beiden Süßen. Die Band spielte etwa eine Stunde. Der Applaus war berauschend und anhaltend und so gaben Marc und Jamie noch zwei Zugaben,

Jazz-Klassik mit Bassbegleitung, eher ruhigere Stücke, um das Publikum wieder ein wenig runterzubringen. Dann kehrten sie zu Vincent an den Tisch zurück und ließen sich einen großen Schluck Champagner schmecken.

„Wann habt ihr das letzte Mal Jazz gespielt?“, fragte Vincent.

„Als wir das Band für dich eingespielt haben“, entgegnete Jamie schulterzuckend.

„War doch eben nur ein wenig Geklimper“, fügte Marc mit einem Lächeln hinzu.

Auf der Bühne meinte der Saxophonist zum Bandleader: „Weißt du, mit wem wir gerade gespielt haben?“

„Keine Ahnung, aber diese beiden Jungs haben es wirklich drauf.“

„Das sind Marc und Jamie Stone.“

„Sagt mir nichts!“

„Angel and The Shadow!“

„Diese beiden Popstars? Madre mía!“

Mittlerweile hatte auch schon der eine oder andere aus dem Publikum die beiden Stars erkannt und bat um Autogramme. Also zogen sich die drei Gefährten aus dem Club zurück, bevor es brenzlig wurde. Der Bandleader kam nicht mehr dazu, Vincent die hundert Euro zurück zu geben, wie er es eigentlich wollte.

Auf der Straße konnten sich Vincent, Marc und Jamie schnell absetzen. Glücklicherweise wurden sie nicht verfolgt. Marc bettelte dann so lange, bis Vincent sich einverstanden erklärte, mit seinen beiden Freunden noch in einen großen, bekannten Club für Schwule zu gehen. Schon an der Eingangstür dröhnte ihnen die Musik entgegen. Die drei Männer schlängelten sich durch das Gedränge bis zur Tanzfläche, wo Marc seinen Liebhaber bei der Hand nahm und ihm über die Musik ins Ohr schrie:

„Heute entkommst du mir nicht.“ Damit zog er ihn auf die Tanzfläche, Jamie folgte hinterdrein. Vincent fragte sich, wo er tanzen sollte, in dieser Masse aus wogenden Leibern, aber nach anfänglichen Schwierigkeiten ging es dann doch. Außerdem war Vincent ein gut gebauter, großer Kerl, dem man lieber freiwillig Platz machte, als sich von ihm auf die Füße treten zu lassen.

Marc und Jamie gaben sich alle Mühe, beim Tanzen nicht zu gut zu werden. Sie passten sich in ihren Bewegungen der grauen Masse an. Das Angeben überließen sie lieber anderen. Nur nicht auffallen, einfach nur Spaß haben.

Dann wurde einer ihrer Songs gespielt. Die beiden Cousins amüsierten sich über mehrere Tänzer, die die in ihrem Video vorgeführte Choreographie kopierten.

„Die tanzen bald besser als wir", rief Jamie Marc nicht ganz ernst gemeint ins Ohr.

„Wir können sie ja als Hintergrundtänzer engagieren", witzelte Marc.

Nicht lange danach begann Vincents Bein zu schmerzen. Also zogen sie sich von der Tanzfläche zurück. Da es nirgendwo einen Sitzplatz gab, stellten sie sich an die Bar. Es war heiß und stickig und Vincent bestellte für sie einfach nur Mineralwasser. Später gelang es ihnen dann, wenigstens einen Barhocker zu ergattern. Vincent setzte sich, weil er unbedingt sein Bein entlasten musste. Marc stellte sich zwischen seine leicht gespreizten Beine und schmiegte sich mit dem Rücken an seine Brust. Eine Hand legte Vincent auf Marcs nackten Bauch, es war zu verführerisch, ihn dort anzufassen und zu streicheln, die andere schob er in den Riss von Jamies Hose, der ihn daraufhin verliebt anlächelte.

Allzu lange blieben sie nicht mehr. Ihre Körper reagierten auf das enge Beieinander. Und da Vincent einen Besuch im Dark-Room kategorisch ablehnte, weil er ihr Glück nicht überstrapazieren wollte, machten sie sich auf den Weg ins Hotel zurück.

In der Suite dimmte Jamie das Licht, Marc führte Vincent zur Couch und zog ihm die Schuhe aus, damit er es sich bequem machen konnte.

„Möchtest du einen Whiskey?", schnurrte Marc.

Meistens trank Vincent zur Entspannung Scotch, natürlich immer ohne Eis. Heute war ihm aber nach einem erfrischenden Drink, daher meinte er:

„Wenn du einen Bourbon in der Bar findest, mit Eis."

„Ich schau nach", säuselte Marc.

„Na, mein Katerchen, was hast du denn auf dem Herzen?", fragte Vincent mit einem ironischen Lächeln.

Während Marc den Drink machte, trat Jamie an die Couch heran, stellt sich hinter Vincent und kraulte ihm durch das Brusthaar. „Schön!", gurrte er.

„Na und du scheinst auch etwas zu wollen, mein Engel."

Langsam tasteten sich Jamies Finger zu Vincents Brustwarzen vor.

„Wann bekommen wir denn unser Geschenk?"

Vincent stöhnte leise auf, als Jamies Finger ihr Ziel fanden und sanft zudrückten.

„Wenn ihr es euch verdient habt."

Jamie lachte leise auf. „Mache ich es so richtig mit dem Verdienen?", fragte er.

„Der Anfang ist nicht schlecht ..." Vincent nahm Marc, der nun auch an ihn herangetreten war, das Glas aus den Händen. Die Eiswürfel klimperten leise. Vincent schüttelte sie ein wenig durcheinander und betrachtete, wie der honigfarbene Bourbon aufgewühlt wurde. Derweil machte es sich Marc neben ihm bequem. Vincent trank einen Schluck.

„Darf ich probieren?", fragte Marc und fuhr sich mit der Zunge über die Oberlippe.

„Nur zu!"

Mit diesem schnurrenden Geräusch, das Vincent so sehr an Marc liebte, näherte dieser sich. Ihre Lippen waren nur noch wenige Millimeter voneinander entfernt. Marc schob die Zungenspitze vor und taste vorsichtig Vincents Mund ab, dort, wo Oberlippe und Unterlippe aufeinander trafen. Kein Widerstand, aber auch kein Entgegenkommen. Nur neutrales, vielleicht ein wenig herausforderndes Abwarten. Ein Hauch von Bourbon. Marcs Zunge wurde eifriger, leckte oben, spielte unten. Bald folgten die Lippen dem Weg der Zunge, tupften kleine Küsse auf die Mundwinkel, pirschten sich vor und verharrten weich auf Vincents Mund. Wieder sprach Marcs Zunge eine unmissverständliche Einladung aus, neckte, liebkoste, tat aber nichts, um in den anderen Mund vorzustoßen.

Derweil massierte Jamie fortwährend Vincents Brust und umkreiste dabei auch immer wieder die Nippel mit den Fingern. Die Hornhaut an den Fingerkuppen von Jamies linker Hand vermittelten Vincent einen besonderen Reiz. Als Jamie das nächste Mal mit dieser Hand über den empfindlichen Nippel tastete, stöhnte Vincent auf. Er öffnete dabei seinen Mund nur ein wenig, doch Marc nutzte die Gelegenheit und schlüpfte mit der Zunge hinein. Jetzt kam Leben in Vincent. Eben noch passiv, küsste er jetzt seinen Geliebten mit heftiger Leidenschaft. Seine Zunge ging auf Eroberungskurs, und Marc ließ sich natürlich gerne erobern.

„Und, hat es geschmeckt?", neckte Vincent seinen Freund, als dieser sich zum Luftholen ein wenig zurückzog.

„Kann ich noch mal probieren?", fragte Marc mit einem sinnlichen Lächeln.

„Selbstverständlich!" Vincent hob das Glas erneut an die Lippen und nahm einen tiefen Zug. Kaum hatte er es wieder abgesetzt, als ihm Marc auch schon einen weiteren, gierigen Kuss verpasste. Jamie wurde es hinter der Couch zu langweilig und er gesellte sich zu den anderen beiden. Er wollte auch geküsst werden, aber Marc wollte das einmal eroberte Terrain nicht wieder aufgeben. Doch mit etwas Geschicklichkeit war da Platz für beide, auch, wenn es ein wenig eng wurde. Außerdem machten sie so etwas nicht zum ersten Mal und wussten deshalb, wie sie sich arrangieren mussten. Beide Süßen auf einmal, oh ja, Vincent liebte das.

In dieser Nacht probierten sie *‚Zwei auf einmal'* in verschiedenen Variationen und hatten sehr viel Spaß dabei. Am Ende hatten sich die jungen Männer ihre Geschenke mehr als verdient.

Vincent holte die Päckchen von Kaminsims. Müde, aber mit einem strahlenden Lächeln auf den Lippen packten Jamie und Marc ihre jeweiligen Schmuckstücke aus. Weil er mit Marc schon etwas länger zusammen war, legte Vincent zuerst ihm seine Kette um. Danach folgte Jamie. Kater und Engel, zwei Schmuckstücke, die zu ihnen passten, als wären sie speziell für sie gemacht worden.

Nun, da sie endlich den Schmuck auf ihrer nackten Haut spürten, schmiegten sich Marc und Jamie auf dem Bett zusammen und schliefen sofort ein. Vincent warf ihnen noch die leichte

Sommerdecke über. Er war erschöpft vom Sex, nur leider noch hellwach. Daher ging er ins Wohnzimmer, wo er sich einen weiteren Bourbon auf Eis einschenkte. Mit dem Glas in der Hand kehrte er zu seinen beiden Geliebten zurück und setzte sich im Schlafzimmer auf einen der Sessel. Er mochte es, Marc und Jamie im Schlaf zu beobachten. Leider kam er viel zu selten dazu. Besitzerstolz wallte in Vincent auf. Und Dankbarkeit, dass er ein derartiges Glück erleben durfte, egal, ob es für immer war, oder nur für einige Jahre. Er war so dumm gewesen in seiner Eifersucht. Glücklicherweise hatte er sich rechtzeitig besonnen. War es der Faustschlag, der seinen Zorn hinweggefegt hatte, vielleicht der Alkohol oder beides zusammen? Vincent wusste es nicht. Es war ihm auch egal, Hauptsache, das Ergebnis stimmte.

Zwanzig

Die Tage in Madrid vergingen viel zu schnell. Die drei Männer erlebten eine harmonische Zeit miteinander, voller Leidenschaft und Liebe.

Allerdings gab es einen kleinen Disput zwischen Marc und Jamie auf der einen und Vincent auf der anderen Seite. Es begann damit, dass die beiden ihrem Liebhaber voller Stolz vorführten, was sie bisher gelernt hatten. Jamie spielte Gitarre und Marc tanzte dazu, eine großartige Privatvorstellung. Am Ende zog dann Marc seinen Cousin vom Stuhl und sie tanzten gemeinsam. Den Rhythmus klatschten sie mit den Händen.

Jamies Hauptinteresse galt dem Gitarrenspiel, aber natürlich beherrschte er auch einige Flamenco Moves. Im Vergleich zu Marc zwar nur wenige, verglich man ihn mit so manchem anderen Tänzer, der vielleicht sogar sein Geld mit Auftritten in Touristenhotels oder auf Provinzbühnen verdiente, waren es schon eine ganze Menge. Die Stones brauchten sich Tanzschritte und Choreographien nur einmal anzusehen, um sie sich merken zu können. Was sie im musikalischen und tänzerischen Bereich gut oder weniger gut konnten, war mehr eine Frage des Interesses und des daraus resultierenden Übungseifers als eine Frage des Talents.

Vincent klatschte begeistert und hingerissen Applaus. Schwer atmend ließen sich Marc und Jamie links und rechts neben ihn auf die Couch der Suite fallen.

„Ihr ward toll! Damit könntet ihr Flamencostars werden!"

Marc und Jamie grinsten sich an. „Wir gehen bald mit einer Flamencogruppe auf Tournee", verriet Marc.

„Wie bitte?", fragte Vincent perplex. Seine Augenbrauen zogen sich zusammen und ließen seinen Blick finster wirken. Seine Hochstimmung verflog und stattdessen breitete sich Unmut in ihm aus. Was dachten sich seine beiden Süßen nur dabei, sich kopfüber in Tourneestress zu stürzen, obwohl sie doch eine Erholungsphase so bitter nötig hatten?

„Gefällt dir das nicht?", wunderte sich Jamie. Nervös knabberte er an seiner Unterlippe.

„Ihr sollt hier Urlaub machen und euch nicht weitere Anstrengungen zumuten."

„Das ist keine Anstrengung, sondern Hobby", wandte Marc ein.

„Ach ja? Diese Gruppe wird wohl kaum so groß sein, dass sie sich einen komfortablen Privatflieger leisten kann, also heißt es, anstrengende Fahrten im Tourbus mitzumachen. Muss ich euch daran erinnern, dass regelmäßige stundenlange Proben und tägliche Auftritte kein Zuckerschlecken sind? Manche Tanzensembles treten sogar zweimal am Tag auf."

„Jamie und ich fahren mit unserem eigenen Auto."

„Ihr könnt euch nicht einmal beim Fahren abwechseln, weil du keinen Führerschein hast, Kater."

„Ich schaffe das schon. Die Tour ist doch nur hier in Spanien", verteidigte Jamie den Plan.

„Glaubt ihr denn, ihr könnt als Popmusiker auch nur einen Spanier in eure Flamencoshow locken? Als Flamencodarsteller seid ihr total unbekannt."

„Wir sind nur Nebendarsteller mit kleinen Rollen", erklärte Jamie eigensinnig.

„Und als Stars könnt ihr euch anderen unterordnen, nur die zweite Geige spielen?" Vincent schüttelte den Kopf. Das konnte er sich nicht vorstellen.

„Natürlich!", fauchte Marc.

„Und wie sieht es mit der Bezahlung aus?"

„Wir werden nicht bezahlt, es ist nur ein Hobby. Unser Lehrer hat uns diese Gruppe vermittelt, damit wir noch mehr lernen können, verstehst du?", drang Jamie. Er konnte offenbar nicht begreifen, weshalb Vincent so ablehnend reagierte.

„Mir gefällt das Alles nicht!"

„Diese Truppe ist wirklich großartig. In einigen Jahren werden die international bekannt sein. Es ist ein großes Lob für uns, dass wir da mitmachen und von ihnen lernen dürfen, obwohl wir Amerikaner sind. Weshalb willst du uns das kaputt machen?", beschwerte sich Marc. Er war den Tränen nah.

Vincent zog den Widerstrebenden in die Arme. „Ich will es euch nicht kaputt machen. Es gibt aber so Vieles zu bedenken, angefangen mit eurem Vertrag, den ihr mit Steve Scionti habt. Ihr zwei könnt nicht einfach ein Engagement annehmen, ohne ihn zu berücksichtigen."

„Wieso? Ist doch nur Freizeitvergnügen", wandte Jamie ein.

Vincent grollte innerlich – von wegen Freizeitvergnügen! Doch er gab seinen Widerstand auf. Wenn er Marc und Jamie nicht davon abhalten konnte, sich dieser Flamencotruppe anzuschließen, würde er wenigstens so auf sie einwirken, dass sie es zu seinen Bedingungen taten.

„Leider nicht, Engel. Aber da ihr euch diese Tour in den Kopf gesetzt habt, sollt ihr sie auch bekommen. Ich werde mit Steve sprechen."

Steve Scionti fiel wie Vincent aus allen Wolken, als er von den Plänen seiner jungen Schützlinge hörte. Marc und Jamie wollten öffentlich in einer Musiksparte auftreten, die nicht die ihre war, ein Plan, dessen Folgen nicht abzusehen waren. Das konnte der totale Reinfall werden und den Ruf der beiden Künstler nachhaltig schädigen. Mit etwas Glück wurden sie einfach auch nur ignoriert, bestenfalls gelang ihnen eine sensationelle, gewinnbringende Erweiterung ihres Repertoires. Fanverhalten war manchmal schwer abzuschätzen.

Nachdem Steve seinen ersten Schock überwunden hatte, freundete er sich dann doch noch mit der Sache an. Marc und Jamie traten nur in Spanien auf, weit weg von Amerika. Fielen sie mit Pauken und Trompeten durch, konnte das in der Heimat totgeschwiegen werden, hatten sie Erfolg, ließ dieser sich für eine Werbekampagne nutzen. Also machte sich Steve daran, mit dem Manager der Flamencotruppe Kontakt aufzunehmen und einen Vertrag auszuarbeiten. Auch wenn Marc und Jamie nicht bezahlt wurden, gab es viel zu beachten; Bildrechte, Urheberrechte, Namensrechte und die Frage, ob die Truppe mit Angel und The Shadow werben durfte. Sollte das Projekt erfolgreich sein, mussten Optionen auf eine weitere Zusammenarbeit ausgearbeitet werden.

In Spanien wurde man von dem großen Manager aus Amerika ein wenig überrollt. Was als Joint Venture und Freundlichkeit gegenüber anderen Künstlern geplant war, bekam auf einmal professionelle Züge mit einer Menge Klauseln und Fußangeln. Fast scheiterte das Projekt deshalb.

Noch am letzten Tag vor seiner Abreise traf sich Vincent in Begleitung seiner beiden Freunde mit den Spaniern und schlichtete. Er machte dem Manager der Truppe klar, dass Angel und The Shadow ein Produkt waren und Marc und Jamie gar nicht anders konnten, auch wenn sie es wollten. Trotz Sprachschwierigkeiten gelang es Vincent, den Spaniern einzugeben, die Beteiligung der amerikanischen Popstars als Chance zu verstehen.

Am Ende wurde man sich dann doch einig.

In dem ausgehandelten Vertrag ging es um solche Fragen wie die Nennung der Namen und Fotos der beiden Stones auf den Tourneeplakaten der Truppe, um die Rechte an ihrer während der Tour spontan komponierten Flamencomusik und unter welchen Bedingungen Plattenaufnahmen der Truppe mit ihren noch nicht existenten Flamencosongs möglich wurden. Dieser Vertragsinhalt war reine Spekulation. Die Spanier wollten nicht mit den Namen von Jamie und Marc werben, schon gar nicht mit ihren Fotos. Und dass Popmusiker spielbaren Flamenco komponieren konnten, der die Einheimischen begeisterte, daran glaubte niemand. Die beiden Americanos fanden nur deshalb Aufnahme in die Truppe, weil einer der berühmtesten Flamencotänzer von Spanien, Marcs Tanzlehrer, den Choreographen darum gebeten hatte. Marc und Jamies hatten vortanzen beziehungsweise vorspielen müssen. Sie verblüfften den Choreographen mit ihrem Können und er konnte sie recht gut gebrauchen. Preiswert waren sie auch. Doch so gut sie auch tanzen und spielen konnten, sie waren eben doch nur Americanos.

♫♫♫

Zurück in Amerika fühlte sich Vincent ziemlich einsam. Nicht einmal Bruno erleichterte ihm sein Schicksal. Der Butler war nach Spanien geschickt worden, wo er sich als Fahrer und Leibwächter um Marc und Jamie kümmern sollte. Jetzt, wo die beiden öffentlich in Spanien auftraten, konnte man nie wissen. Immerhin hatte Vincent noch die Katzen Leo und Mel. Weil er sie nicht zu lange allein lassen wollte, arbeitete er im Büro selten mehr als zehn Stunden. Als Anwalt konnte man auch gut zuhause arbeiten.

Zwei, drei Mal besuchte Vincent einen schwulen Sauna-Club, um die durch die Abwesenheit seiner beiden Schätze ausgelöste sexuelle Anspannung abzubauen, Triebabfuhr, mehr nicht. Er machte gegenüber Marc und Jamie keinen Hehl daraus, die sich alles ganz genau beschreiben ließen. Die beiden waren noch nie in einem solchen Club gewesen, so etwas konnten sich Popstars nicht leisten, und fragten deshalb Vincent neugierig nach jedem Detail aus. Diese Gespräche mündeten dann immer in Telefonsex zu dritt. Wozu eine Konferenzschaltung alles gut sein konnte ...

Vincent vertrug sich wieder mit seinem Neffen Mario und lud ihn und Kyle ab und zu zum Essen zu sich nach Hause ein. Öfter als früher traf er sich mit Freunden und Geschäftspartnern, Kontaktpflege, die er im letzten Jahr etwas vernachlässigt hatte. Manchmal ging er mit Steve Scionti Golfen, ein neues, entspannendes Hobby des magenkranken Managers. Zumeist unterhielten sich die beiden Männer über Marcs und Jamies Auftritte in Spanien.

Nachdem der erste Pressevertreter mitbekommen hatte, dass die beiden Popstars in einer Flamencotruppe auftraten, ging ein Rauschen durch den spanischen Blätterwald. Die Reaktionen der Kritiker waren gemischt, oft freundlich, aber auch teilweise feindlich, sarkastisch und gemein. Reiche, amerikanische Popstars, die sich am spanischen Kulturgut vergriffen. Mit ihrem Können hatten derartige Artikel nur wenig zu tun. Als ein besonders schlimmer Verriss dieser Art erschien, brauchte Vincent am Telefon eine ganze Stunde, bevor er sein heulendes Katerchen wieder beruhigt hatte.

Man wurde in Spanien auf Marc und Jamie aufmerksam.

Nach etwa einem Monat fing die Truppe aus naheliegenden Gründen an, mit ihren Namen auf den Plakaten als Special Guest Stars zu werben und zahlten dafür die vorher vereinbarten Lizenzgebühren gerne. Ihre Rollen innerhalb der Truppe wurden ausgebaut. Nun bereute es der Manager der Spanier, die Bilder von Marc und Jamie nicht benutzen zu dürfen, aber Steve blieb standhaft, weil er erst noch das Echo in den englischsprachigen Social Media Gruppen abwarten wollte. Erst, als die Tour plötzlich restlos ausverkauft war und Amateuraufnahmen der Auftritte bei YouTube Likes ohne Ende einfuhren, gab er sein Okay.

Neben dem Stammpublikum kamen jetzt auch viele junge Spanier, mehr Mädchen und junge Frauen, aber auch viele junge Männer, solche, die nie zu einem Popkonzert von Angel und The Shadow gegangen wären, aber neugierig waren, wie sich die beiden in einer Flamencoaufführung machten. Das war nicht mehr das Publikum, vor dem die Truppe normalerweise auftrat. Aber was machte das schon? Wenn man die jungen Leute mit Marc und Jamie locken konnte und ihnen so die Kultur ihrer Heimat näher brachte, umso besser. Mehrere Sondervorführungen wurden eingeschoben, die sofort ausverkauft waren. Manche glichen mehr einem Popkonzert als einer Flamencoaufführung. Mädchen kreischten und weinten, wenn Marc auftrat. Bald wurden Brunos Leibwächterdienste dringend benötigt und Steven mietete noch einen weiteren Bodyguard von einer spanischen Firma, der Land und Leute besser kannte und deshalb hoffentlich Gefahren sah, die Bruno vielleicht entgingen.

Vincent machte sich bei dieser Entwicklung Sorgen um Marcs Gesundheit, befürchtete, dass ihm der Stress zusetzte. Jamie konnte ihn beruhigen. Gerade auf Tournee war Marc ganz in seinem Element. Die beiden Stones konnten damit umgehen. Außerdem achtete Bruno wie eine Glucke auf seine beiden Schützlinge, was auch deren Ernährung mit einschloss. Im Augenblick aß Marc geradezu üppig. Er brauchte die vielen Kalorien, um genug Kraft für seine Auftritte zu haben. Nach einem Schwächeanfall hatte er sich selbst mehr Essen verordnet.

Vincent war alles andere als erfreut, als er von Marcs Zusammenbruch hörte. Aber Jamie schwor ihm hoch und heilig, dass es nur einmal passiert war und Marc jetzt immer darauf achtete, genug zu essen und zu trinken, um die Proben und die Auftritte durchzustehen. Wahrscheinlich zählte Marc ganz genau die Kalorien ab, die er benötigte, um die gesteigerte Aktivität bewältigen zu können, damit sein klapperdünner Körper nur ja kein Gramm zunahm, dachte sich Vincent.

In gewisser Weise reagierte Marc mit seinem gestörten Essverhalten nur auf die Zeit, in der er lebte. Dünn zu sein war ein

Ideal. Die Bäuche hatten flach zu sein, damit man sie herzeigen konnte. Als Vincent Marc kennengelernt hatte, hatte dieser Idealmaße gehabt, keine Spur von Fett am Bauch. Nun war Marc untergewichtig. Seine Hüftknochen stachen hervor. Noch war sein Zustand nicht bedrohlich, und er sah auch noch attraktiv aus, noch nicht ausgemergelt. Viel fehlte daran aber nicht mehr.

Auf eine etwas überspannte Art wirkte er damit anziehend, so wie Twiggy und Kate Moss. Derzeit gab es noch nicht sehr viele Fotos von dem neuen, mageren Angel. Später, wenn erst einmal sein Film in die Kinos kam, würden sich wahrscheinlich tausende seiner Fans ein Beispiel an ihm nehmen und genauso dünn sein wollen wie er. Darüber sorgte sich Vincent allerdings wenig. Er interessierte sich für die Gesundheit seines Katerchens, nicht für die von Leuten, die er gar nicht kannte. Dennoch hatten Steve und Vincent natürlich schon über dieses Thema gesprochen, weil ein Markenhersteller an den Manager herangetreten war und eine hohe Summe für Modeaufnahmen mit Angel und The Shadow anbot. Vincent fand es gefährlich, Marc davon zu berichten, weil er befürchtete, jener fühlte sich dann in seinem Hungern auch noch bestätigt.

Steve gab ihm teilweise Recht, wandte aber ein, auf Dauer könne man Marc solche lukrativen und werbewirksamen Angebote nicht vorenthalten. Außerdem sei das Angebot auch an Jamie gerichtet, der normalgewichtig wäre.

„Und wenn sich Jamie ein Beispiel an Marc nimmt?“, wandte Vincent ein.

„Es kann aber auch sein, dass sich Marc ein Beispiel an Jamie nimmt“, konterte Steve.

Die beiden Männer kamen überein, den Jungen erst nach ihrer Tournee von dem Angebot zu erzählen.

♫♫♫

Das von Ifford produzierte Pop-Musical kam in die Kinos. Vincent erhielt eine Einladung für die Vorpremiere und traf sich dort mit Steve Scionti und dessen Frau. Schon an der begeisterten Reaktion der geladenen Gäste ließ sich ablesen, dass der Film ein

Kassenerfolg werden würde. Das Team und der Hauptdarsteller hatten eine großartige Leistung abgeliefert.

Marc sah verboten gut aus - und genau darin lag das Problem. Der Kameramann, die Beleuchtung und die Maske hatten zu gute Arbeit geleistet und die Schwäche des Hauptdarstellers, sein Untergewicht, in das Gegenteil verkehrt und dramaturgisch aufgewertet. Vincent hätte heulen können. Natürlich wünschte er Marc nur das Allerbeste, schließlich liebte er ihn. Aber dieser Film würde Marc in seinem Hungern bestätigen. Nun bekam Vincent richtig Angst um sein Katerchen.

Steve Scionti verstand diese Vorbehalte nicht. Er war wie elektrisiert von der Vorstellung, einer seiner Schützlinge würde vielleicht einen Oskar gewinnen. In Sciontis Augen war jetzt schon klar, dass Marc zumindest nominiert werden würde.

Einundzwanzig

Bester Stimmung und unternehmungslustig kehrten Marc und Jamie nach Amerika zurück. Sie waren kaum in ihrer Villa angekommen, hatten die Katzen Leo und Mel gekrault, als Vincent auch schon sein Katerchen ins Schlafzimmer führte, ihm die Kleidung vom Körper zog und ihn ganz genau in Augenschein nahm.

„Hast du dir Sorgen um mich gemacht?“, fragte Marc und schmiegte sich nackt in die Arme seines Liebhabers.

„Ja!“, brummte Vincent.

„Ich war ganz brav und habe regelmäßig gegessen.“

Vincent verkniff sich eine Bemerkung, dass Marc augenscheinlich nicht abgenommen, aber auch kein Gramm zugenommen hatte.

„Und wie geht es dir?“, fragte Vincent und musterte Jamie.

„Alles bestens“, antwortete der mit einem Lächeln.

Vincent zog seine beiden Süßen zum Bett.

„Hey, wir sind nach dem langen Flug auch nicht ganz frisch“, protestierte Jamie.

„Ist mir doch egal“, murmelte Vincent und begann, Marc zu liebkosen.

Jamie zog sich aus und gesellte sich zu ihnen. Dann gab es eben verschwitzten, schmuddeligen Sex. ‚*Geil*‘, dachte er.

Die Cousins brachten viele Kompositionen aus Spanien mit. Nun machten sie sich daran, sie zu sortieren und gemeinsam mit ihrem Arrangeur, Jamies Vater, zu entscheiden, was brauchbar war und was verworfen werden konnte.

Jamies Eltern waren kühl und distanziert zu Vincent, aber nicht abweisend oder unhöflich. Besonders sein Vater hatte einfach mehr Schwierigkeiten als Bob und Eve, diese nicht alltägliche Dreierbeziehung zwischen seinem Sohn, seinem Neffen und Vincent zu akzeptieren. Solange Jamies Eltern in der Villa wohnten, wollte Vincent in seine eigene Wohnung zurückkehren, was Marc und Jamie aber überhaupt nicht einsahen. Die Villa sei groß genug, um sich aus dem Weg gehen zu können, wandten sie ein, und sie sei jetzt auch Vincents Zuhause.

Gegen seine Überzeugung ließ er sich breitschlagen. Außerdem hatte er nicht die geringste Lust, auch nur eine Nacht ohne seine Schätze zu verbringen. Tatsächlich gab es so gut wie keine Reibungspunkte. Die Stones hielten sich eher im Erdgeschoss auf, Vincents Lebensmittelpunkt lag sich im ersten Stock, wo sein Arbeitszimmer und sein Wohnzimmer befanden. Tagsüber hielt er sich ohnehin in seiner Kanzlei auf.

Marc, Jamie und Mr. Stone verbrachten viel Zeit im Studio oder im Musikzimmer, Mrs. Stone erfüllte ihre zahlreichen gesellschaftlichen Verpflichtungen und war oft in der Stadt unterwegs.

Einmal am Tag saßen alle gemeinsam im Speisezimmer beisammen und nahmen das Abendessen ein. Marc aß wie immer seine Mini-Portionen, die anderen griffen ordentlich zu. So nach und nach gewöhnten sich die Stones an Vincent und wurden lockerer. Und sie sahen auch, wie glücklich und entspannt ihr Sohn in der Nähe seines Liebhabers war. Mit der Zeit rauchten Vincent und Mr. Stone dann auch schon mal zusammen zwei der aus Europa geschmuggelten Havannas und tranken gemeinsam Whiskey.

Marc nahm nach einiger Überzeugungsarbeit von Vincent die regelmäßigen Besuche bei seinem Psychologen wieder auf. Wahrscheinlich half auch, dass Marc seinen Film ansah und Angel schrecklich fand. Nach wie vor lehnte er es ab, über seine Essstörungen mehr als nur ein, zwei Sätze zu reden, aber Vincent wandte ein, er könne mit dem Psychologen auch über die Probleme von Angel sprechen. Darauf wusste Marc keine kluge Antwort, und so fügte er sich. Bei einer seiner Fahrten in die Stadt und einem anschließenden Bummel durch die Geschäfte, Marc wollte Vincent unbedingt einen Klimaschrank für Zigarren kaufen, traf er auf Mario. Nach seiner ungezwungenen Lebensweise in Spanien hatte sich Marc noch nicht wieder an die Verhältnisse in Hollywood und deren Regeln gewöhnt. So gab er Mario in seiner Wiedersehensfreude rechts und links auf die Wange Begrüßungsküsschen. Prompt wurden die beiden Männer von einem Fotografen abgeschossen. Sie merkten es sofort.

„Fuck! Wenn Vince die Bilder sieht, glaubt er wieder, wir beide hätten etwas miteinander“, ärgerte sich Marc.

„Du machst dir Sorgen um deine Beziehung zu meinem Onkel? Mach dir lieber Sorgen um deine Karriere.“ Mario zog eine Grimasse. Dass aber auch immer so ein Mist passieren musste, wenn er auf Marc traf.

„Meine Karriere ist mir egal“, fauchte der. „Aber wie bringe ich das Vince bei?“

Er bestand darauf, dass Mario ihn zu Vincent begleitete, damit sie die Situation gemeinsam erklären konnten. Vincent war noch in der Kanzlei. Helen nahm den hektischen Anruf des Musikers entgegen und meinte, er könnte ruhig kommen, ihr Chef würde ihn schon noch irgendwie zwischen seine Termine schieben können.

Sein aufgelöstes Katerchen stürmte in Vincents Büro, warf sich ihm in die Arme und stammelte immer wieder, dass nichts, aber auch rein gar nichts passiert sei.

Vincent konnte sich keinen Reim darauf machen, bis Mario in das Büro trat.

„Schließ die Tür hinter dir!“, wies Vincent seinen Neffen an, dann wandte er sich wieder Marc zu und küsste ihn auf die Stirn.

„Was ist denn los?“

„Irgend so ein fuck Fotograf hat mich und Mario abgeschossen, als wir uns gerade begrüßt haben. Es waren nur Küsse auf die Wange, wie es in Spanien üblich ist. Ich will nichts von Mario, wirklich nicht. Ich liebe dich. Wir haben uns nur zufällig getroffen. Ich schwöre es.“ Marcs Stimme überschlug sich fast vor Aufregung.

„Schon gut, ich glaube dir.“ Vincent hob Marcs Kinn an und gab ihm einen zärtlichen Kuss. „Und nun erzählt ihr beide der Reihe nach!“

Was Marc und Mario zu berichten hatten, machte Vincent nicht froh, aber nicht aus privaten Gründen, sondern deshalb, weil sein Katerchen nun wirklich in eine brenzlige Situation geraten war. Er hatte auf offener Straße den Pornostar Mario, the Italian Stallion geküsst. Auch wenn es nur Wangenküsse gewesen waren, konnte das der Aufhänger sein, der der Presse Gelegenheit gab, Angel endlich als homosexuell zu outen. Wenn diese Story in allen

Klatschspalten auftauchte, würde außerdem bald der gesamte Gable-Clan wissen, dass Mario nicht nur homosexuell war, sondern sein Geld mit dem Drehen von Schwulenpornos verdiente.

„Was machen wir jetzt?“, druckste Marc herum. Er saß zusammengesunken auf seinem Stuhl wie ein Häufchen Elend.

„Weiß ich auch noch nicht. Mir wird schon etwas einfallen“, versuchte Vincent ihn zu beruhigen.

Und Vincent fiel etwas ein. Er kam noch am gleichen Tag darauf, als er die Einladung seiner Schwester Isabella zur Taufe ihres Kindes in seiner Post fand. Familie! Das war die Antwort. Außerdem drängelte Giny schon seit drei Wochen, die Beziehung zu Angel offiziell beenden zu dürfen, da sie von ihrem Freund Bruce schwanger war. Noch hatte Steve Scionti sie hingehalten, weil es keine Nachfolgerin in Angels Leben gab. Aber das würde sich jetzt sehr schnell ändern.

Großcousine Rebecca Gable war hoch erfreut, die Freundin Angels spielen zu dürfen. Außerdem bekam sie einen Praktikantenplatz in der Kanzlei ihres reichen Cousins Vincent Gable, was ihr die Aussichten auf eine brillante Karriere eröffnete. Was spielte es da schon für eine Rolle, dass sie an die Universität von LA wechseln musste?

Rebecca durfte für die ersten sechs Monate sogar in Vincents fünf Zimmer Luxus-Appartement wohnen. Wenn das kein Angebot war! Rebecca führte einen Freudentanz auf, als sich Vincent mit seinem Anliegen an sie wandte. Sie hatte sowieso keinen Freund, weil sie sich ganz und gar auf ihr Jura-Studium konzentrierte. Denn Rebecca Gable wollte Karriere machen, wie ihr erfolgreicher Cousin Vincent. Da störte ein Mann nur.

Die Veröffentlichung des Fotos unter der Überschrift *‚Popstar küsst Pornostar‘* konnte nicht mehr verhindert werden, aber sie brachte der Presse auch nicht den gewünschten Aufhänger. Seltsamerweise leugnete Angel seine Bekanntschaft zu Mario gar nicht, druckste nicht herum und verklagte auch niemanden auf Unterlassung, sondern hatte eine ziemlich gute Erklärung parat, die den Klatschmäulern den Wind aus den Segeln nahm. Denn plötzlich gab es da eine neue Freundin von Angel, eine attraktive Jura-Studentin namens Rebecca Gable.

In der Presseerklärung von Angels Management hieß es:

Es ist richtig, dass sich Angel und Mr. Mario Gable kennen. Seit einiger Zeit ist Angel mit der Jura-Studentin Rebecca Gable befreundet. Die beiden haben sich in der Kanzlei des Rechtsanwalts Vincent Gable kennengelernt und sind einige Male miteinander ausgegangen. Dabei hat Angel auch Rebeccas Cousin Mario getroffen. Da Angel ein modern denkender Mensch ist, hat er keine Probleme damit, familiären Umgang mit Mario zu pflegen und wird das auch weiterhin tun. Über dessen Beruf möchte sich Angel nicht äußern.

Marc wagte den Schritt nach vorne. Den gesamten nächsten Monat ließ er sich überall mit Rebecca sehen und turtelte mit ihr. Nicht selten kam Mario dazu, und sie demonstrierten dann alle zusammen familiäre Harmonie. Marc ging sogar dazu über, Mario nun erst recht zur Begrüßung auf die Wangen zu küssen, wenn sie in der Öffentlichkeit waren. Und nicht nur Mario, bald küsste er alle Menschen, mit denen er sich traf auf die Wangen und behauptete, diese Art der Begrüßung hätte er in Europa gelernt. An den Wochenenden gingen sie alle zusammen aus, Marc, Jamie, Vincent, Rebecca und Mario. Und auch Giny und Bruce begleiteten sie. Damit sollte gezeigt werden, dass Angel und Giny sich im besten Einvernehmen getrennt hatten. Außerdem fand Giny es spannend, einen schwulen Pornostar kennenzulernen. Bei ihr kam ja keiner auf die Idee, ihr eine Affäre mit Mario anzudichten.

Die Presse schrieb eine Menge und auch die Klatschkolumnisten des Fernsehens zerrissen sich das Maul. Die meisten Kommentare gingen aber eher in die Richtung, dass Angel von einer ganzen Menge Gables umzingelt war.

Für einige Tage wurde Vincent Opfer des Pressespotts. Die bösen Zungen fragten, ob er in seiner Kanzlei eine Partnervermittlung für Stars aufgemacht habe. Vincent trug es mit Fassung. Alles war besser, als Marcs wirkliches Privatleben in der Presse breitgetreten zu sehen, was sich niemand wagte. Der Aufhänger, der am Anfang so vielversprechend gewesen war, hatte sich dann doch als Rohrkrepierer herausgestellt. Wer hätte auch ahnen können, dass Mario, the Stallion so ein nettes kleines, ungemein attraktives Cousinchen hatte, das sich so wahnsinnig gut als Freundin von Angel eignete. Dabei hätte man die Konstellation Popstar / schwuler Pornostar so richtig gut ausschlachten können. Und jetzt? Familie! Waren die beiden über Rebecca sozusagen familiär verbandelt. Gut informierte Pressevertreter wussten oder ahnten zumindest, dass Angel und Mario sich nicht über Rebecca, sondern über Vincent Gable kannten, den Onkel von Mario. Sie konnten mit diesem Wissen nur nichts anfangen.

Die Affäre schadete am meisten Mario, zumindest im privaten Bereich. Sein Ruf innerhalb des Gable-Clans war ruiniert, seine Mutter und seine Großeltern redeten kein Wort mehr mit ihm. Beruflich ging es dagegen rasant vorwärts. Seine Videos wurden den Händlern aus den Händen gerissen. Das Kopierwerk konnte gar nicht so schnell nachproduzieren. Jeder wollte wissen, wer Angel da so in Bedrängnis gebracht hatte.

♫♫♫

Auf einem der Gänge des Gerichtsgebäudes wurde Vincent von dem Fotografen Mike angesprochen.

„Auf ein Wort, Mr. Gable.“

„Verfolgt die Presse mich jetzt schon bis ins Gericht?“, fragte Vincent mit einem ironischen Gesichtsausdruck.

„Keine Kameras heute!“, meinte Mike und hielt mit einem entwaffnenden Lächeln die Arme auf. „Ich bin nur hier, weil ich ein paar Strafzettel bezahlen wollte.“

„Aha!“

„Der Gable-Clan hält zusammen, was Mr. Gable?“

„Wenn Sie meinen.“

„Diese Romanze zwischen Angel und Ihrer Cousine Rebecca, die praktischerweise auch die Cousine von Mario, the Stallion ist, kam ganz schön plötzlich.“

„Sie wissen doch, Mike, wo die Liebe hinfällt. Wenn zwei sich gefunden haben, geht das manchmal sehr schnell. So ist die Jugend nun einmal. Immer fix bei der Sache.“

„Haben Sie eigentlich auf alles eine Antwort?“

„Sieht so aus, was!“

Der Fotograf lachte. „Darf ich Ihnen einen Kaffee in der Gerichtscafeteria spendieren?“, fragte er.

„Sie dürfen! Wenn Sie glauben, Kaffee brächte mich zum Reden.“

Die beiden Männer gingen gemeinsam durch das Gerichtsgebäude in Richtung Cafeteria.

„Das schätze ich so an Ihnen, Ihren trockenen Humor, Mr. Gable. Was schätzt Angel eigentlich an Ihnen?“

„Die Tatsache, dass ich ihm als Anwalt zehn Millionen Dollar gerettet habe?“

„Wissen Sie, was ich glaube?“

„Na was denn?“, seufzte Vincent. Mike würde ihm seinen Verdacht so oder so erzählen.

„Als Sie damals Angel in dieser Sache mit C. L. Ifford vertreten haben, haben Sie beide sich ineinander verliebt und sind seitdem zusammen. Einige Zeit habe ich mich gefragt, ob The Shadow vielleicht deshalb nach Europa gegangen ist, aus Eifersucht. Aber als Jamie Sie dann am Krankenbett besucht hat, ist mir noch ein anderer Gedanke gekommen. Möglicherweise haben sich Angel und sein Schatten gar nicht getrennt, vielleicht haben die beiden jetzt einen gemeinsamen Liebhaber.“

„Was für eine blühende, schmutzige Fantasie Sie haben.“ Vincent lachte.

„Nur etwas Kombinationsgabe und Instinkt, Mr. Gable“, antwortete Mike glatt.

Die Männer trafen in der Cafeteria ein und Mike holte an der Ausgabe zwei Kaffee für sie, während sich Vincent an einen der freien Tische setzte. Seine Akten legte er auf einen der Stühle. Mike kam mit dem Kaffee und setzte sich zu ihm. In aller Ruhe streute Vincent Zucker in den Kaffee, gab Milch dazu und rührte um. Dann sagte er:

„Sie können privat so viel fantasieren und kombinieren wie Sie wollen, Mike. Nur niederschreiben sollten Sie Ihre angeblichen Erkenntnisse besser nicht. Es wäre schade, wenn ich unser gutes Verhältnis durch eine Schadensersatzklage in Millionenhöhe ruinieren müsste.“

„Ist das eine Drohung?“

„Nur ein guter Rat.“

„Ich bin sowieso Fotograf und kein Schreiberling. Und Geld habe ich kaum. Zu holen gibt es bei mir nichts.“ Er lehnte sich zurück.

„Es geht bei solchen Klagen gegen Pressevertreter nicht darum, etwas zu holen. Es geht um Einschüchterung und darum, die Gegenseite mit den exorbitant hohen Gerichtskosten ins Schwitzen zu bringen.“

„Kann schon sein, Mr. Gable. Aber wenn sich mir die Gelegenheit bietet, ein gutes Foto zu schießen, mache ich das. Abgesehen von dem Geld, was ich dafür bekomme, habe ich auch so etwas wie eine Berufsehre.“

Vincent lacht humorlos. „Ich glaube eher, das ist auch Sportsgeist, der Wunsch, das Foto des Jahres zu schießen und damit die anderen Fotografen zu übertreffen. Haben Sie das Foto von Angel und Mario gemacht?“

„Nein, aber ich wär's gerne gewesen. Und warum sollte ich keinen sportlichen Ehrgeiz haben? Sie sind doch auch ehrgeizig in Ihrem Beruf.“

„Ich wühle aber nicht im Privatleben anderer Menschen“, wandte Vincent ein.

„Sie vielleicht nicht, aber es gibt genug Verfahren, in denen die Verteidiger sich wie Geier auf das Privatleben der Gegenseite stürzen, beispielsweise bei Vergewaltigungsprozessen. In solchen Fällen lässt der Anwalt des Täters keine Gelegenheit aus, das Opfer zu demontieren. Darf er auch gar nicht, weil er aus berufsethischen Gründen verpflichtet ist, seinen Mandanten so gut wie möglich zu verteidigen.“

„Jeder Angeklagte hat ein Recht auf Verteidigung“, erklärte Vincent sachlich.

„Ich wusste, Sie würden das sagen, Mr. Gable.“

„Sind Sie da anderer Ansicht?“, fragte Vincent.

„Im Prinzip nicht, aber manchmal kann einem schon die Galle hochkommen, wenn Gewaltverbrecher durch die Winkelzüge ihrer Anwälte freikommen.“

Vincent zuckte mit den Schultern. „Dann hätten die Polizei und die Staatsanwaltschaft bessere Arbeit leisten müssen.“

„Vielleicht hätten Sie Staatsanwalt werden sollen. Wie man hört, sind Sie ein hervorragender Jurist."

„Für Schadensersatz- und Urheberrecht", wandte Vincent ein.

„Sie sollen am Anfang Ihrer Karriere auch ein guter Strafrechtler gewesen sein ..."

Vincent überraschte es nicht, wie gut Mike informiert war. „Mein Weg hat sich eben in eine andere Richtung entwickelt."

„Zu Angel, was?"

Vincent lachte herzlich. „Sie können es nicht lassen."

„Ist eine berufliche Schwäche von mir."

Vincent nahm seine Akten vom Stuhl und erhob sich. „Es war interessant, mit Ihnen zu plaudern, Mike, aber ich muss jetzt wirklich los."

„Jederzeit wieder, Mr. Gable."

Zweiundzwanzig

Es gab dann doch Modeaufnahmen von Marc und Jamie. Allerdings hatte Vincent in den Vertrag mit dem Markenhersteller noch einige zusätzliche Klauseln einbauen lassen. Danach standen Marc und Jamie während der Fotoaufnahmen mehrere Essenspausen am Tag nicht nur zu, sondern mussten zwingend eingehalten werden, ansonsten wurde für jeden Fall der Zuwiderhandlung eine empfindliche Vertragsstrafe fällig. Auch der Speiseplan, den Vincent für den einwöchigen Fotoaufenthalt seiner beiden Freunde auf einer Karibikinsel ausgearbeitet hatte, wurde Vertragsbestandteil. Die Gegenseite wurde verpflichtet, jemanden abzustellen, der sich ausschließlich um das leibliche Wohl der beiden Künstler zu kümmern hatte. Und Gespräche über das Gewicht oder die Figur von Marc oder Jamie in deren Anwesenheit waren absolut tabu. Weder waren Komplimente erlaubt, noch kritische Anmerkungen. Darüber hinaus durfte in ihrer Gegenwart auch nicht allgemein über Themen dieser Art gesprochen werden. Zu jeder Klausel gab es Vertragsstrafen-Bestandteile. Vincent schickte Bruno mit in die Karibik, der die Einhaltung aller Regeln überwachen sollte.

Als Marc und Jamie von diesen Klauseln erfuhren, fühlten sie sich ein wenig zu sehr kontrolliert und verhätschelt. Sie konnten ganz gut auf sich alleine aufpassen.

Jamie war sogar verletzt, weil sein Liebhaber ihm nicht vertraute und argwöhnte, er würde Marc nacheifern wollen, was er überhaupt nicht vorhatte. Jamie fühlte sich in seiner Haut wohl. Er hatte Idealgewicht und konnte seinen Bauch genauso vorzeigen wie Marc.

Aber nach ein, zwei Tagen in der Karibik bei den anstrengenden Aufnahmen überwogen die Vorteile von Vincents Fürsorge. Tagsüber gab es immer viele Früchte, Säfte und Mineralwasser. Über dieses Angebot freuten sich auch die anderen Modells. Denn nicht immer wurde bei Fototerminen ein so reichhaltiges Catering geboten. Und bei Früchten musste man nicht befürchten, sich zu überfressen und zu viel zuzu... ähem ...

Die vielen Pausen gab es allerdings nur für die beiden Stars. Die anderen Models hatten sich an die üblichen Gepflogenheiten zu halten. Teuer genug bezahlt wurden sie für ihren Arbeitseinsatz.

Jamie verzieh seinem Liebhaber. Etwas war er auch stolz, wie viele Sorgen sich Vincent um ihn machte und ihn bei all den Bedürfnissen, die Marc hatte, nicht vergaß. Ein wenig rächten sich die beiden Künstler aber dann doch an ihrem Liebhaber. Sie gingen mit einem der Models, dem sympathischen, schon etwas älteren Francis, ins Bett und erzählten es brühwarm Vincent. Marc wollte erst nicht, weil er Angst hatte, sein Liebhaber würde wieder eifersüchtig werden. Jamie überredete seinen Cousin grinsend.

„Schau dir Francis an. Er ist ein ganz anderer Typ als Vince oder Mario. Auf den würde Vincent niemals eifersüchtig sein."

„Weshalb willst du dann mit Francis ins Bett?"

„Weil ich Lust auf ihn habe und ich Vince ein wenig pieken möchte."

„Also willst du ihn doch eifersüchtig machen?"

„Nur darauf, dass er nicht bei uns sein kann und wir keine gemeinsame Orgie feiern können." Jamie kicherte. „So wie damals, als Vince uns in Spanien anrief und uns erzählte, wie er es in dieser Sauna getrieben hat."

„Ich weiß nicht ..."

„Wenn du nicht willst, gehe ich allein!"

Dass Jamie alleine Spaß mit Francis hatte, wollte Marc nun auch wieder nicht. Also ging er mit.

Francis war ein ehemaliges Star-Model um die fünfunddreißig. Eigentlich hatte er sich längst aus dem Geschäft zurückgezogen. Manchmal nahm er aber noch interessante Aufträge an. Für diesen hier war er engagiert worden, weil sein Aussehen ganz wunderbar zu Marc und Jamie passte. Nach dem Konzept der Modemacher sollte er so etwas wie den älteren, eleganten Bruder der beiden darstellen.

Marc und Jamie vertraten die junge Linie des Modehauses, Francis die für den reiferen Mann. Daneben gab es andere junge und ältere Models. Aber Marc, Jamie und Francis waren die Hauptgesichter dieser Kampagne.

Wegen des Geldes hatte Francis den Job nicht angenommen. Er war reich und lebte in London mit einem fünfzehn Jahre älteren englischen Lord zusammen. Francis war für die eine oder andere Unanständigkeit zu haben. So stimmte er sofort zu, dass seine beiden Bettgenossen ihren Liebhaber anriefen, während sie alle so richtig schön in Aktion waren.

Vincent war amüsiert, nutzte die Gunst der Stunde und legte Hand an sich.

In der nächsten Nacht wiederholten sie dieses Spiel mit Lord Nigel, Francis Lebensgefährten, dem es ebenfalls zu gefallen schien.

♫♫♫

Zuhause zurück arbeiteten Marc und Jamie weiter an ihren Songs. Das Arrangement war fast fertig und viele Lieder hatten auch schon einen Text. Zu einigen guten Melodien fiel den beiden Stones aber einfach keine passenden Lyrics ein. So ließen sie ihren Texter Will kommen, mit dem sie oft zusammenarbeiteten und spielten ihm die Musik vor.

Der war begeistert. „Wow, das könnte eine neue Latinowelle auslösen."

„Das ist eher Flamenco-Pop", belehrte ihn Jamie.

„Ich weiß, aber diesen Unterschied wird der durchschnittliche amerikanische Käufer von Musik wohl nicht erkennen. Ist euch eigentlich klar, dass ihr mit diesen anspruchsvollen Songs das Segment eurer Zielgruppe verlasst, die Jugendlichen?"

„Ja klar! Das Projekt ist ein Risiko. Aber die Songs haben Schwung und reißen mit, oder nicht? Und, wie sieht es aus? Kannst du damit etwas anfangen?", fragte Jamie gespannt.

„Ich würde es zwar gerne machen und mich mit euch gemeinsam an dieser Platte dumm und dämlich verdienen. Aber wenn das so richtig einschlagen soll, nehmt euch lieber einen Latino-Texter, jemanden, der spanische Wurzeln hat. Besser noch, bringt zwei oder drei Songs des Albums in Spanisch heraus. Die in Europa mögen so etwas. Und ihr wollt doch wieder international herauskommen?"

„Welchen Texter sollen wir denn deiner Meinung nach nehmen?", fragte Marc neugierig.

„Ramon Varga!"

„Du spinnst! Ramon ist ein Latino-Star, den bekommen wir nie. Für den sind Jamie und ich nur zwei kleine Pop-Hüpfer."

„Soll ich mit ihm sprechen? Ich habe seine Telefonnummer."

Marc und Jamie sahen sich verblüfft an und nickten dann eifrig.

Eine Woche später rief Ramon Varga tatsächlich an, der großartige Latino-Star, der sich schon seit dreißig Jahren erfolgreich im Musikgeschäft behauptete.

Marc und Jamie saßen gerade mit Vincent im Wohnzimmer des ersten Stocks, wo sie dessen alte Jazz-Platten hörten. Mittlerweile hatte der nämlich seine Musikanlage in die Villa schaffen lassen. Bruno nahm das Gespräch entgegen. „Bitte warten Sie einen Moment, Sir, ich verbinde."

Er stellte das Gespräch ins obere Stockwerk durch. Seufzend erhob sich Vincent von seiner Couch und ging zum Telefontisch. „Ja?"

„Mr. Ramon Varga für die beiden jungen Herren."

„Ramon Varga!", teilte Vincent seinen beiden Freunden mit. Marc und Jamie fuhren wie von der Tarantel gestochen von der Couch hoch.

„Nimm du das Gespräch an!", befahl Marc seinem Cousin aufgeregt.

„Nein, du!", antwortete Jamie hektisch.

Die beiden stritten sich, während Vincent schon einmal mit Ramon sprach.

„Guten Abend, Mr. Varga. Vincent Gable am Apparat. Ich bin ein Freund der Familie Stone. Ich freue mich, Sie kennenzulernen, wenn auch nur am Telefon."

„Sie sind doch dieser großartige Anwalt, von dem ich schon so viel Gutes gehört habe. Wenn ich mal ein rechtliches Problem habe, komme ich bestimmt zu Ihnen."

„Vielen Dank! Es wäre mir eine Freude, Sie zu vertreten." Vincent lachte. „Ich schätze Ihre Musik sehr, wenn ich das erwähnen darf."

„Aber immer, mein Lieber. Ein Künstler freut sich über jedes Lob. Wo wir gerade bei Komplimenten sind; mein alter Freund, der Texter Will Hersh, hat sich mir gegenüber fast überschlagen vor Begeisterung über das geplante neue Album von Angel. Und da wollte ich mich einfach mal bei den Stone-Cousins melden."

„Die beiden sind ganz aus dem Häuschen, Mister Varga. Ich glaube, jetzt haben sie sich entschieden, wer ans Telefon geht."

Jamie streckte seinem amüsiert lächelnden Liebhaber die Zunge raus und nahm der Hörer entgegen. „Jamie Stone hier", piepste er ins Telefon.

Ramon Varga war ein freundlicher Mann. Bald verlor Jamie seine Hemmungen und weil Vincent die Konferenzschaltung der Telefonanlage aktivierte, konnten die Musiker zu dritt miteinander plaudern. Marc und Jamie erzählten aufgeregt von ihrer Zeit in Spanien und von den Songs, die sie mitgebracht hatten. Irgendwann ließ sich Jamie seine Gitarre bringen und spielte Ramon am Telefon etwas vor. Der sagte daraufhin kurz und bündig: „Ich nehme den nächsten Flug nach LA!"

Ramon Varga hatte Blut geleckt.

Die Stone-Cousins konnten es gar nicht richtig fassen, dass sich dieser Altstar wirklich mit ihren Songs beschäftigen wollte. Vincent wunderte sich da weniger. Was er bisher von den Kompositionen mitbekommen hatte, war wirklich großartig. An einem solchen Projekt mitarbeiten zu dürfen, ließ sich auch ein Ramon Varga nicht entgehen. Und vielleicht fiel auch ein Song für ihn dabei ab. Der Altstar hatte schon lange keinen Hit mehr gehabt.

„Von welcher Firma wollt ihr das Album eigentlich produzieren lassen?", fragte der praktisch veranlagte Vincent, nachdem seine beiden Gefährten ihr Gespräch mit Ramon beendet hatten und sich den bevorstehenden Erfolg ihres geplanten Albums in den schillerndsten Farben ausmalten. Marc und Jamie verstummten jäh.

„Mehrere große Häuser haben euch sehr lukrative Angebote gemacht, die immer noch stehen", erinnerte Vincent sie.

Jamie murrte: „Bei denen müssen wir machen, was die wollen. Alles geht immer nur ums Geld, um Absatzchancen und Zielgruppen."

„Jetzt, wo ihr die Wahl habt, könnt ihr bestimmt mehr künstlerische Freiheit für euch herausholen."

Marc setzte sich zu seinem Liebhaber auf die Couch und rieb sich verführerisch an ihm. „Kannst du nicht für uns eine Produktionsgesellschaft gründen?", flötete er.

„Das fehlte noch!"

„Warum denn?", fragte Jamie mit beleidigter Miene. „Wir haben hier im Haus ein hochwertiges Tonstudio, wo wir Demos erstellen und Bänder abmischen können. Gute Aufnahmestudios und Musiker können wir mieten."

„Und wie steht es mit der Werbung, den Vertriebswegen im In- und Ausland und der richtigen Organisation von Konzerttouren? Habt ihr die richtigen Kontakte? Welche Firma soll eure CDs pressen? Wie hoch werden wohl die Herstellungskosten sein? Habt ihr bedacht, dass es in manchen Ländern Zölle gibt? Wird also ein Teil der Produktion ins Ausland ausgelagert? Und so weiter, und so weiter, und so weiter."

„Andere Musiker haben auch eigene Plattenfirmen", maulte Jamie.

„Ihr seid in erster Linie Musiker, keine Geschäftsmänner."

„Könntest du dich nicht um all diese Sachen kümmern?", bettelte Marc.

„Nein, es würde zu lange dauern, mich in die Materie einzuarbeiten und die richtigen Kontakte zu knüpfen. Ihr beide wollt mit eurem neuen Album pünktlich zur Oskar-Verleihung herauskommen. Viel Zeit bleibt da nicht mehr. Außerdem habe ich auch so schon genug zu tun."

Marc sprang mit einem Wutschrei von der Couch auf und rannte aus dem Zimmer. Vincent sah ihm kopfschüttelnd hinterher.

„Tut mir leid, dass er so reagiert", entschuldigte sich Jamie bei Vincent. „Soll ich den Plattenspieler wieder anstellen?"

„Ja!"

Nachdem dies geschehen war, kuschelte sich Jamie zu Vincent auf die Couch. Zwanzig Minuten später kehrte auch Marc zurück, gerade rechtzeitig, um die Platte zu wenden. Auf seinem Gesicht zeichnete sich deutlich sein schlechtes Gewissen ab.

„Ich weiß, dass du keinen unerschöpflichen Vorrat an Energie und Zeit hast“, nuschelte er. „Ich will dich auch lieber bei mir zu Hause haben als in deinem Büro, und dir nicht noch mehr Arbeit aufladen. Ich liebe dich.“

„Ich dich auch“, erwiderte Vincent. „Komm her und setz dich wieder zu mir!“

Erleichtert folgte Marc dieser Aufforderung. Als dann auch noch die Katzen kamen und die Männer mit ihrer Anwesenheit beehrten, war der Frieden wieder hergestellt.

Am nächsten Morgen beim Frühstück meinte Marc: „Dann werden Jamie und ich uns heute mit Steve in Verbindung setzen und ihm mitteilen, dass wir eines der Angebote annehmen werden.“

„Lasst mir noch eine Woche Zeit. Ich werde mich ein wenig umhören“, entgegnete Vincent.

Die Cousins strahlten.

„Aber versprechen kann ich nichts.“

Zunächst ging Vincent mit Steve Scionti Golf spielen. Schließlich betraf die Gründung einer eigenen Produktionsfirma auch dessen finanzielle Interessen. Steve seufzte tief und mit bekümmerter Miene, als er von den Plänen seiner beiden Schützlinge erfuhr.

„Xioni hat Marc und Jamie fünfundzwanzig Millionen Dollar für einen Fünfjahresvertrag angeboten, das sind jedes Jahr fünf Millionen. Dafür brauchen die beiden Jungen nichts weiter zu tun, als jedes Jahr ein Album und ein oder zwei Single-Auskoppelungen zu liefern. Musikalisch wird ihnen nahezu Narrenfreiheit eingeräumt. Fünfundzwanzig Millionen! So viel verdienen sie nie und nimmer mit einem eigenen Label, vielleicht die Hälfte, wenn sie Glück haben.“

„Kann schon sein“, meinte Vincent. „Aber Marc und Jamie wollen frei sein.“

„Freiheit, Freiheit! So eine eigene Firma zieht eine Menge Verpflichtungen nach sich.“

„Ich weiß! Aber es bietet auch eine Menge Vorteile, wenn man die Zügel selbst in der Hand hält.“ Vincent wusste, wovon er sprach.

Die Kanzlei, bei der er als Angestellter angefangen hatte, gehörte mittlerweile ihm.

„Ach, was soll's", meinte Scionti und grinste. „Sollen die Beiden tun, was sie nicht lassen können. Meinen Segen haben sie. Meinen prozentualen Anteil verdiene ich sowieso. Dann ist er eben etwas kleiner."

„Sie bleiben sehr gelassen, Steve."

„Kennen Sie den Film *‚Das Geld anderer Leute'*?", fragte der.

„Natürlich!"

„Darin wird Danny de Vito gefragt, wie viel Geld er denn noch verdienen möchte. Er sei längst mehrfacher Millionär, und man könne sein Geld nicht mit ins Grab nehmen. Darauf antwortet Danny: Wer am Ende am meisten hat, hat gewonnen.

Ich fand diesen Spruch immer herrlich und auch heute amüsiert er mich noch. Aber wissen Sie was, Vincent? Nachdem ich mich nach meinem Magendurchbruch im Krankenhaus wiederfand, wurde mir mehr als bewusst, dass der Mensch vergänglich ist. Ich verdiene immer noch gerne Geld. Dennoch ist mir aufgegangen, dass ich bereits gewonnen habe. Ich bin der reichste, erfolgreichste Einzelmanager, den es derzeit gibt. Natürlich gibt es Management-Gesellschaften mit mehr Kapital und mehr Angestellten. So einen Betrieb wollte ich aber nie haben. Mit denen vergleiche ich mich nicht."

„Dann gratuliere ich!", sagte Vincent mit einem Schmunzeln.

„Wollen Sie nicht doch bei mir einsteigen, Vincent? Die Künstler mögen Sie und vertrauen Ihnen."

„Ich bin nur ein Anwalt", wehrte Vincent ab.

„Ich überlege, ob ich in Zukunft bestimmte Verträge über Ihre Kanzlei abwickeln lasse", lockte Steve. So schnell wollte er nicht aufgeben. Und wenn Vincent nicht auf dem direkten Weg zu greifen war, bekam man ihn vielleicht durch die Hintertür.

„Darüber könnte man reden."

„Wissen Sie schon, wie Sie die Produktion für Marc und Jamie aufziehen wollen?"

„Das geht nur, wenn ich jemanden finde, an den ich die Geschäftsführung delegieren kann, einen Insider."

Höflich schwieg Scionti, weil Vincent gerade zwei Golfschläger aus seiner Golftasche nahm und ihr Gewicht miteinander verglich. Als er sich für einen entschieden hatte, fuhr der Manager fort: „Aber Sie wollen die Fäden in die Hand nehmen?"

„Natürlich! Marc und Jamie sind Musiker, keine Geschäftsleute."

„Ihre Beteiligung wird nicht allen Leuten im Business gefallen, zu viel Gable-Einfluss, Sie verstehen ... Manche werden hinter vorgehaltener Hand behaupten, die Stone-Cousins seien Ihnen hörig."

Vincent lächelte. „Damit werde ich leben können." Mit elegantem, selbstbewusstem Schwung schlug er ab.

Die nächste Station auf der Liste war Marcs Vater Robert, der Vermögensverwalter von Marc und Jamie. Wie alle Vermögensverwalter nahm er das Geld lieber ein, als es auszugeben. Weshalb garantierte fünf Millionen Dollar pro Jahr in den Wind schlagen und dafür das finanzielle Risiko einer eigenen Produktionsgesellschaft auf sich nehmen?

Natürlich war es Marcs und Jamies Geld. Sie hätten darauf bestehen können, dass Robert es herausrückte. Doch einen Mann, der bisher immer gute Arbeit geleistet hatte und der zudem noch zur Familie gehörte, verärgerte man lieber nicht. Um die von Bob errechnete Summe aufzufangen, die ihnen mit ihren Selbstverwirklichungsplänen angeblich durch die Lappen ging, schlossen Marc und Jamie den lukrativen Flipsy-Cola-Vertrag, obwohl Jamie sich vor Cola ekelte und Marc sogar Wasser nur sehr ungern trank. In Marcs seltsamer Vorstellungswelt blähte Wasser seinen Bauch auf, auch wenn es keine Kalorien hatte. Für ihn war die aus Sirupgrundstoff und Wasser bestehende Cola der reine Horror. Da spielte es keine Rolle, ob es sich um normale Cola oder um eine mit Süßstoff versetzte Diätcola handelte. Aber das Drehen der Werbespots würden die Stones schon aushalten. Danach mussten sie nur so tun, als würden sie das Zeug trinken. Bei Interview-Terminen immer schön eine Flipsy in der Hand halten und so weiter.

Bob war zufrieden und stellte den beiden Künstlern mehr als ausreichend Kapital aus ihrem Vermögen zur Verfügung.

Vincent setzte den Gesellschaftervertrag auf. Er beteiligte sich mit 25 Prozent an der Firma, Marc und Jamie hielten gemeinsam die restlichen 75 Prozent. Bob bekam keine Mitsprache- oder Prüfrechte, da die Produktionsgesellschaft nicht dem von ihm verwalteten Vermögen zugeschlagen wurde. Im Prinzip war Vincent damit als geschäftsführender Gesellschafter der Alleinherrscher. Dennoch konnten Marc und Jamie als Hauptgesellschafter natürlich einen Prüfer bestellen, sollte es eines Tages notwendig werden - reine Spekulation. Sie waren mehr als glücklich, dass ihr Liebhaber für sie ein eigenes Label aufbaute. Seinen Vorschlag, den Gesellschaftervertrag von einem unabhängigen Anwalt prüfen zu lassen, ignorierten sie. Vincent legte den Vertrag dann Bob vor, um sich nicht eines Tages vorwerfen lassen zu müssen, er hätte Marc und Jamie mit irgendeiner Klausel übervorteilt.

Nachdem Bob den Gesellschaftervertrag abgenickt hatte, wartete das Schriftstück in Vincents Schublade darauf, unterschrieben zu werden. Alles war soweit vorbereitet, der Startschuss konnte fallen, nur gab es noch niemanden, den Vincent sich als Geschäftsführer vorstellen konnte. Einige diskrete Gespräche mit Kandidaten hatte er schon geführt. Leider waren bisher nur Angeber mit überzogenen Gehaltsforderungen dabei gewesen, solche, die zwar ausreichend Insiderwissen hatten, aber in Vincents Augen nicht verstanden, worum es Marc und Jamie wirklich ging. Die Kandidaten hatten viel von Verdienstmöglichkeiten, Marktchancen und zielgruppengerechter Produktion geredet. Sie wollten ordentlich powern, die Firma innerhalb weniger Jahre hoch bringen und für ihre Mühe nicht nur ein hohes Managergehalt, sondern auch eine saftige Erfolgsbeteiligung haben. Vincent hatte gar nicht erst versucht, diesen Leuten begreiflich zu machen, dass für die Stone-Cousins der wirtschaftliche Erfolg ihrer Firma erst an zweiter Stelle stand. Geld genug hatten Marc und Jamie ja.

Fast wollte Vincent seinen beiden Gefährten die traurige Nachricht überbringen, dass es zeitlich nicht mehr zu schaffen war, das Album bis zur Oskar-Verleihung in Eigenregie zu verwirklichen, als Steve Scionti noch einen Kandidaten vorschlug, Jesse Arnold, einen Mann, der bis vor fünf Jahren bei Xioni die Zügel in der Hand gehalten hatte, bevor er plötzlich und ziemlich überraschend abgelöst worden war. Seitdem hatte man in der Branche nicht mehr viel von ihm gehört außer Gerüchten.

Vincent empfing ihn in seinem Büro. Mr. Arnold spazierte lockeren Schrittes in den Raum. Kritisch hob Vincent eine Braue. Sein Gesprächspartner kam doch wirklich in ... blauen, verwaschenen Jeans! Wenigstens hatte Arnold ein weißes Hemd und ein Sakko an. Krawatte trug er nicht. Die ersten beiden Knöpfe seines Kragens standen offen.

„Mr. Gable! Ich danke Ihnen, dass Sie mich empfangen", sagte Arnold und streckte dem Anwalt die Hand entgegen. Vincent ergriff sie und schüttelte sie.

„Guten Tag, Mr. Arnold, setzen wir uns doch! Möchten Sie Tee, Kaffee, Wasser?"

„Kaffee wäre angenehm."

Vincent griff zum Telefonhörer und bestellte bei Helen zwei Kaffee.

„Sie wundern sich vielleicht über meine legere Kleidung, Mr. Gable. Aber seien wir ehrlich. Ich bin nur hier, weil Steve Scionti Sie darum gebeten hat. Aus Freundschaft zu Steve verschwenden Sie Ihre Zeit mit mir und stellen mich dann doch nicht ein, weil Sie schon viel zu viel über mich gehört haben."

„Na wenn ich schon meine Zeit verschwende, hätten Sie auch etwas Zeit aufwenden können, um die für ein solches Gespräch übliche Kleidung anzuziehen", konterte Vincent trocken. „Oder sind Sie so ausgebucht, dass Sie das beim besten Willen zwischen all Ihren Terminen nicht mehr geschafft haben?"

„Ein gutes Argument", lachte Jesse. „Zeit habe ich als Arbeitsloser im Überfluss."

Helen kam herein, brachte den Kaffee nebst einem Teller Kekse und ging wieder. In aller Ruhe rührten die Männer Zucker und Milch in ihre jeweiligen Tassen.

„Okay, Mr. Arnold! Da sind zwei junge, erfolgreiche Musiker, die ihr eigenes Label gründen wollen. Die Finanzen sind kein Problem, die Zeit ist es aber schon. Das neue Album soll nämlich bis zur Oskar-Verleihung herauskommen. Was können Sie für diese beiden Männer tun?"

„Weshalb bis zur Oskar Verleihung?"

„Darauf möchte ich noch nicht eingehen. Sagen wir, es handelt sich um werbestrategische Gründe."

„Zu schaffen wäre das noch. Ich müsste einige alte Freunde anrufen und ein paar Fäden ziehen."

„Haben Sie denn noch Kontakte? Immerhin sind Sie seit fünf Jahren raus aus dem Geschäft."

„Als Geschäftsführer von Xioni habe ich vielen Leuten Gefallen getan. Die meisten sind noch in der Branche tätig. Und ich habe ihre Telefonnummern oder kenne Leute, die mir wichtige Telefonnummern geben können."

„Wenn Sie Geschäftsführer eines kleinen Labels wären, was würden Sie dann tun, wie würden Sie es angehen?"

„Das kommt auf die Wünsche der Gesellschafter an. Geht es ihnen um die künstlerische Verwirklichung, was wohl bei Ihren Mandanten der Fall sein wird, spielen andere Dinge eine Rolle als bei einem streng am Markt orientierten Unternehmen. Wenn Sie so wollen, produziert beispielsweise Xioni für bestimmte, vorher ausgekundschaftete Zielgruppen marktgerechte Häppchen für die Hörer, während kleine Labels mehr experimentieren, mehr wagen, vielleicht erst die Musik machen und sich dann umschauen, ob es irgendwo eine Zielgruppe für ihre Musik gibt. Das ist jetzt natürlich etwas vereinfacht dargestellt."

„Sie waren Vorstandsvorsitzender von Xioni, also ein sehr mächtiger Mann. Können Sie sich überhaupt noch einem Vorgesetzten unterordnen?"

„Ich war auch bei Xioni dem Aufsichtsrat verpflichtet", wandte Jesse ein.

Vincent machte eine abwehrende Handbewegung. „Das ist etwas ganz anderes, und das wissen Sie auch."

„Ich werde ehrlich zu Ihnen sein, Mr. Gable. Meinen Stolz und meine Selbstachtung habe ich mir durch die Nase gezogen und mit reichlich Alkohol nachgespült. Und Tabletten habe ich wie Bonbons geschluckt."

„Einen Mann ohne Selbstachtung kann ich aber nicht gebrauchen, Mr. Arnold." Vincent runzelte die Stirn.

„Ich habe sie nach meiner Entziehungskur wiedergefunden. Ich bin seit vier Jahren clean, kein Kokain, keine Tabletten, kein Alkohol. Keine Drogen mehr außer Kaffee."

„Wer garantiert mir, dass Sie nicht eines Tages wieder anfangen?“

„Seit vier Jahren bemühe ich mich vergeblich um eine neue Arbeit in der Branche. Ich habe eine Menge zu hören bekommen, eine Menge Frustrationen aushalten müssen und bin nicht rückfällig geworden.“

„Ich habe meine Zweifel, ob Sie dem Stress einer Managerposition gewachsen sind“, meinte Vincent nüchtern.

Jesse zuckte mit den Schultern. „Was soll ich Ihnen sagen? Diese Frage wurde mir schon oft gestellt, und ich konnte mit meiner Antwort nie überzeugen.“

Vincent beugte sich vor und blickte seinem Gesprächspartner in die Augen. „Müssen Sie sich darauf erst eine taktisch kluge Antwort überlegen?“

„Ich habe dutzende von solchen Antworten parat“, entgegnete Jesse.

„Wie wäre es mit der Wahrheit?“

„Mein Suchtproblem wurde weniger durch Stress ausgelöst als durch Größenwahn. Ich fühlte mich unantastbar, unzerstörbar. Und ja, ich bin dem Stress gewachsen. Lassen Sie es mich beweisen!“

„Weshalb wollen Sie eigentlich wieder arbeiten? Sie müssen doch bei Xioni Millionen an Gehalt und Beteiligungen verdient haben.“

Arnold grinste schief. „Das ist alles weg. Die Scheidung hat mich die Hälfte meines Vermögens gekostet, den Rest habe ich an der Börse verloren. Im Kokainrausch habe ich alles auf eine Karte gesetzt und verloren. Ich will mich nicht beklagen, es geht mir gut. Ich darf in einer der Luxus-Wohnungen meiner Ex-Frau leben, und sie zahlt mir sogar einen recht ordentlichen Unterhalt. Der Vater ihrer Kinder soll nicht wie ein Penner leben müssen. Aber es macht keinen Spaß, vom Geld anderer abhängig zu sein. Na ja, das Geld meiner Ex habe eigentlich ich verdient, doch es ist trotzdem ein erniedrigendes Gefühl, von einer Frau ausgehalten zu werden. Und meine Kinder sollen wieder stolz auf mich sein können.“

„Bei uns würden Sie nur einen Bruchteil Ihres Xioni-Gehalts verdienen. Außerdem gäbe es keine Erfolgsbeteiligung, jedenfalls am Anfang nicht. Wie Sie schon richtig erkannt haben, geht es in unserer Firma in erster Linie um die künstlerische Verwirklichung der beiden Hauptgesellschafter. Natürlich ist wirtschaftlicher Erfolg sehr willkommen, aber nicht um jeden Preis. Wir brauchen keinen Manager, der nur auf seinen eigenen Geldbeutel schaut."

„Mich bekommen Sie ganz billig, Mr. Gable. Außerdem bin ich hoch motiviert. Ich werde Ihnen beweisen, dass ich es noch drauf habe, wenn Sie mich lassen. Ihre Mandanten werden sehr zufrieden mit mir sein."

„Also gut, Mr. Arnold", meinte Vincent und erhob sich aus seinem Schreibtischstuhl. „Ich werde es mir überlegen und rufe Sie dann an."

Auch Jesse erhob sich. Vincent führte ihn noch zur Eingangstür der Kanzlei.

Dreiundzwanzig

Eigentlich rechnete Jesse Arnold nicht mit einer zweiten Einladung. Vincent Gable schien zu viele Zweifel, zu viele Vorbehalte zu haben. Umso erstaunter war Jesse, als er eine Einladung in die Villa der Stone-Cousins für den Abend erhielt. Helen, die Sekretärin von Mr. Gable teilte es ihm telefonisch mit.

„Guten Tag, Mr. Arnold! Mein Chef lässt Sie fragen, ob es Ihnen etwas ausmacht, spät zu Abend zu essen."

„Nein, das wäre mir recht."

„Dann kommen Sie bitte um 22.00 Uhr in die Villa von Marc und Jamie Stone. Wissen Sie, wo das ist, oder soll ich Ihnen die Adresse geben?"

„Ungefähr schon, aber ich notiere mir zur Sicherheit doch noch die Adresse."

Helen gab sie durch und teilte Jesse auch die Handy-Nummer von Vincent mit, falls etwas dazwischen kommen sollte.

„Und wenn Sie nicht wissen, was Sie anziehen sollen, schlägt Mr. Gable legere Kleidung vor. Er plant eine Begegnung mit seinen Mandanten in lockerer Atmosphäre", meinte Helen, sichtlich amüsiert, ein kleiner Seitenhieb auf Jesses gestrige, unpassende Aufmachung.

„Ich werde mich danach richten." Jesse grinste.

Helen verabschiedete sich freundlich und legte auf.

Marc und Jamie Stone! Weshalb wollten diese beiden eine eigene Produktionsfirma gründen? Xioni hatte ihnen einen Fünfjahresvertrag über fünfundzwanzig Millionen Dollar angeboten. Aber bitte schön, die Stone-Cousins konnten es sich mit einem riesigen Vermögen im Hintergrund leisten, spleenig zu sein. Die Idee, diesen beiden Goldjungen bei ihrer Selbstverwirklichung zu helfen und so einigen Managern bei Xioni in die Suppe spucken zu können, gefiel Jesse.

Da er nicht wusste, was es zum Essen geben würde, nahm er eine Rot- und eine Weißweinflasche mit. Er selbst würde davon natürlich nicht trinken. Jesse hatte hin und her überlegt, was man zu einer solchen Einladung mitbringen sollte und ob überhaupt.

Durfte er als trockener Alkoholiker Wein verschenken? Bekam Vincent Gable dann nicht sofort einen falschen Eindruck von ihm? Ach was, ein guter Wein war ein angemessenes Geschenk, wenn man zum Abendessen eingeladen wurde, egal, ob es sich um ein entspanntes Arbeitsessen oder um ein privates Essen handelte.

Jesse zog sich dieses Mal sehr sorgfältig an. Da legere Kleidung erwünscht war, verzichtete er auf einen förmlichen Anzug und begnügte sich mit einer eleganten, schwarzen Stoffhose. Dazu zog er das dezent gemusterte dunkelrote Hemd mit Stehkragen an, welches ihm so gut stand. Auf einen Sakko verzichtete er, denn es war warm genug.

Der Butler Bruno ließ Jesse ein und führte ihn in die Küche, wo Marc und Jamie Stone gemeinsam mit Vincent Gable dabei waren, das Essen zuzubereiten. Es gab Pizza - und was für eine! Wenn Jesse all die frischen, zerkleinerten Zutaten sah, die auf Tellern lagen und nur darauf warteten, über den Teig ausgebreitet zu werden, lief ihm schon jetzt das Wasser im Mund zusammen. Als Fleischauflage stand geräucherte Hühnerbrust und Parmaschinken bereit. Zwei Siam-Katzen saßen auf dem Boden vor der Ablage, auf dem die Fleischteller standen, und lauerten darauf, dass ihre Menschen unaufmerksam wurden.

Gerade war Gable dabei, auf einer Arbeitsfläche Pizzateig auszurollen.

„Ah, Mr. Arnold! Da sind Sie ja! Meine Mandanten Marc und Jamie kennen Sie?“

„Ja, wir haben uns schon bei einer früheren Gelegenheit kennengelernt. Hallo Marc, hallo Jamie!“

„Hi, Mr. Arnold“, antwortete Jamie mit einem freundlichen Lächeln. Er gab seinem Gast nicht die Hand, da er gerade Tomaten in Scheiben schnitt.

Marc lächelte stumm. Auch er war mit Vorbereitungen beschäftigt.

„Ich habe zwei Flaschen Wein mitgebracht. Diese Trauben schätzte ich früher sehr.“ Jesse nahm die Flaschen aus der mitgeführten Tasche und stellte sie auf Vincents Arbeitsfläche. Der warf einen Blick darauf.

„Hm, zwei sehr gute Tropfen! Vielen Dank! Schade, dass Sie nicht mittrinken können, was?“

„Es genügt mir, wenn ich anderen eine Freude bereiten kann.“

Unauffällig musterte Jesse den Anwalt. Vincent trug noch immer eine Anzughose und ein Geschäftshemd. Das also verstand er unter *‚leger‘*. Immerhin hatte er Sakko, Weste und Krawatte abgelegt. Um die Hüften trug er ein Küchenhandtuch, welches er sich in den Hosenbund gesteckt hatte, sein Zugeständnis an die Tatsache, dass er sich gerade mit Pizzateig beschäftigte. Jesse war bei Vincents Anblick froh, dieses Mal auf seine Kleidung geachtet zu haben. Zwanglos gekleidet waren eigentlich nur Marc und Jamie. Beide trugen verwaschene Jeans und T-Shirts mit Scherz-Aufdrucken.

Vincent erkundigte sich nach Jesses Getränkewünschen:

„Was möchten Sie als Aperitif? Marc, Jamie und ich trinken ja Martini. Vielleicht einen Fruchtcocktail? Bruno kann Ihnen etwas nach Ihren Wünschen zubereiten.“

„Haben Sie einen Bitter Lemon?“, wandte sich Jesse an den Butler.

„Selbstverständlich!“

Bruno servierte das gewünschte Getränk und zog sich dann aus der Küche zurück.

„Kann ich etwas helfen?“, fragte Jesse. Er wollte nicht tatenlos herumstehen.

„Ich glaube nicht, wir haben alles schon vorbereitet. Die Bleche müssen nur noch belegt und in den Ofen geschoben werden“, antwortete Vincent. „Setzen Sie sich einfach an den Küchentisch.“

„Ich könnte beim Belegen helfen“, meinte Jesse.

„Warum nicht! Marc, bring Mr. Arnold die Flaschen mit der Tomatensoße.“

Marc legte sein Käsestück beiseite, das er gerade bearbeitet hatte, ging an den überdimensionierten Kühlschrank und griff sich daraus vier Flaschen mit scharfer Tomatensoße, die er auf der Arbeitsfläche abstellte, wo die Pizzableche ihrer Belegung harrten. Drei Bleche waren schon mit Teig bedeckt, eines würde es gleich sein. Vier Bleche! Viel zu viel Essen für den Abend, überlegte Jesse.

„Der Rest wird eingefroren“, meinte Vincent, als er dessen zweifelnden Blick bemerkte.

„Ach so!“ Jesse nahm eine der Soßenflaschen auf, besah sich das Etikett und staunte. „Sieht interessant aus. Woher kommen die Flaschen?“

„Die hat Ramon Varga als Geschenk mitgebracht. Seine Frau produziert diese Soßen nach einem alten Familienrezept. Ist wohl ein Hobby von ihr.“

„Auf jede Pizza den Inhalt einer Flasche?“, fragte Jesse.

„Ja!“

Die Männer belegten die Bleche dann alle gemeinsam. Im Hintergrund spielte leise irgendeine angenehme, beschwingende Filmmusik. Jesse rettete im letzten Moment das Fleisch vor den diebischen Katzen, die daraufhin zu einem lautstarken Klagekonzert ansetzten, weil ihr Raubzug misslungen war.

„Siams sind gut bei Stimme“, entschuldigte sich Marc und ermahnte seine beiden Tiere zu angemessenerem Verhalten, natürlich vergeblich.

„Ist schon okay! Ich finde die zwei süß“, meinte Jesse und streichelte die beiden Plagegeister. Erst einmal ließen sie sich ablenken, Siams waren geradezu süchtig nach Streicheleinheiten. Bald darauf kamen sie aber wieder auf ihr eigentliches Thema zurück.

„Darf ich den Katzen ein Stück Parmaschinken geben?“, fragte Jesse.

„Dann fangen sie erst richtig an zu betteln“, wandte Vincent ein.

Heimlich warf Marc Leo und Mel ein Scheibe Schinken auf den Boden. Sie stürzten sich sofort darauf.

„Das habe ich gesehen“, sagte Vincent in strengem Tonfall.

„Du wirst oft selbst weich bei den Katzen“, erwiderte Marc, kein bisschen schuldbewusst.

Die Männer verteilten das Fleisch auf dem Teig. Zwei Pizzen wurden mit Huhn belegt, zwei mit Schinken. Zum Schluss wurde reichlich Käse darüber gestreut. Endlich schob Vincent die Bleche in den großen Ofen. Die Küche der Stones war richtig toll, geräumig, mit vielen Arbeitsflächen und großzügig dimensionierten Geräten, die auch einem Berufskoch Freude gemacht hätten.

Die Wartezeit auf das Essen verbrachten sie im Wohnzimmer, wo Vincent eine Flasche Rotwein dekantierte. Er schien sich in der Villa seiner Mandanten wie zu Hause zu fühlen. Offensichtlich waren Vincent Gable und die beiden Stone-Cousins gut miteinander befreundet. Wie gut, darüber enthielt sich Jesse sämtlicher Spekulationen. Er zuckte gedanklich mit den Schultern und ließ das Thema fallen. Vermutungen über das Privatleben der Stones brachten ihn im Augenblick sicher nicht weiter. Sie sollten um Gottes willen nicht das Gefühl haben, zum Gegenstand der Neugier des Bewerbers zu werden. Wenn sich Jesse als Geschäftsführer ihrer Produktionsgesellschaft empfehlen wollte, musste er taktvolles, verschwiegenes Verhalten demonstrieren.

Das Essen servierte Bruno im Speisezimmer. Die Pizza schmeckte köstlich, und alle griffen reichlich zu, bis auf Marc, der sich mit einer kleinen Portion und einem halben Glas Wein zufriedengab. Jesse blieb bei Bitter Lemon.

Während des Essens sprachen er und die Cousins angeregt über das Musikgeschäft im Allgemeinen und die Pläne der Stones im Besonderen. Vincent hielt sich weitgehend heraus. Dennoch ahnte Jesse, dass nicht Marc und Jamie über seine Einstellung entscheiden würden. Es war Vincent, der die Zügel in der Hand hielt. Der Zweck dieses Essen war sicherlich auch, die Hauptgesellschafter mit dem Bewerber bekannt zu machen. Die Parteien sollten sehen, ob sie miteinander zurechtkamen. Irgendwie hatte Jesse das Gefühl, sehr genau von Vincent beobachtet zu werden. Dieser Anwalt beschützte seine beiden Mandanten ... wie eine Mutter ... oder ... vielleicht wie ein Vater? Nein, eher wie ein grimmiger, stattlicher Hütehund mit Wolfsblut in den Adern, der seine kleine Schafherde hingebungsvoll bewachte und sich gerade fragte, ob der Mann am Tor hineingelassen werden konnte oder besser verbellt werden sollte. Innerlich grinste Jesse über dieses Bild.

Zum Nachtisch gab es Tiramisu und Capuccino.

„Ist ohne Amaretto!“, meinte Vincent, weil sein Gast zweifelnd auf die Süßspeise schaute. Daraufhin aß Jesse mit sehr viel Appetit. Marc machte ein langes Gesicht, weil auch er Nachtisch essen sollte.

„Nimm das wieder weg!“, beschwerte er sich ungehalten bei seinem Butler.

Bruno reagierte nicht darauf und ging aus dem Zimmer, da alles serviert war.

„Vince! Ich habe schon eine Pizza mit gaaanz viel fettigem Käse gegessen“, versuchte Marc, seinen Anwalt zu erweichen.

„Dein Tiramisu ist nur halb so groß wie unseres. Es wird dir schmecken“, entgegnete Vincent. Seine Stimme klang in Jesses Ohren ziemlich streng. Offensichtlich versuchte er, Marc zu zwingen, das Dessert zu essen. Jesse hatte schon mit vielen essgestörten Musikern zu tun gehabt, und Marc Stone hatte ganz gewiss Probleme dieser Art. Das war unübersehbar. Konsequente Nahrungsverweigerer ließen sich durch nichts und niemanden dazu bringen zu essen. Ob Marc Argumenten noch halbwegs zugänglich war? Mit kleinen Scherzen hatte Jesse schon einige super dünne Stars und Sternchen dazu gebracht, nicht jede Kalorie zu zählen und sich etwas zu gönnen. Mal sehen, ob das auch bei Marc klappte.

„Wenn alle Leute so wenig Käse essen würden wie du an diesem Abend, dann würde die Käseindustrie bald pleitegehen“, sagte Jesse.

Marc stutzte und kicherte dann.

„Na siehst du. Ich habe nichts gesagt, als du vorhin den Käse an den Tellerrand geschoben hast, aber jetzt wird Tiramisu gegessen“, befahl Vincent.

Mit seiner üblichen Leidensbittermiene begann Marc, sein Mini-Dessert zu verspeisen. Der Geschmack glättete seine Züge.

„Gut, was?“, bemerkte Jamie grinsend.

„Irgendwie schon“, nuschelte Marc. Wie immer übte er Widerstand bis zum Schluss.

Gegen zwei Uhr Nachts machte sich Jesse auf den Weg nach Hause. Vincent Gable brachte ihn noch zur Tür und verabschiedete ihn freundlich. Der Abend war nett gewesen und die Stimmung gut. Dennoch ließ der Anwalt sich nicht in die Karten schauen.

„Ich melde mich schnellstmöglich bei Ihnen“, sagte er zu Jesse und schüttelte ihm zum Abschied die Hand.

Vierundzwanzig

Wie versprochen meldete sich Vincent gleich am nächsten Tag bei Jesse. Dieses Mal trafen sie sich wieder in der Kanzlei. Jesse trug nun einen Anzug.

Vincent schüttelte ihm zur Begrüßung die Hand und sagte kurz und bündig:

„Wann können Sie anfangen, Jesse?"

„Sofort!"

„Freut mich, das zu hören. Dann führe ich Sie gleich in Ihr Büro. Zu Anfang wird die Jamastone-Production noch in den Räumen meiner Kanzlei untergebracht sein."

Das Büro war groß, hell und freundlich, mit durchschnittlichen Büromöbeln eingerichtet. Als Vorstand von Xioni hatte Jesse natürlich ganz anders residiert. Aber diese Zeiten waren längst vorbei. Nun hätte er auch in einer Abstellkammer gearbeitet.

„Falls Sie lieber mit Headset telefonieren, an die Telefonanlage kann eines angeschlossen werden."

„Sehr gut!"

„Sie werden sicher auch viel Zeit bei Marc und Jamie in der Stone-Villa verbringen. Sollte es nötig sein, können wir Ihnen dort ein zweites Büro einrichten. In der Villa ist ebenfalls eine gute Telefonanlage installiert."

Jesse nickte.

„Einmal am Tag werden Sie mir als Mitgesellschafter der Jamastone Bericht erstatten. Ich bin meist gegen Zehn in der Kanzlei. Wir sollten noch keinen festen Termin für unsere tägliche Besprechung festlegen. Mal sehen, wie es sich ergibt."

„Ganz, wie Sie wünschen, Vincent!"

„Ihre Sekretärin werden Sie sicher selbst auswählen wollen. Bis dahin stelle ich Ihnen eine von den Kanzleikräften zur Verfügung."

„Sehr schön!"

„Anrufe für die Jamastone wird meine Empfangsdame entgegennehmen."

„Freut mich!"

„Dann lasse ich Sie jetzt allein. Ihre erste Amtshandlung wird sein, Ihren Vertrag zu studieren. Er entspricht den üblichen Gepflogenheiten. Mit Fragen wenden Sie sich bitte an Helen. Ich muss jetzt leider zum Gericht. Ach noch was!“

„Ja?“

„Herzlich willkommen an Bord, Jesse!“ Vincent schüttelte ihm mit einem warmen Lächeln die Hand.

„Ich danke Ihnen für diese Chance, Vincent!“

Der nickte und eilte aus dem Raum. Jesse setzte sich auf den Bürostuhl, der vor seinem neuen Schreibtisch stand, und atmete tief durch. Endlich war er wieder im Geschäft! Der Vertrag lag in einem Umschlag auf dem Schreibtisch. Jesse riss ihn auf und begann zu lesen. Sonderlich interessierte ihn der Inhalt nicht. Um wieder arbeiten zu dürfen, hätte er sogar seine Seele verkauft.

Der Vertrag hatte keine absonderlichen Fußangeln, dafür aber diverse, umfangreiche Schweigeklauseln, die das Privatleben der drei Gesellschafter der Jamastone betrafen. Streng genommen durfte Jesse noch nicht einmal darüber reden, welche Speisen Marc, Jamie oder Vincent zum Mittagessen zu sich nahmen. Aber das hatte Jesse ja auch nicht vor. Er ahnte bereits, weshalb sein Arbeitsvertrag so viele Schweigeklauseln beinhaltete. Wahrscheinlich würde er bald feststellen, dass Vincent Gable bei den Stone-Cousins wohnte. Erste Anzeichen dafür hatte es schon gestern gegeben.

Das Gehalt war recht ordentlich, mehr, als Jesse erwartet hatte. Viele Gedanken hatte er sich um das Geld sowieso nicht gemacht. Vincent offensichtlich schon. Die Summe war so bemessen, dass sie um Einiges über dem Durchschnitt von Managergehältern in mittelständischen Unternehmen lag. Andererseits sah der Vertrag keine Erfolgsbeteiligung vor, also musste die Festsumme auch etwas höher sein. Alles in Allem vermittelte das Gehalt dennoch eine gewisse Wertschätzung und ein Vertrauen in die Fähigkeiten des neuen künstlerischen Geschäftsführers. Jesse würde alles tun, um sich dieses Vertrauens als würdig zu erweisen. Er nahm einen Stift und unterschrieb den Arbeitsvertrag schwungvoll. Dann steckte er ihn wieder in den Umschlag und trug ihn zu Helen, die ihn lächelnd entgegennahm.

„Schön, dass Sie bei uns sind, Mr. Arnold."

„Jesse!"

„Kann ich noch etwas für Sie tun, Jesse?"

„Vincent hat mir eine Kanzleikraft versprochen. Ich würde gerne mit ihr reden."

„Natürlich, Jesse, ich schicke sie sofort in Ihr Büro."

„Sie sind ein Schatz, Helen!"

Voller Energie begann Jesse seine Arbeit. Nach drei Tagen hatte er sich bereits ein umfassendes Bild von Marc und Jamies Plänen gemacht und begann, ein Aufnahmestudio anzumieten, Musiker zu engagieren und alles zu organisieren, was notwendig war. Seine Aushilfe Fiona machte gemeinsam mit ihm viele Überstunden. Ihr machte die Arbeit für die Jamastone aber so viel Spaß, dass sie sich nicht beklagte. Und da sie sich hervorragend als Sekretärin eignete, entschloss sich Jesse, sie zu behalten. Vincent hatte nichts dagegen.

Eine Woche nachdem Jesse eingestellt worden war, jammerte Marc am Abend beim Ausziehen, dass ihm vor lauter Stress der Kopf brummte. Jesse hätte ihm und Jamie ein wahnsinnig anstrengendes Tagespensum auferlegt. Und dabei waren sie doch die Chefs und nicht umgekehrt.

„Aber Jesse macht alles in eurem Sinne oder nicht?", wandte Vincent ein.

Marc streckte ihm die Zunge raus. Daraufhin fing Vincent seinen Freund ein und verpasste ihm einen leidenschaftlichen Kuss. Marc wurde weich und willig in seinen Armen. Die beiden ließen sich auf das Bett fallen und als Jamie fünf Minuten später aus dem Bad kam, wo er sich noch die Zähne geputzt hatte, fand er seine beiden Gefährten innig vereint vor.

„Ihr habt ja schon angefangen", stellte er fest.

„Wir haben uns nur ein wenig warm gemacht", raunte Vincent und zwinkerte ihm zu.

♫♫♫

Es war Sonntag und ein schöner warmer Tag. Marc, Jamie und Vincent frühstückten auf der Terrasse, mit von der Partie war Jesse, der noch einiges mit Marc und Jamie zu besprechen hatte. So etwas wie ein freies Wochenende gab es für Jesse im Augenblick nicht, und auch die beiden Musiker hatten viel zu tun, aber diesen Sonntag nahmen sie sich frei, weil sie zusammen mit Vincent auf Steve Sciontis Anwesen schwimmen gehen wollten. Der Pool des Managers war großartig, eine terrassenförmig angelegte exotische Badelandschaft mit einem riesigen und mehreren mittleren Becken und einem kleinen Wasserfall. Steve und seine Frau waren verreist, und ihr Personal hatte Ausgang, eine gute Gelegenheit also, den Pool von Steve als Spielwiese zu nutzen.

Nach dem Frühstück verabschiedete sich Jesse. Er wollte sich zugunsten der Jamastone noch mit einem alten Bekannten treffen. Vincent, Marc und Jamie setzten sich in den BMW und fuhren gut gelaunt zu Steve.

♫♫♫

Der nachtblaue BMW von Vincent Gable bog in die Auffahrt zu Steve Sciontis Anwesen. Zur gleichen Zeit fuhr der Fotograf Mike Fischer mit seinem Kleinwagen auf der anderen Straßenseite an der Auffahrt vorbei. Mike fragte sich, was Gable wohl bei Scionti zu suchen hatte. Der Manager war schon seit einer Woche verreist.

Neugierig bremste Mike seinen Wagen ab und blieb stehen. Es war Zufall, dass er ausgerechnet jetzt hier vorbeifuhr. Aber der Zufall hatte ihm schon oft in die Hände gespielt. Mike parkte seinen Wagen, nahm seine Fototasche und stieg aus. Früher, als er noch nicht von seinen Fotos hatte leben können, hatte er hin und wieder als Poolreiniger gearbeitet, unter anderem auch für die Firma, die Steve Sciontis Pool reinigte. Mal sehen, ob das Eingangstor immer noch den gleichen Öffnungscode hatte.

♫♫♫

Der Pool lag sehr diskret. Zur Straße hin bot das Haus einen Sichtschutz, zum parkähnlichen Garten hin schloss eine Hecke das Areal des Pools nebst seiner großzügig geschnittenen Sonnenterasse ab. So konnten Vincent, Marc und Jamie ungestört baden.

Sie hielten sich nicht damit auf, Badehosen überzustreifen. Bei dem, was sie vorhatten, störten diese Dinger nur.

Mit kindlicher Freude warfen sich Marc und Jamie ins Wasser und balgten miteinander, Vincent dagegen tauchte mit einem eleganten Kopfsprung in das angenehm temperierte Nass und zog seine Bahnen. Nach etwa dreißig Minuten machte sich allerdings wieder sein Bein bemerkbar und so schwamm er an den Rand des Pools, zog sich hoch und setzte sich auf die Kante. Seine Beine hingen im Wasser. Marc und Jamie rauften gerade um eine Luftmatratze. Beide versuchten, sich darauf auszustrecken, was schwierig war, denn sobald der eine den Platz auf der Matratze erobert hatte, kippte der andere sie wieder um. Als sie aber Vincent am Rand sitzen sahen, ließen sie von ihrem Spielzeug ab und gesellten sich zu ihm. Marc schlüpfte zwischen Vincents leicht gespreizte Beine, stützte sich an dessen Oberschenkeln ab und zog sich hoch, bis er Vincents Mund erreichte. Zärtlich drängte er seine Zunge zwischen Vincents Lippen.

Derweil blieb Jamie nicht untätig. Er hielt sich an Vincents Knien fest und presste seine Lippen genau zwischen die Arschbacken seines Cousins. Marc stöhnte in den Kuss mit Vincent hinein. Jamies geübte Zunge brachte Marc fast um den Verstand vor Lust. Marcs Arme wurden weich, und er glitt schließlich ins Wasser zurück. Sein Blick fiel auf Vincents prallen Ständer.

„Hm, lecker!", schnurrte Marc. Er rutschte zu seinem Liebhaber heran und gab seinem Mund wieder etwas zu tun. Während er Vincent blies, fielen ihm ständig seine tropfnassen, langen Haare ins Gesicht. Zuvorkommend fasste Jamie sie von hinten und drehte sie zusammen. Dabei rieb er seine Erektion an Marcs Hinterteil. Es gelang Jamie, sich halb in seinen Cousin zu schieben, doch es war schwierig, sich festzuhalten und so rutschte er wieder heraus.

Jamie schnappte sich die Luftmatratze, die in der Nähe schwamm und schwang sich bäuchlings hinauf. Gemütlich vor sich hin paddelnd, beobachtete er Marc in seinem Tun. Dieser brachte Vincent innerhalb kürzester Zeit zum Abspritzen. Nachdem Marc die Ladung seines Liebhabers geschluckt hatte, ließ er sich zurückfallen und strampelte mit den Beinen. Dabei wurde Vincent ordentlich mit Wasser bespritzt.

„Na warte!“, drohte Vincent, sprang ihm aber nicht hinterher.

„Willst du mich bestrafen? Wie denn?“, amüsierte sich Marc.

„Wirst du schon noch sehen“, entgegnete Vincent. Gerade jetzt hatte er überhaupt keine Lust, hinter seinem Kater herzuhechten. Vielleicht in zehn Minuten ... Vincent streckte sich nackt auf den warmen Fliesen am Rand des Pools aus und genoss die behagliche Mattigkeit nach seinem Orgasmus.

Mittlerweile hatte sich Jamie auf der Luftmatratze auf den Rücken gedreht. Sein Schwanz zeigte kerzengerade nach oben. Das brachte Marc auf eine Idee. Sex auf der Luftmatratze! Doch so charmant diese Idee war, so schwierig war sie dann auszuführen. Immer wieder kippten sie von der Matratze, egal, in welcher Stellung sie auch versuchten zueinander zu kommen. Nach vielen amüsanten Fehlversuchen gaben sie schließlich auf und schwammen in den flachen Teil des Beckens. Marc legte sich auf den Rücken. Gleich darauf schob Jamie sich auch schon zwischen seine Beine.

Die rhythmischen Aktivitäten seiner beiden Gefährten im flachen Wasser ermunterten nun auch Vincent wieder. Er sprang ins Wasser und schwamm zu ihnen.

Hm, Jamies feuchter, nackter Hintern glänzte so schön in der Sonne. Vincent hatte Lust daran zu knabbern, und das tat er. Als er dann mit seiner Zunge in Jamies Spalte fuhr, hörte dieser auf, sich in Marc zu bewegen, um das Gefühl in vollen Zügen genießen zu können.

Marc ließ sich diese Unterbrechung eine Weile gefallen, irgendwann dauerte ihm das Spiel seiner Freunde aber zu lange.

„Vince, Marc!“, beschwerte er sich und stieß mit den Hüften vor, um sich wieder in Erinnerung zu bringen.

Vincent hob den Kopf. „So ungeduldig, kleiner Kater?“

„Ja, ich werde ganz schön vernachlässigt“, behauptete Marc.

Daraufhin gab Vincent Jamie einen liebevollen Klaps auf den Po und sagte:

„Mach weiter, Engel!“

Während Jamie in seinen alten Rhythmus zurückfiel, streckte sich Vincent neben Marc aus und eroberte dessen Mund. Seine

Hand fuhr zwischen die Bäuche seiner Gefährten und umschloss Marcs Erektion.

„Besser?“, fragte Vincent amüsiert.

Marc schnurrte und erreichte seinen Höhepunkt. Kurz danach folgte ihm Jamie.

Die Männer verließen den Pool, trockneten sich ab und rieben sich gegenseitig ein zweites Mal mit Sonnencreme ein. Danach holte Vincent im Haus den mitgebrachten Picknickkorb. Kalte Getränke entnahm er Steves Kühlschrank.

Ausnahmsweise hatte Marc einmal nichts gegen das Essen einzuwenden. Gemütlich auf seinem komfortablen Liegestuhl ausgestreckt, ließ er sich ein leckeres Sandwich schmecken und aß danach sogar noch von dem Hummersalat.

♫♫♫

Mike Fischer machte seine Fotos wie im Rausch. Die Aussicht auf die ganz große Kohle, die er mit ihnen abgreifen würde, beflügelte ihn. Seine gute Laune hielt auch noch an, während er seine Ausbeute auf seinem Computer ansah und einige Fotos auf seinem Farbdrucker ausdruckte. Als er dann aber die fertigen Bilder in der Hand hielt und durchsah, bekam er Gewissensbisse. Diese drei Menschen auf den Fotos hatten nicht nur Sex miteinander, ihre Liebe zueinander strahlte Mike geradezu entgegen. Er kam sich plötzlich vor wie ein dreckiger Voyeur, ein schmutziger Paparazzo, der auf Kosten anderer absahnen wollte. Und genau das hatte er ja auch vor!

Bisher hatte er nie an seinem Beruf gezweifelt. Nun aber ... Diese Bilder würden Marc und Jamies Karriere beschädigen, wenn nicht sogar zerstören.

Na und? Sie hätten ja nicht gemeinsam mit Gable Poolspiele in der Öffentlichkeit veranstalten müssen.

Öffentlichkeit? Das war auf einem Privatgrundstück und ich bin eingebrochen ...

Bin ich nicht, ich hatte den Code ...

Meine Anwesenheit auf dem Gelände war trotzdem illegal, mindestens Hausfriedensbruch ...

Und wenn schon; Marc und Jamie Stone sind reich und werden von einem warmen Nest aufgefangen. Weshalb sollte ich auf meine Kohle verzichten, um zwei reiche Stars zu schonen, die sich einen Dreck um mich kümmern ...

Vincent Gable war immer nett zu mir ...

Nett, nett, der schert sich genauso wenig um mich, wie seine beiden Freunde.

„Scheiße!“, fluchte Mike und stopfte alle Fotos in einen Umschlag. Die Speicherkarte versteckte er in seiner Wohnung.

Fünfundzwanzig

Eine Woche verging und Mike Fischer hatte die Fotos immer noch keiner Agentur angeboten. Er fragte sich, was nur los mit ihm war. Sonst war er doch auch kein so moralischer Mensch. Er hatte immer davon geträumt, Sensationsfotos schießen zu können. Und nun, wo er welche hatte, lagen sie ihm wie Steine auf der Seele.

Nachdem er das ewige Grübeln satt hatte, entschloss er sich, jemand anderen entscheiden zu lassen. Mike rief beim Gericht an und erkundigte sich, ob Vincent Gable an diesem Tag Termine hatte. Da dies der Fall war, griff er sich den Umschlag, steckte ihn in die Innentasche seines Sakkos und machte sich auf den Weg.

Gable saß mit zwei anderen Anwälten an einem Tisch in der Cafeteria. Die Männer lachten, also schienen sie gerade keine ernsthafte Diskussion zu führen, was Mike allerdings völlig gleichgültig war. Er würde Vincent Gable genau einmal ansprechen und sehen, wie dieser reagierte. Mike trat an den Tisch.

„Auf ein Wort, Mr. Gable."

„Mike, müssen Sie wieder Strafzettel bezahlen?"

„Diesmal nicht, Mr. Gable. Ich habe ein anderes juristisches Problem und würde mir gerne Ihren Rat einholen."

Vincent musterte den Fotografen. „Wissen Sie nicht, wie teuer mein juristischer Rat ist? Ich dachte, Sie hätten kein Geld. Aber gut, ich habe gerade einen Fall gewonnen und bin deshalb guter Laune. Daher bekommen Sie meinen Rat umsonst. Worum geht es denn?"

„Können wir das unter vier Augen besprechen?"

„Sicher, meine Tasse ist sowieso leer. Gehen wir in eines der Besprechungszimmer."

Vincent erhob sich von seinem Stuhl und verabschiedete sich von seinen Kollegen. Diese starrten den beiden Männern neugierig hinterher. Auf dem Flur fragte Vincent einen der Gerichtsdiener, welches der Besprechungszimmer frei war.

„Richter Smith hat heute keine Verhandlungen, gehen Sie dort hin, Mr. Gable."

„Vielen Dank, John! Grüßen Sie Ihre Frau Betty von mir!"

„Das mache ich, Mr. Gable.“

Vincent führte den Fotografen also in das angegebene Besprechungszimmer. Die Männer setzten sich einander an einem Tisch gegenüber.

„Also, was kann ich für Sie tun, Mike?“

„Wenn ich Ihnen jetzt mein Problem schildere, bin ich sozusagen Ihr Mandant und Sie unterliegen der Schweigepflicht, ja?“

„Sie machen es richtig spannend, Mike. Mein Mandant sind Sie erst, wenn ich Sie als solcher annehmen würde. Aber ja, was Sie mir in meiner Eigenschaft als Anwalt anvertrauen, unterliegt der Schweigepflicht.“

„Gut! Ich habe da so gewisse Fotos, ... Sensationsfotos, wenn Sie verstehen, was ich meine ..., solche, die wirklich viel Geld bringen, sehr viel Geld. Fotos zu verkaufen, ist mein Beruf, also will ich sie auch verkaufen. Mein Dilemma ist nun ... wie soll ich sagen ... Ich frage mich, ob ich diese Fotos nicht auch an diejenigen verkaufen kann, die ich fotografiert habe. Ich kann zu jeder Agentur gehen und ihnen straflos meine Aufnahmen verkaufen, gehe ich aber zu den abgebildeten Personen, habe ich ein Problem. Sie könnten mich wegen des delikaten Inhalts der Bilder der Erpressung beschuldigen.“

„Das wäre gut möglich“, sagte Vincent. „Andererseits sind Stars natürlich immer daran interessiert, dass bestimmte Fotos gerade nicht in den Zeitungen landen. Wahrscheinlich sind diese Personen heilfroh, wenn sie ihre eigenen Fotos kaufen dürfen. Sie sollten vielleicht einen Vermittler einschalten.“

„Gute Idee! Wollen Sie mein Vermittler sein?“

Mike sah die Zweifel in Vincents Gesicht. Wahrscheinlich wollte er nicht an einem dreckigen Geschäft mitwirken. Er schien nicht zu ahnen, dass die Fotos, von denen die Rede war, ihn selbst betrafen. Wie sollte er auch? Steve Sciontis Anwesen war gut gesichert und eigentlich war es so gut wie unmöglich, dass ein Fotograf sich dort unbefugt Zutritt verschaffen konnte.

Zu Mikes Überraschung nickte Vincent nach einer Weile. Vielleicht glaubte der Anwalt, Mike hätte ihn gewählt, weil Vincent der Anwalt der abgebildeten Personen war, was in gewisser Weise ja auch stimmte.

„Okay, ich werde für Sie vermitteln, Mike. Um wen geht es?“

Stumm zog Mike den Umschlag aus der Jacke und überreichte ihn Vincent. Als dieser die Fotos in Augenschein nahm, wurde er blass. Ansonsten zeigte sich keine Regung in seinem Gesicht.

‚Hervorragende Selbstbeherrschung', dachte Mike.

„Darf ich fragen, wie es Ihnen gelungen ist, auf das Scionti-Grundstück zu gelangen?“, fragte Vincent mit einer höflichen Stimme, als hielte er da nicht gerade Fotos aus seinem Intimleben in der Hand.

„Ich habe früher für die Firma gearbeitet, die Mr. Sciontis Pool reinigt und kenne daher den Öffnungscode des Tores.“

„Verstehe!“

„Es tut mir leid, Mr. Gable. Es war ein Zufall, dass ich am Sonntag die gleiche Straße befahren habe wie Sie. Da ich wusste, Scionti ist verreist, fragte ich mich, was Sie auf seinem Grundstück wohl wollen.“

„Wir haben nichts bemerkt.“

„Ich habe ein Teleobjektiv verwendet.“

„Wie viel sind diese Fotos wert?“, fragte Vincent nüchtern.

„Das kommt auf viele Faktoren an, auf die Agentur, den Bekanntheitsgrad des Stars. Angel ist ein gefragter Star und The Shadow ist auch ziemlich bekannt. Hinzu kommt noch, dass Sie auch auf den Bildern zu sehen sind, was den Preis weiter in die Höhe treiben dürfte. Für diese Fotoserie würde ich bei einer Agentur vielleicht sechs- bis achthunderttausend Dollar bekommen. Alle Bilder sind sicher nicht verwendbar. Einige sind zu scharf, zu pornographisch, um veröffentlicht werden zu können, selbst, wenn man mit Abdeckungen arbeiten würde.“

„Ich will nicht mit Ihnen feilschen, Mike, sagen wir also eine glatte Million. Sind in diesem Preis auch die Negative enthalten?“

Mike musste trotz der Anspannung im Raum ein Lachen unterdrücken. Wie altmodisch Gable doch war. „Sie erhalten die Speicherkarte, Mr. Gable. Es befinden sich keine Kopien der digitalen Bilder auf meinem Rechner und den temporären Ordner habe ich auch gelöscht.“

„Ich brauche etwas Zeit, das Geld flüssig zu machen. Wie möchten Sie es ausbezahlt haben?"

„Überweisen Sie es mir auf mein Konto?", bat Mike. Er wollte nicht wie ein gemeiner Erpresser einen Koffer voller Geld wegschleppen.

„Selbstverständlich, wenn Sie mir Ihre Kontonummer geben."

Mike überreichte Vincent ein kleines Kärtchen.

„Kommen Sie in drei Tagen mit allen Fotos und der Speicherkarte in meine Kanzlei, sagen wir 15.00 Uhr. Dann wickeln wir das Geschäft ab."

„Das werde ich, Mr. Gable." Mike erhob sich und hielt Vincent zum Abschied seine Hand hin. Es kam ihm so vor, als würde der Anwalt für den Bruchteil einer Sekunde zögern, sie zu nehmen. Vielleicht war es aber auch nur Mikes schlechtes Gewissen. Die Männer verabschiedeten sich höflich voneinander. Mike ging, Vincent blieb noch im Besprechungszimmer zurück, wo er ein zweites Mal die Fotos durchsah.

♫♫♫

Am liebsten hätte Vincent den Fotografen erwürgt oder wenigstens ordentlich vermöbelt, nicht so sehr deshalb, weil er beim Sex beobachtet worden war - in Saunen und Backrooms war man schließlich auch nicht für sich.

Diese ständige Gefahr, erwischt zu werden und dadurch Marc und Jamie bloßzustellen, ging Vincent langsam an die Nieren. Er war verdammt sauer auf Mike Fischer. Allein der Umstand, dass Fischer sich auf eine verquere Art anständig verhielt, hatte ihn davor bewahrt, zusammengeschlagen im Krankenhaus zu landen. Der Fotograf hatte viel riskiert, als er die Bilder Vincent zum Kauf anbot. Warum er es wohl getan hatte? Ein Akt der *‚Freundschaft'*, weil Vincent sich einige Male nett mit ihm unterhalten hatte? Wenn Vincent an all die Reporter und Fotografen dachte, die er, Marc oder Jamie unwirsch oder abweisend behandelt hatten, dann wurde ihm ganz schlecht. Bisher war noch niemand von ihnen dreien entnervt aus der Rolle gefallen, so wie manch andere Prominente, die auch schon Mal auf einen Fotografen einprügelten oder ihn beschimpften. Aber Vincent war sich nicht sicher, ob ihm das nicht auch eines Tages passieren könnte. Nahe daran gewesen war er heute.

Seufzend raffte er die Fotos zusammen, schob sie in den Umschlag zurück und steckte diesen in seine Anzugjacke. Mit dem Handy rief er Helen an und wies sie an, alle seine heutigen Termine abzusagen. Für heute hatte er genug! Dann fuhr er auf dem direkten Weg zur Stone-Villa. Glücklicherweise waren Marc und Jamie zu Hause. Sie konferierten gerade mit Jesse. Marc strahlte seinen Liebhaber zur Begrüßung an.

„So früh heute?", fragte er.

„Ja, ich muss mit dir und Jamie sprechen."

„Es ist etwas Tolles passiert", erzählte Marc, als habe er Vincents Worte gar nicht gehört. Seine Wangen waren vor Aufregung gerötet.

„Jesse hat es geschafft, die Schauspielergewerkschaft zu überreden, kein Veto dagegen einzulegen, dass ausländische Tänzer in unserem neuen Musikvideo auftreten. Die Flamencotruppe aus Spanien darf anreisen."

„Eine Spende in die Rentenkasse der Gewerkschaft hat dabei nicht unwesentlich geholfen", ergänzte Jesse und grinste.

„Das freut mich für euch. Kommt ihr bitte mit nach oben?", forderte Vincent mit ziemlicher Nachdrücklichkeit. „Jesse, es tut mir leid, Sie bei der Arbeit stören zu müssen, es ist wirklich wichtig."

„Natürlich, Vincent, kein Problem!"

Vincent machte auf dem Absatz kehrt und ging die Treppe hinauf in sein Arbeitszimmer. Verwirrt folgten Marc und Jamie ihm.

„Was ist denn?", fragte Jamie. Irritiert runzelte er die Stirn.

Vincent warf mit einer angewiderten Geste den Umschlag auf dem Tisch.

„Wir sind beim Schwimmen fotografiert worden."

Mit einem erschrockenen Gesichtsausdruck nahm Jamie den Umschlag auf und trug ihn zur Ledercouch des Arbeitszimmers, auf die sich Marc gefläzt hatte. Gemeinsam schauten sie sich die Fotos an.

„Und was wird jetzt?“, fragte Jamie mit brüchiger Stimme. Er war geschockt.

Marc hingegen war ganz gefangen genommen von den Bildern.

„Der Fotograf, ihr kennt ihn bestimmt vom Sehen, hat mir die Negative … nein, ich meine die Speicherkarte … zum Kauf angeboten. Wir haben uns auf eine Million Dollar geeinigt.“ Seufzend ließ sich Vincent in seinen Schreibtischsessel fallen.

„Ist das nicht Erpressung?“, fragte Jamie ungläubig.

„Aus unserer Sicht schon, aber ich glaube, Mike wollte uns wirklich helfen, als er mich angesprochen hat. Ein anderer Fotograf hätte die Bilder ohne zu zögern an eine Agentur verkauft.“

„Mike, der Fotograf, mit dem du manchmal plauderst?“

„Ja!“

„Nun sag doch auch mal was!“, forderte Jamie seinen Cousin auf.

Marc schaute mit einem ertappten Gesichtsausdruck auf und sagte mit einem etwas schrägen Lächeln: „Tut mir leid, aber ich habe einen Steifen. Diese Bilder machen mich total an. Ich finde sie … toll.“

„Du bist manchmal wirklich unmöglich“, schimpfte Jamie.

„Eine Million? Da müssen wir nicht einmal meinen Vater kontaktieren, das können wir locker vom Taschengeldkonto nehmen“, meinte Marc und entspannte sich.

„Wird die Sache damit erledigt sein?“, fragte Jamie.

„Ich denke schon. Mike scheint mir auf seine Art ein ehrenhafter Mann zu sein. Wir werden das Geschäft in drei Tagen in meiner Kanzlei abwickeln. Könnt ihr mir bis dahin das Geld auf mein Firmenkonto überweisen?“

„Klar!“, sagte Marc sofort.

„Wir müssen doch nicht dabei sein?“, fragte Jamie mit ängstlicher Stimme. Der Gedanke, dem Fotografen gegenüber zu treten, der *‚diese‘* Fotos gemacht hatte, behagte ihm überhaupt nicht.

„Nein, mein Engel, das erledige ich schon.“

„Vince, du bist der Beste!“, sagte Marc und schenkte seinem Liebhaber ein dankbares Lächeln. Wieder glitt sein Blick über die Fotos, er konnte sich gar nicht davon losreißen.

„Es ist besser, die Bilder zu vernichten“, ermahnte Vincent ihn.

„Ich zahle `ne Million und darf nicht einmal die Bilder behalten?“, maulte Marc.

„Gib sie mir, ich werde sie zunächst in meinem Schreibtisch einschließen. Wir entscheiden später, was damit geschieht.“

Marc steckte die Bilder in den Umschlag zurück und ging zum Schreibtisch, wo er ihn Vincent aushändigte. Der legte die Bilder in eine Schublade und schloss diese ab. Den Schlüssel dazu trug er an seinem Schlüsselbund.

„Und wenn ich sie mir ansehen möchte?“, fragte Marc mit einem Augenaufschlag.

„Dann kommst du zu mir, und ich gebe sie dir, mein lüsternes Katerchen.“

„Na gut!“ Marc schmiegte sich in Vincents Arme. Er zitterte ein wenig. So leicht, wie er tat, steckte er diesen Vorfall also doch nicht weg. Aber einen Ständer hatte er trotzdem. Gleich darauf kuschelte sich auch Jamie an.

So standen die drei Männer eine ganze Weile. Dieses Mal war es gerade noch so gut gegangen, und der finanzielle Verlust konnte verschmerzt werden. Aber es gab bestimmt irgendwann ein nächstes Mal. Da draußen lauerten die Geier und warteten nur auf eine Schwäche ihrer Opfer, auf eine Lücke in ihrer Deckung.

♫♫♫

Das Geschäft ging reibungslos über die Bühne. Da Mike keine weiteren Abzüge gemacht hatte, blieb ihm nur noch, die Speicherkarte zu übergeben. Als dies geschehen war, klickte Vincent mit dem Mouse-Zeiger ein bestimmtes Feld in der Internetbanking-Maske seines Computers an und schickte das Geld auf den Weg.

„Ich danke Ihnen, Mr. Gable.“

„Geschäft ist Geschäft, Mike! Was werden Sie mit Ihrem neuen Reichtum jetzt anfangen?“

„Ich werde mir ein eigenes Studio einrichten.“

„Dann werden Sie in Zukunft nicht mehr hinter den Prominenten her sein?“

Mike errötete ein wenig. „Na ich hoffe, eines Tages so viel Erfolg zu haben, dass die Prominenten zu mir kommen.“

„Wenn Sie Ihren ersten Fotoband veröffentlicht haben, können Sie mir ja ein signiertes Exemplar schicken."

„Natürlich, sehr gerne Mr. Gable."

„Vielleicht versuchen Sie es mit homo-erotischer Aktfotografie. Marc findet Ihre Bilder nämlich ausgezeichnet." Ein schiefes Lächeln erschien auf Vincents Gesicht.

Verblüfft starrte Mike sein Gegenüber an. Dass er von seinem *‚Opfer'* für die Motive gelobt wurde, hatte er nun wirklich nicht erwartet.

„Ähem, ich bin nicht schwul", erwiderte Mike.

„Nun, anscheinend haben Sie aber einen Blick für schwule Ästhetik", meinte Vincent und erhob sich von seinem Schreibtischstuhl. Dies war wohl das Signal zum Aufbruch, also stand auch Mike auf.

„Sie finden alleine raus?", fragte Vincent.

„Selbstverständlich!"

„Viel Erfolg mit Ihrem Fotostudio", verabschiedete Vincent seinen Gast.

Mike schüttelte ihm noch die Hand und ging.

Vincent blickte ihm nachdenklich hinterher. Er wunderte sich selbst ein wenig, aber er wünschte Mike wirklich Erfolg. Dann lag ein Paparazzo-Fotograf weniger auf der Lauer. Aber bestimmt gab es schon zehn andere, die Mikes Stelle in der Riege der *‚Pressefotografen'* einnahmen.

Sechsundzwanzig

Drei Monate später sahnte der Film mit Marc in der Hauptrolle mehrere Golden Globes ab, darunter auch einen für den besten Hauptdarsteller. Marc und Jamie freuten sich um die Wette. Die Golden Globe Verleihungen waren so etwas wie eine Vorpremiere zum Oskar. Steve Scionti geriet fast mehr aus dem Häuschen als seine beiden Stars. Nur Vincent hegte gemischte Gefühle, ließ sie sich aber gegenüber seinen beiden Freunden nicht anmerken.

Der Januar wurde ziemlich hektisch für Marc und Jamie. Eine Verleihung folgte der nächsten. Am Ende stand dann das größte Ereignis, der Oskar. Als die Oskar-Nominierungen bekannt gegeben wurden, tanzten Marc und Jamie jubelnd durch ihr Wohnzimmer. Das Musical war in mehreren Kategorien vertreten, darunter für die beste männliche Hauptrolle und die Musik.

Marc wurde mit Preisen geradezu überhäuft und das Glück strahlte ihm geradezu aus allen Poren. Einen Wermutstropfen gab es allerdings. Vincent weigerte sich beharrlich, seinen Freund zu den jeweiligen Veranstaltungen zu begleiten. Dafür hätte Marc schließlich Rebecca. Außerdem war Jamie als Angels Schatten stets mit von der Partie. Die beiden standen gemeinsam auf der Bühne und gingen immer gemeinsam zu Preisverleihungen.

Marc wollte natürlich Vincent an seiner Seite, um den Erfolg mit den beiden Männern zu teilen, die er liebte. Leider kam er nie dazu, diese Angelegenheit mit Vincent auszudiskutieren, weil er seinen Liebhaber kaum sah, denn er war eingebunden in viele Proben. Am Tag der Oskar-Verleihung würde er sogar zwei Auftritte haben. Auf der Oskar-Bühne, um den Titelsong des Musicals zu präsentieren und später, auf der Oskar-Party seines Managers Steve, wo er gemeinsam mit Jamie und der spanischen Flamencogruppe seine neue CD promoten würde. Wenn er spät in der Nacht nach Hause kam, fiel er eigentlich nur noch ins Bett.

♫♫♫

Hollywood hatte seine eigenen Regeln, und eine davon bekam Vincent zu spüren. Als Marc die Sitzordnung für die Oskar-Verleihung zugesandt bekam, waren auch zwei Plätze für Vincent und Begleitung vorgesehen. Keiner von ihnen hatte darum gebeten. Die dahinter stehende Botschaft lautete etwa so:

‚Wir wissen, dass du zu Angel gehörst, Vincent Gable, deshalb reservieren wir dir einen Platz an der Seite deines Freundes, denn wir sind politisch korrekt. Da deine Freundschaft zu Angel aber deine Privatsache ist, benötigst du sicher noch einen zweiten Platz für deine offizielle Begleitung, den wir dir in unserer grenzenlosen Güte zugestehen, obwohl Platz bei der Oskarverleihung rar ist, besonders im vorderen Bereich, in dem die Anwärter mit ihren Angehörigen und Freunden sitzen.'

Eigentlich hatte Vincent die beiden Karten für den hinteren Bereich des Theaters nutzen wollen, die ihm schon vor einiger Zeit von den Oskar-Organisatoren in seine Kanzlei geschickt worden waren. Zum ersten Mal, seit er in Los Angeles arbeitete, hatte er Freikarten für den Oskar erhalten, ein sicheres Indiz dafür, wie erfolgreich Vincent mittlerweile als Prominentenanwalt war. Jetzt gehörte er zur High Society derjenigen Berufsgruppen, die hinter den Stars und Sternchen standen und deren Erfolg erst möglich machten.

Vincent buchte ein Nachwuchsmodel als seine Begleiterin, ein gegenseitiges Joint Venture. Ihrer Karriere schadete es bestimmt nicht, mit einem einflussreichen Anwalt gesehen zu werden, und Vincent hatte hübsche Gesellschaft. Sie war ganz aus dem Häuschen als sie erfuhr, dass sie nun zusammen mit Vincent ganz weit vorne bei den Stars sitzen würde.

Selbstverständlich war auch Jamie wieder mit von der Partie. Und Cousine Rebecca würde natürlich als Angels offizielle Freundin an seiner Seite sein. Drei bekannte Modehäuser hatten angeboten, ihr zur Oskarverleihung kostenlos ein Modellkleid zu leihen. Vincent ließ anfragen, ob sich auch seine Begleiterin Anna Kleeberg ein Kleid aussuchen dürfe, was umgehend bestätigt wurde. Zwar würde das Model nicht bei den Stars über den roten Teppich gehen, aber immerhin im vorderen Bereich des Theaters sitzen, wo stets viele Kameras die prominente Gästeschar aufnahmen, auch keine schlechte Werbung.

Jetzt hatten die beiden Frauen nur noch die Qual der Wahl. Gemeinsam gingen sie zu diversen Anproben und wurden dabei die besten Freundinnen.

Seine beiden Freikarten, die er nun nicht mehr benötigte, verschenkte Vincent an Jesse. Der Produzent hatte sich die Karten wirklich verdient, das neue Album von Angel würde pünktlich zur Oskarverleihung herauskommen.

Die letzten Tage bis zum großen Ereignis waren für Marc und Jamie angefüllt mit Proben von früh am Morgen bis tief in die Nacht. Kehrten sie müde und kaputt nach Hause zurück, dachen sie nicht einmal mehr an Sex. Vincent schraubte deshalb seine eigenen Bedürfnisse zurück. Seine Schätze sollten sich von ihm nicht bedrängt fühlen.

Am Abend vor dem großen Ereignis erreichten Marc und Jamie die Villa etwa zeitgleich mit Vincent gegen zehn. Bruno hatte sie von den Proben abgeholt und mit der Limousine nach Hause gefahren. Marc stürmte die Treppe hoch ins Schlafzimmer, wo sich Vincent gerade seines Anzugs entledigte. Heulend schmiss sich er sich auf das Bett.

„Was ist denn, Katerchen?“, fragte Vincent überrascht.

„Ich bin so schlecht. Heute ist alles schief gelaufen. Unser Auftritt morgen wird eine Katastrophe ...“

„Euer Auftritt bei Steve?“

„Beide!“, schniefte Marc.

„Bestimmt werden sie bestens gelingen“, entgegnete Vincent, legte sich zu seinem Schatz und strich ihm sanft über den Rücken.

„Niemand wird das Album kaufen, und den Oskar werde ich auch nicht gewinnen! Ich war total scheiße in dem Film“, schluchzte Marc.

„Weißt du, was ich glaube, Katerchen?“

„Was denn?“

„Du kannst nicht richtig entspannen, weil du seit Tagen keinen Fick mehr gehabt hast. Deshalb entlädt sich deine innere Anspannung jetzt in einem Heulkrampf.“

Marc hob sein tränennasses Gesicht aus dem Kissen und blickte Vincent in die Augen. „Kann schon sein."

„Soll ich dir bei deinem Problem behilflich sein und Abhilfe schaffen?" Vincents Hand wanderte unter Marcs Shirt.

Ein kleines Lächeln erschien auf Marcs Gesicht. „Ja bitte!"

Zwanzig Minuten später gingen Vincent und Marc Hand in Hand nach unten und hielten nach Jamie Ausschau. Sie fanden ihn im Musikzimmer, wo er noch auf seiner Flamencogitarre übte. Vincent nahm sie ihm aus den Händen.

„Genug geübt, mein Engel, sonst hast du morgen ganz wunde Finger."

„Aber ..."

„Keine Widerrede. Komm mit in die Küche! Lass uns schauen, was wir Schönes im Eisschrank finden!"

„Ich bin so nervös wegen morgen, dass ich nichts herunterbekommen werde", wandte Jamie ein.

„Vince hat eine gute Medizin gegen Nervosität", meinte Marc und lächelte dabei lüstern.

„Auf in die Küche, ihr Süßen", scheuchte Vincent seine beiden Schätze. „Bevor ich Jamie seine Medizin verabreichen kann, brauche ich erst einmal eine Stärkung."

In der Küche nahmen sie den Inhalt des Eisschranks in Augenschein und entschieden sich nach einigem Hin und Her für die Pizza, die sie zusammen mit Jesse zubereitet hatten. Als die Katzen ihre Menschen in der Küche hantieren hörten, gesellten sie sich dazu, in der Hoffnung, etwas abzubekommen.

Gleich nach dem Essen ging Jamie todmüde ins Bett. Also bekam Marc die Medizin, die eigentlich für Jamie gedacht war. Am Morgen nach dem Aufwachen holte sich Jamie doch noch die ihm gebührenden Zärtlichkeiten von seinem Liebhaber ab.

Danach war nur noch Hektik. Ständig klingelte das Telefon und Verwandte und Freunde wünschten viel Glück. Die meisten von ihnen würden sie nach der Oskar-Verleihung ohnehin bei der Party sehen, die Steve Scionti für Angel auf seinem Anwesen gab und die gleichzeitig so etwas wie eine Eröffnungsparty der Jamastone-Production darstellen sollte. Bei Scionti hatten auch die Eltern von

Marc und Jamie Quartier genommen. Aus Vincents Wohnung riefen seine Brüder Frank und Michael an, sowie seine Neffen Tomaso und Mario. Vincents Schwestern konnten nicht nach LA kommen, ließen sich aber nicht nehmen, sich ebenfalls zu melden.

Kurz nach dem Frühstück trafen Anna und Rebecca ein, die sich in der Stone-Villa für die Oskar-Verleihung aufstylen lassen wollten. Der Friseur verspätete sich, was für eine ziemliche Aufregung sorgte. Wenigstens wurden die Modellkleider für die beiden Frauen pünktlich angeliefert.

Nach einer halbstündigen Verspätung traf der Friseur endlich ein. Er brachte noch einen Assistenten mit. Die beiden schleppten mehrere Kisten ihres Materials in die Villa.

„Excusé moi , abär der Verkehr eute ischt mörderisch", sagte Paul mit seinem französischen Akzent. Er ließ sich von Bruno alles zeigen und war entzückt über das große, komfortable Bad des Erdgeschosses. Als Frisierzimmer wählte er das daneben liegende Gästezimmer. In schnellem Französisch erteilte er seinem Assistenten seine Anweisungen. Also war Paul wirklich ein Franzose! Vincent hatte geargwöhnt, dass der Akzent nur Show war. Paul war noch neu in Hollywood und hatte sich als Friseur noch keinen Namen gemacht. Mit seiner Frisierkunst hatte er es immerhin schon bis zum Geheimtipp gebracht. Empfohlen hatte ihn die Visagistin Lisa. Auch sie gehörte noch nicht zu den Erfolgreichen der Branche. Lisa arbeitete bisher nur bei B-Produktionen und hin und wieder bei Pornodrehs. Vincent kannte Lisa über seinen Neffen Mario. Sie konnte das Geld, was die Stones ihr heute bezahlten, gut gebrauchen. Natürlich hätten sie für einen exorbitant hohen Preis auch die Größen der Hairstylisten und Visagisten buchen können, diejenigen, die nur noch Stars frisierten und schminkten. Aber warum nicht Newcomer unterstützen? Die kamen wenigstens noch ins Haus, so dass man sich am Tag des Oskars nicht noch damit herumquälen musste, in einem Frisiersalon zu sitzen.

Paul nahm das Zepter in die Hand. Er begann damit, den Frauen die Haare zu waschen und sie gemeinsam mit seinem Assistenten auf Lockenwickler zu drehen. Während Rebecca und Anna unter den mitgebrachten Hauben saßen, komplimentierte er Marc zu sich, der eigentlich gar nicht wollte.

„Oh, isch liebä langes Aar bei die Männer“, sagte Paul. „Isch werde dir die Aare zu glänzend Seide föhnen.“

Also begab sich auch Marc mehr oder weniger freiwillig in Pauls Hände. Jamie wurde von dessen Assistenten frisiert. Viel gab es bei seinem kurzen Haaren eigentlich nicht zu tun. Dennoch dauerte es eine Stunde, bis Jamies Frisur so aussah, als sei er gerade aus dem Bett aufgestanden.

Bei den Frauen gab es eine kleine Katastrophe. Die Katzen Leo und Mel hatten sich in ihr Ankleidezimmer geschlichen und an dem hauchdünnen Chiffonschal geknabbert, der zu Annas Kleid gehörte. Als jemand sie bemerkte, war der Schal an mehreren Stellen besabbert und viele kleine Bisslöcher zierten ihn. Anna machte sich Vorwürfe, nicht besser auf ihre Ausstattung geachtet zu haben und fing fast an zu weinen, weil sie nicht wusste, mit welchem Geld sie den Schaden bezahlen sollte. Vincent nahm sie in die Arme und beruhigte sie. Er war der Fels in der Brandung. Wenn, dann käme er für alles auf, die Übeltäter seien schließlich seine Katzen.

Bruno nahm sich des Schals an und reinigte ihn. Gegen die Löcher konnte er natürlich auch nichts tun. Daher erwog Anna, den Schal einfach wegzulassen, doch da es ausgerechnet heute ziemlich kalt war, trug sie ihn dann doch. Endlich waren alle fertig und stiegen in die von Bruno angemietete große dunkle Stretch-Limousine. Er übernahm auch den Job des Chauffeurs, das ließ er sich nicht nehmen.

Auf dem Weg zum Theater holten sie Jesse und seine Begleiterin ab, eine attraktive, etwas dickliche Frau mittleren Alters mit einer warmherzigen Ausstrahlung und einem strahlenden Lächeln. Wie sich herausstellte, war Dina Jesses Ex-Frau. Die beiden schienen noch eine Menge füreinander zu empfinden, denn sie hielten sich fortwährend an den Händen. Nicht nur diese beiden hielten Händchen: Marc hatte sich an Vincent geschmiegt und dessen Hand geradezu vereinnahmt. Vincent ließ ihn gewähren. Marc war wahnsinnig nervös und sah aus wie ein Häufchen Elend. Jamie dagegen wirkte fröhlich und aufgekratzt und plauderte angeregt mit den Frauen. Von seiner gestrigen Aufgeregtheit war nichts mehr zu spüren.

Geduldig reihte Bruno den Wagen in die Schlange der Limousinen vor dem Theater ein. Es dauerte noch etwa zehn Minuten, bis die Reihe an ihnen war. Als er die Limousine anhielt und Academy-Mitarbeiter die Tür öffneten, ging ein Ruck durch Marc. Augenblicklich wurde aus einem nervösen Jungen ein strahlender Popstar. Vincent fand den Wandel verblüffend. Seine beiden Freunde stiegen aus und Jubel der an den Absperrungen stehenden Zuschauer erhob sich.

„Angel, Angel", schrien sie und hin und wieder war auch ein „Shadow" mit dabei.

Zuvorkommend warteten Marc und Jamie auf Rebecca. Als sie den Wagen verlassen hatte, entschwebten die beiden Stars mit ihr gemeinsam in Richtung roten Teppich.

Erst jetzt stiegen die anderen Insassen der Limousine aus. Nachdem er seine Passagiere abgesetzt hatte, fuhr Bruno den Wagen fort.

Der rote Teppich war in zwei Seiten aufgeteilt. Auf der einen Seite wandelten die Stars, die andere Seite war für die sonstigen Gäste. Anna hakte sich bei Vincent ein. Sie schlenderten langsam den Weg entlang. Vincent hatte noch eine ganze Weile einen guten Ausblick auf Marc und Jamie, die den Reportern der Fernsehsender aus aller Welt Interviews gaben. Dieses Interview-stop-and-go führte dazu, dass Vincent seine Freunde irgendwann aus den Augen verlor. Er und Anna waren einfach schneller, obwohl sie ziemlich langsam gingen.

♫♫♫

Da stand Marc nun auf der großen Bühne des Kodak Theatres. Seine Finger krampften sich um eine kleine, goldene Statur, den Oskar. Marc konnte es nicht fassen. Weshalb hatten sie ihn für die beste männliche Hautrolle ausgezeichnet, ihn, einen Newcomer, ein Star der Musikbranche zwar, aber ein Nichts im Filmbusiness? Sein Gehirn war wie leergefegt. Sie erwarteten von ihm, etwas zu sagen, all die Schauspieler, die großen und kleinen Stars der Filmbranche und all die anderen Filmschaffenden. Die Oskar-Verleihung wurde rund um die Welt live übertragen. Mehrere Kameras waren auf Marc gerichtet, die sein Bild in Millionen Haushalte auf der ganzen Welt übertrugen.

Wo steckte nur dieser verdammte Zettel, auf dem er seine Rede vorbereitet hatte? Er konnte doch nicht jetzt in der Jackentasche seines Smokings danach wühlen. Tränen schossen ihm in die Augen. Nein, nicht heulen, nicht jetzt, nicht vor all den Kameras! Marc blinzelte und riss sich zusammen. Er setzte ein strahlendes Lächeln auf und räusperte sich.

„Danke!", sagte er ins Mikrophon. Seine Stimme kam ihm klein und piepsig vor.

„Vielen Dank! Ich kann es noch gar nicht fassen."

Marc kniff sich selbst in den Arm und rief: „Au, scheint so, als würde ich nicht träumen."

Freundliches Lachen im Publikum.

Nun griff sich Marc doch seinen Spickzettel. Glücklicherweise fand er ihn sofort. Etwas abgehackt, mit der Zeit aber immer sicherer, dankte er erst der Academy und dann allen wichtigen Leuten von C. L. Ifford, dem Regisseur des Musicals, dem Produzenten und seinen Teamkollegen. Es war der Pflichtteil seiner Dankesrede. Selbst sein Intimfeind Kevin fand Erwähnung. Warum auch nicht? Ohne Kevins Sticheleien hätte Marc niemals die Leistung abgeliefert, die ihm den Oskar beschert hatte. Marc hoffte, Kevin verstand die Ironie seines boshaften Handelns. Nach und nach wurden Marcs Grüße privater:

„Ich danke meiner Visagistin Joyce. Ich durfte immer von ihren Keksen naschen. Betty danke ich für ihren Kuchen und ihrem Mann John für den freundlichen Beistand. Beide nahmen mich auf, ohne Fragen zu stellen. Tom, ich danke dir für deine unnachgiebige Wachsamkeit. Steve Scionti, du bist nicht nur mein Manager, sondern auch ein Freund. Ich danke dir für Alles. Dad und Mom, ihr habt mich immer sein lassen, wie ich bin. Dafür umarme ich euch. Jamie, du begleitest mich seit vielen Jahren auf meinem Weg. Was wäre Angel ohne seinen Schatten? Nichts! Vincent Gable, mein Anwalt! Seiner Vermittlungskunst ist es mit zu verdanken, dass der Film Wirklichkeit geworden ist. Aber auch Anne Bach von Ifford hat sich maßgeblich für mich eingesetzt. Vince ist mir seitdem ein sehr enger Freund geworden. Er hilft mir, wo er nur kann und brachte die Liebe in mein Leben ..."

Marcs strahlendes Lächeln wurde innig-liebevoll. Er machte eine kunstvolle Pause, dann fuhr er fort: „ ... Vince hat mir Rebecca vorgestellt."

Wieder eine kleine Pause. Marc gab einen Handkuss in Richtung Publikum, dorthin, wo seine Begleiter saßen. „Ich liebe euch!"

Dann hob er mit siegreicher Geste den Oskar in die Luft. Applaus brandete auf. Marc verließ die Bühne. Er ging wie auf Wolken.

♫♫♫

„Jamie, du begleitest mich ...", sagte Angel.

Die Technik schaltete auf Kamera drei um, die Jamie Stone in Großaufnahme zeigte. Verstohlen wischte sich der junge Musiker eine Träne aus dem linken Augenwinkel.

„... Vincent Gable, mein Anwalt ...", fuhr Angel fort.

Schon zoomte die Kamera auf Vince. Die Züge des Anwalts vermittelten etwas von seiner inneren Bewegung. Er wirkte beherrscht und doch meinte man, tiefe Zuneigung und Freundschaft für den Redner erkennen zu können.

Als der Name Rebecca fiel, wurde auch sie noch schnell eingeblendet.

„... Ich liebe euch", beendete Angel seine Rede.

„Wen liebt er jetzt?", fragte ein Kamera-Techniker den anderen.

Sein Kollege zuckte mit den Schultern. „Keine Ahnung!"

„Hat sich eher so angehört, als wollte der komische Sänger diesem Anwalt eine Liebeserklärung machen und nicht seiner Freundin."

„Wer weiß schon, was in denen vorgeht."

♫♫♫

In Vincents Armbeuge eingekuschelt saß Marc in der Stretch-Limousine und schlief. Seine Trophäe hatte er Jamie zur

Aufbewahrung gegeben, der dicht neben ihm saß. Besitzergreifend hatte Marc eines seiner Beine auf den Oberschenkel seines Cousins gelegt. Glücklicherweise waren die drei Männer allein und konnten sich derart intimes Verhalten leisten. Die Arnolds, Rebecca und Anna fuhren in der Limousine von Steve Scionti mit. Sie würden sich alle auf dessen Anwesen wieder treffen.

„Ich hätte niemals zulassen dürfen, dass Marc heute zwei Auftritte hat. Er ist völlig erschöpft“, warf Vincent sich vor.

„Marc schafft das schon“, beruhigte Jamie ihn.

„Wann hat er heute das letzte Mal gegessen?“, fragte Vincent alarmiert.

„Zum Frühstück, denke ich, wie wir alle.“

„Ich habe mir erlaubt, Sandwiches vorzubereiten. Sie befinden sich in der Kühlbox“, mischte sich Bruno in das Gespräch seiner Passagiere ein. Die Trennscheibe war offen.

„Du bist ein Schatz, Bruno!“, meinte Jamie und rückte von seinem Cousin ab, um an die Kühlbox zu gelangen. Marc erwachte davon. Er gähnte herzhaft.

„Sind wir schon da?“

„Noch nicht. Jetzt wird gegessen! Bruno war so nett, an Sandwiches zu denken“, erklärte Vincent.

„Ich habe keinen Hunger“, wehrte Marc reflexartig ab.

„Du benötigst Energie, um den Abend durchstehen zu können. Du musst noch tanzen“, erinnerte ihn Vincent.

Widerwillig nahm Marc Jamie ein Roastbeef-Sandwich aus der Hand und biss hinein. Auch die anderen bedienten sich.

„Sehr delikat!“, lobte Vincent den Butler.

Ohne weitere Widerrede aß Marc sein Sandwich und nahm sogar noch ein zweites. Die anderen enthielten sich dummer Bemerkungen, freuten sich aber still darüber. Jamie zapfte Kaffee aus der Bar der Limousine, gab Milchpulver und Süßstoff dazu und verteilte das heiße Getränk an seine Gefährten.

„Wenn uns die Fans so sehen würden“, amüsierte sich Marc. „Statt an Champagnergläsern zu nippen, schlürfen wir in der Oskar-Nacht Kaffee.“

Als die Männer mit ihrem kleinen Snack fertig waren, räkelte sich Marc herausfordernd auf seinem Sitz. „Vince, Jamie! Ich möchte noch einen Nachtisch."

„Jetzt? Wir sind gleich da!", wandte Vincent ein.

Marc streifte seine Smokingjacke ab, öffnete seine Hose und präsentierte seine Erregung. „Schau nur, Vince! So kann ich doch nicht vor die Gäste der Party treten. Jemand von euch muss Abhilfe schaffen; beide, wenn es nach mir ginge."

Mit einem resignierten Laut wandte sich Vincent an Bruno. „Fahren Sie bitte noch eine Runde."

„Kein Problem, Master Vincent!"

Vincent drückte einen Knopf und die getönte Trennscheibe fuhr hoch.

♫♫♫

Eine halbe Stunde zu spät bog die Limousine in die Straße von Steve Sciontis Anwesen ein. Jamie schaute durch das Autofenster und staunte:

„Der Parkplatz von Steve scheint voll zu sein. Schau nur, Marc, wie viele Limousinen auf der Straße geparkt sind."

„Es ist vielleicht besser, Gentlemen, ich setze Sie am Tor ab", schlug Bruno vor. Die Trennscheibe war nun wieder offen.

„Ja, wir gehen schon vor. Du parkst den Wagen auf der Straße, kommst nach und feierst mit uns", meinte Marc.

„Ich bin nur der Chauffeur", wehrte Bruno ab.

„Und ein Freund", beharrte Marc. „Heute feiern alle Freunde mit uns, ob prominent oder nicht."

„Da Sie in einer der Suiten von Mr. Sciontis Gästehaus übernachten, habe ich den Wagen nur für einen begrenzten Zeitraum gemietet. Ich muss ihn zum Verleih zurückbringen, Master Marc."

„Rufen Sie einfach dort an und bestellen Sie den Rückholservice", sagte Vincent.

Bruno zögerte. Dann sagte er: „Wie Sie wünschen. Ich fühle mich sehr geehrt durch Ihre Einladung."

„Dann ist ja alles geklärt", bestärkte Jamie seine beiden Gefährten.

„Einen schönen Abend, Gentlemen, sollten wir uns auf der Feier nicht über den Weg laufen", wünschte Bruno.

Marc schnappte sich seinen Oskar und stieg aus. Seine Freunde folgten ihm. Am Eingangstor wartete Steve Sciontis Assistent Norman.

„Da bist du ja endlich, Marc. Es ist phantastisch! Die Leute strömen nur so herein. Wie es aussieht, wird in diesem Jahr die Scionti-Oskar-Party ganz an der Spitze stehen. Mehrere hochkarätige Filmstars sind schon da und weitere haben ihr Kommen angekündigt. Alle wollen die Flamenco-Show des Oskar-Preisträgers sehen. Du musst dich vor der Show unbedingt zeigen."

„Ich bin müde und brauche erst einmal eine Dusche", murrte Marc.

„Du lässt dich kurz mit Rebecca an deiner Seite sehen, schüttelst hier und da eine Hand, machst etwas Small-Talk mit den Pressevertretern, lässt dich mit dem Oskar in der Hand filmen, dann kannst du in deiner Suite verschwinden."

„Na gut!", sagte Marc, nicht gerade begeistert.

♫♫♫

Natürlich dauerte es auf der Party länger. Für mehr als eine kurze Dusche und zum Umziehen in seiner Suite hatte Marc keine Zeit mehr. Er trug jetzt schwarze Flamenco Tanzschuhe, eine enge, schwarze Hose und ein hautenges weißes Shirt, über das er ein offenes schwarzes Seidenhemd trug. Sein Haar war zu einem strengen Zopf geflochten und gegelt. Auf der in der riesigen Vorhalle des Scionti Anwesens aufgebauten Bühne wartete er auf die ersten Takte der Gitarrenmusik. Die Bühne bestand aus ineinander gesteckten Brettern, damit das für den Flamenco typische Stampfen mit den Füßen richtig schön zur Geltung kam. Sein Gesicht wirkte angespannt. Vincent, der ganz vorne im Publikum neben seinem Bruder Michael stand, hatte den Eindruck, sein Freund konnte sich kaum noch auf den Beinen halten. Dann fingen die drei Gitarrenspieler, unter ihnen Jamie, zu spielen an. Man konnte regelrecht sehen, wie die Musik Marc durchflutete. Der Tanz begann. Vom ersten Takt an war Vincent gefesselt. Er vergaß die Sorge um seinen Geliebten und genoss einfach nur noch. Marc tanzte erst allein, dann mit den Frauen der spanischen Flamenco-Gruppe, deren farbenfrohe, gebauschte Röcke prächtig anzusehen waren, später wieder ein Solo.

Etwa eine halbe Stunde gab es klassischen Flamenco. Zwei Trommler begleiteten die drei Gitarrenspieler und die Frauen klatschten dazu den schnellen Flamenco-Takt. Marc tanzte nur und sang keinen Ton, was aber niemanden zu stören schien. Immer wieder gab es begeisterten Zwischenapplaus. Endlich wandelte sich die Musik. Marc sang zwei Songs seines neuen Albums, eine temperamentvolle Mischung aus Popmusik und Flamenco-Rhythmen. Auf der CD waren die Songs umfangreicher instrumentiert, hier jedoch genügten drei Gitarren und zwei Trommeln völlig. Begeisterte Pfiffe und frenetischer Applaus belohnten Marc für die Mühen der letzten Monate. Wie es aussah, hatten er und Jamie mit ihren Kompositionen ins Schwarze getroffen, zumindest bei den Gästen der Scionti-Party.

Plötzlich hörte Vincent die ersten Takte des Songs, den seine beiden Freunde dem Latino-Star Ramon Varga als Gage für dessen Mithilfe bei einigen Texten überlassen hatten. Und bevor Vincent es noch recht begreifen konnte, tauchte Ramon als Überraschungsgast des Abends auf. Ramon, Marc und Jamie sangen den Song zu dritt. Das hochkarätige Publikum raste fast vor Begeisterung. Auch für Vincent war Ramon eine Überraschung. Wie hatten seine beiden Freunde Ramon nur vor ihm geheim halten können?

Weil der Applaus nicht aufhören wollte, sangen die drei Männer noch einen weiteren Song. Danach boten die Frauen eine Zugabe und irgendwer aus dem Publikum forderte, Jamie müsse auch noch tanzen. Er zierte sich ein wenig und behauptete, den Flamenco nicht zu können, was die Tänzerinnen partout nicht einsehen wollten. Sie zogen ihn in ihre Runde und provozierten ihn mit einigen eleganten Bewegungen. Mit einer resignierten Geste ergab sich Jamie und nahm ihre Herausforderung gekonnt an. Marc schnappte sich die Gitarre seines Freundes und begleitete gemeinsam mit den anderen Musikern Jamies Darbietung, bis Jamie Marc die Hand hinhielt. Lachend stellte Marc sein Instrument weg und ließ sich vom Stuhl ziehen. Nun tanzten Marc und Jamie zu zweit. Ihre Bewegungen wurden immer sinnlicher. Sie forderten sich gegenseitig heraus, strebten aufeinander zu und entfernten sich wieder, lockten einander. Ihre Körper drückten pure Leidenschaft aus. Vincent stockte der Atem. Hier tanzten zwei junge Männer ihre Liebe zueinander und für einen schrecklichen Moment fühlte sich Vincent ausgeschlossen. Aber dann fing er einen eindringlichen Blick von Jamie auf, kurze Zeit später einen von Marc. Es war, als wollten sie ihm mit Blicken vermitteln, dass sie jetzt nur für ihn tanzten. Vincent lächelte ihnen zu und nickte leicht. Er hatte verstanden.

Als die Show endete, zogen sich die Künstler zurück und ließen sich auch nicht durch den anhaltenden Applaus zu weiteren Zugaben überreden. Das Publikum beruhigte sich erst nach und nach. Tabletts mit Champagner und anderen Getränken wurden herein getragen. Bald würden wohl die ersten Gäste gehen, entweder nach Hause oder noch zu anderen Oskar-Partys, auf denen sie repräsentieren mussten oder wollten.

Gut gelaunt schritt Ramon Varga durch die Gästeschar und plauderte mit diesem oder jenem, ließ sich zu seinem neuen Song beglückwünschen und zu seiner Zusammenarbeit mit *Angel and The Shadow* befragen. Marc und Jamie würden etwas länger brauchen, bis sie wieder auftauchten. Sie mussten sich erst einmal ausruhen, den Schweiß vom Körper duschen und sich frische Kleidung anziehen. Vincent erwog, sie in der Suite zu besuchen, doch immer wieder wurde er in Gespräche eingebunden.

Wo war Anna eigentlich? Vincent blickte sich nach ihr um und entdeckte sie am Arm seines Bruders Michael. Die beiden schienen Gefallen aneinander gefunden zu haben. Warum auch nicht? Vincent benötigte Annas Begleitung jetzt nicht mehr. Die Fernsehleute und Fotografen waren nach dem Auftritt der Künstler ohne weitere Umstände abgezogen. So hielt es Scionti auf all seinen Partys. Es gab immer einen offiziellen und einen privaten Teil und nach all den Jahren der Zusammenarbeit mit dem Manager hielten sich die Presseleute daran oder bekamen keinen Zutritt mehr zu den Feiern.

Vincent wünschte Michael mit Anna insgeheim viel Erfolg.

Nicht unweit von seinem Vater stand Tomaso und versuchte, bei Ginys älterer Schwester Susan zu landen, die extra für ihn eingeladen worden war. Sieben Jahre Altersunterschied schienen ihn nicht zu kümmern. Susan behandelte den schwärmerischen jungen Mann, der wie eine Klette an ihr hing, ein wenig wie einen kleinen Bruder. Vielleicht würde Tomaso sie noch überraschen. Seit Vincent seinen Neffen das letzte Mal gesehen hatte, wirkte dieser erwachsener und attraktiver. Die Akne war fast vollständig abgeheilt, und die Brille verschwunden. Tomaso trug jetzt Kontaktlinsen. Und er entwickelte langsam aber sicher den unwiderstehlichen Gable-Charme. Vincent war gespannt darauf, ob es seinem Neffen gelang, Susan damit einzuwickeln. Mit seiner eigenen Einwickelmethode war Vincent jedenfalls sehr zufrieden, hatte sie ihm doch zwei wundervolle Gefährten beschert, wie man sie sich nicht besser wünschen konnte, einen süßen Kater und einen sanften Engel.

Newsletter

Vielen Dank fürs Lesen. Um ein Freiexemplar meines E-Books **Der Sexgott am falschen Ort** zu erhalten, trage dich in meinen Newsletter ein, der dich über meine Neuerscheinungen, kostenlose E-Books und Verlosungsaktionen informiert. Alle Informationen werden vertraulich behandelt und nicht weitergegeben.

Jetzt eintragen!:
http://eepurl.com/ccKM45

Ausblick

Die Popstar-Reihe:

Der Popstar und sein Anwalt
www.banzini.de/sortiment/derpopstarundseinanwalt.html

Wir halten dich, Bruder!
www.banzini.de/sortiment/wirhaltendichbruder.html

Peter und Rebecca – Es ist unser Weg!
www.banzini.de/sortiment/peterundrebeccaesistunserweg.html

Marina – Überraschungsgeschenk des Schicksals
www.banzini.de/sortiment/marina.html

Orlandos Herz – Teil 1
www.banzini.de/sortiment/orlandos-herz-teil-1.html

Orlandos Herz – Teil 2
www.banzini.de/sortiment/orlandos-herz-teil-2.html

Tough SEALs in Love:

Two Snipers - Ein perfektes Team
www.banzini.de/sortiment/two-snipers-ein-perfektes-team.html

Die Scherben der Kindheit und das brüchige Glück der Gegenwart
www.banzini.de/sortiment/diescherbenderkindheit.html

Sonne, Strand, Cocktails und zwei knallharte SEALS
www.banzini.de/sortiment/sonnestrandcocktailsundzweiknall harteseals.html

Verabredung im Bootshaus
www.banzini.de/sortiment/verabredungimbootshaus.html

Konsequenzen
www.banzini.de/sortiment/konsequenzen.html

Social Media

Norma Banzi lebt mit ihrem Mann in einer kleinen, aber feinen Wohnung in Hamburg und hat noch einen Koffer in Berlin.

Norma Banzi im Internet:

Edition Banzini
www.banzini.de

BookRix
www.bookrix.de/-isdf5fe402af435/

Facebook
www.facebook.com/people/Norma-Banzi/100008062275525

Google+
plus.google.com/107028371071165313845

Twitter
twitter.com/editionbanzini

Pinterest
www.pinterest.com/normabanzi/

AuthorGraph
www.authorgraph.com/authors/editionbanzini
Lovelybooks
www.lovelybooks.de/autor/Norma-Banzi/

Goodreads
www.goodreads.com/author/show/1312823.Norma_Banzi